LES MYTHES
DE LA GRANDE ARMÉE

Sous la direction de
Thierry Lentz et Jean Lopez

LES MYTHES
DE LA GRANDE ARMÉE

PERRIN

92, avenue de France
75013 Paris
Tél. : 01 44 16 08 00

ISBN : 978-2-262-10074-2

Dépôt légal : septembre 2022

Mise en pages : Peter Vogelpoel

Sommaire

Présentation générale

Dans son roman *Le Médecin de campagne*, Balzac met en scène un vieux soldat de la Garde, Goguelat, qui raconte la geste de la Grande Armée devant un auditoire de paysans dauphinois fascinés. Ce récit sera d'ailleurs publié séparément en 1842 sous le titre de *Histoire de l'Empereur racontée dans une grange par un vieux soldat et recueillie par M. de Balzac*. L'Empereur, le sait-on, est le personnage le plus souvent cité dans les quatre-vingt-dix ouvrages qui forment *La Comédie humaine*. Balzac a été l'un des ruisseaux qui ont formé le fleuve puissant de la mémoire épique, nationale et militaire de la Grande Armée et de son chef. Ce fleuve charrie d'immenses quantités d'alluvions venues de la légende dorée édifiée par Bonaparte lui-même, de la légende noire distillée par ses ennemis, des milliers de voix qui ont raconté comme Goguelat Austerlitz, Wagram ou la Moskova. Dans les deux siècles qui ont suivi Waterloo, le roman, le théâtre, le cinéma, le jeu vidéo, le *wargame* ont également ajouté leurs pierres à ce flot ininterrompu.

La Grande Armée, instrument de la conquête, et, plus largement, l'art napoléonien de la guerre sont, plus que l'œuvre politique peut-être, exposés aux erreurs, aux contresens ou aux à-peu-près. Ce ne sont pas seulement les grognards à la veillée ou les romanciers qui s'ennuyaient dans un siècle bourgeois qui ont été les vecteurs du mythe. Y ont également contribué les théoriciens militaires, à la recherche souvent rapide des ingrédients qui entraient dans la recette des victoires impériales, ainsi que les mémorialistes, toujours prêts comme Marbot à sublimer leurs exploits et prompts à magnifier les campagnes auxquelles ils ont participé. L'historien se retrouve ainsi au beau milieu de ce fleuve épique, à draguer boues et alluvions, à repérer les couches de légendes, à tamiser idées reçues, demi-vérités, vrais mensonges et incompréhensions.

C'est donc à un exercice inédit de chasse aux mythes et légendes que cet ouvrage convie ses lecteurs. Vingt-quatre contributions, écrites par dix historiens, revisitent les principaux « monuments » de la mémoire militaire impériale. Chaque grognard avait-il vraiment un bâton de maréchal dans sa giberne ? En termes modernes, qu'en était-il réellement de la mobilité sociale à l'intérieur de la Grande Armée ? La Garde a-t-elle été cette troupe d'élite et de choc qui, jetée sur le point clé du dispositif ennemi, décidait de la bataille ? Si l'Empereur remportait ses victoires avec les jambes de ses soldats, est-ce à dire que la guerre n'était plus que mouvement, et le siège une figure du passé ? Le génial Corse, tout à ses colonnes bataillonnaires et à ses batteries, ignorait-il vraiment les choses de la mer ? Murat menait-il ses charges ventre à terre ? Qu'est-ce qui permet d'affirmer, comme cent auteurs l'ont fait, que Davout était le meilleur des maréchaux ?

Partir d'une croyance que l'on pense enracinée dans le grand public et la confronter aux travaux des historiens, telle a été notre démarche. À vous de juger du résultat. Nous pouvons seulement garantir que, si cet ouvrage redresse la perception et corrige les idées reçues sur de nombreux points, il n'étouffera en rien le frisson que se donne et que nous donne Balzac en imaginant, dans *Une ténébreuse affaire*, un « être à part » dont le « célèbre uniforme vert, traversé par son grand cordon rouge, rehaussé par le dessous blanc de sa culotte de casimir et de son gilet, faisait admirablement bien valoir sa pâle et terrible figure césarienne ».

Thierry LENTZ et Jean LOPEZ

PROLOGUE

Une Grande Armée, pour quoi faire ?

par Thierry LENTZ

On a souvent résumé les causes des guerres « napoléoniennes » à quelques idées simples, comme si le domaine des relations entre États et les causes des conflits armés l'étaient. Version la plus populaire, souvent côté français : le Continent se déchira dans une lutte à mort entre l'Ancien Régime et la Révolution, dont l'Empereur était l'héritier. À l'inverse, pour une tradition grossièrement anglo-saxonne, Napoléon lança sa Grande Armée « à la conquête du monde » par pure volonté de domination. Deux cents ans plus tard, le débat reste parfois bloqué sur cette alternative simpliste, dont les deux versants sont inconciliables.

En réalité, il fallut attendre l'extrême fin de l'épisode pour que Napoléon soit « seul contre tous ». Jusque-là, ceux qui voulurent lui faire barrage ne luttèrent pas plus contre un « tyran » que lui-même ne voulut défendre partout la liberté et le droit des peuples, et encore moins instaurer on ne sait trop quel « Empire universel ». Et puisque dans cet ouvrage il sera question d'armées en mouvement ou en bataille, il suffirait de rappeler que les effectifs de celles de Napoléon furent bigarrées et pas seulement tricolores. Pourquoi, par exemple, aurait-on surnommé celle qui franchit le Niémen en 1812 l'« Armée des vingt nations » si, justement, une bonne moitié des effectifs ne venaient pas d'ailleurs que de la France ancienne ou nouvelle. Si les Hollandais, les Italiens, les Belges, les Espagnols de cette phalange étaient juridiquement des Français ou des ressortissants d'États napoléonides, on ne doit pas oublier que les Prussiens, les Autrichiens, les Saxons, les Bavarois, les Wurtembergeois, les Badois ou les Polonais y avaient été envoyés par leurs gouvernements qui considéraient qu'une alliance avec la France contre la Russie servirait à terme leurs intérêts.

En d'autres termes, nous proposons d'ouvrir ce recueil sur la Grande Armée et son chef par un tour d'horizon des raisons profondes qui firent que les États européens envoyèrent leurs armées à la guerre.

Dans le domaine international, les quinze années qui nous intéressent ne peuvent se réduire aux seules guerres et conquêtes de l'Empire français. On a certes bien du mal à définir les buts de l'Empereur, car il fut toujours imprécis sur ce point dans ses professions de foi officielles, l'utilisation récurrente et imprécise de l'expression « système fédératif » ne pouvant guère nous aider à y voir plus clair. Si l'on peut affirmer qu'il ne cherchait pas une domination absolue de l'Europe et, au-delà, du monde (il était trop réaliste pour cela) ou même la destruction totale de ses adversaires, on est, il est vrai, en peine de préciser ses « buts de guerre ».

Revendiquant toujours sa soumission à la « dictature de l'événement », Napoléon ne voulut jamais s'enfermer dans une doctrine rigide, se contentant de quelques principes simples, souvent inspirés par la politique traditionnelle de la France au XVIIIe siècle, telles l'anglophobie ou la volonté de simplifier les cartes de l'Allemagne et de l'Italie. Ajoutons-y l'objectif majeur de prépondérance de la France en Europe, caressé au bas mot depuis François Ier (début du XVIe siècle) et porté à son premier paroxysme par Louis XIV (fin XVIIe-début XVIIIe). Au-delà, il ne sut (ou ne voulut) pas fixer fermement ses projets, son pragmatisme finissant par être un handicap dans un contexte international qui a toujours besoin de repères. Il fut incapable d'approfondir ses alliances et, pis, en changea souvent. Il ne respecta pas toujours les traités qu'il avait signés. Il fut ambigu sur le problème des « nations », qu'elles fussent polonaise, allemande ou italienne. Il brouilla les cartes avec l'instauration de royaumes au profit de sa famille. Il ne précisa pas l'objectif suprême de la France ni même les contours finis de son « système fédératif ». Il donna ainsi l'impression que la domination impériale était synonyme d'exploitation des conquêtes, alors même que, d'un autre côté, elle imposait au continent entier de profondes réformes politiques et sociales. Cette imprécision ne fit qu'accroître l'inquiétude des puissances et faciliter la tâche de la diplomatie britannique dans la construction des coalitions successives. Tant qu'il disposa d'un outil militaire aussi supérieur que l'armée du camp de Boulogne encore améliorée par les premières campagnes victorieuses, il put imposer ses choix, tout en restant dans le flou. Lorsque l'outil faiblit et atteignit ses limites, la situation se retourna insensiblement d'abord, irréversiblement pour finir, mais seulement dans les derniers mois.

Cela étant, la personnalité et les idées de Napoléon ne dispensent pas de tenir compte de la géopolitique et de l'histoire européenne. Elles se fondaient depuis un siècle sur la notion d'« équilibre » entre les puissances, principe inscrit dans le traité d'Utrecht (1713) et considéré comme fondamental après la fin de la guerre de Sept Ans. Cette règle fut balayée à partir de 1792 et le début de ce que le XIXe siècle appela la « Grande Guerre ». Les vieux démons de toutes les puissances continentales reprirent vie, ce que Jacques Bainville a fort bien résumé : « Si l'on regarde la Révolution non plus en elle-même, non plus comme une apparition messianique ou comme un monstre de l'Apocalypse, mais dans ses rapports avec les intérêts, les tendances, les impulsions, les habitudes, les positions prises, les affaires en cours et les parties engagées au milieu desquelles elle est survenue, l'événement se réduit à ses proportions justes et la suite est rendue explicable. »

Et si l'on accepte la formule attribuée à Clausewitz selon laquelle « la guerre est la continuation de la diplomatie par d'autres moyens », on doit admettre que l'histoire internationale de la période révolutionnaire et impériale se prête mal à la simplification. L'Europe ne fut pas divisée en deux camps pendant ces vingt-cinq ans. Si tel avait été le cas, une coalition générale aurait été formée bien avant 1813. Longtemps, au contraire, les « vieilles monarchies » se satisfirent des avancées françaises lorsqu'elles soutenaient leurs intérêts. S'il y eut bien des « résistances », celles-ci furent précédées ou même concomitantes à des collaborations qui n'étaient pas fortuites.

De 1800 à 1814, tout ne s'est donc pas résumé en Europe à être pour ou contre Napoléon. Le fait que l'empereur des Français ait occupé un espace politique important et que ses actions aient été le moteur principal du concert européen pendant quinze ans, ne doit pas dispenser de prendre en compte les autres éléments du puzzle des relations entre États. Les facteurs géopolitiques, historiques ou économiques propres à chaque acteur n'ont pas cessé d'interagir et de créer leurs propres zones de frottements, dans une tectonique globale qui ne fut que progressivement dominée par les ambitions impériales.

L'idéologie, facteur secondaire des guerres « napoléoniennes »

Les rapports, rivalités et conflits interétatiques ont toujours été mus par un faisceau de causalités enchevêtrées. Il n'y a aucune raison historique, politique ou événementielle, que l'époque de Napoléon y ait échappé. Ne considérer comme cause des guerres que la résistance des « aristocraties » aux « idées nouvelles » ou celle des « nations » aux ambitions « hégémoniques » françaises ne suffit pas à rendre compte des affaires européennes entre 1800 et 1815. Si tel était le cas, l'épisode se réduirait à un accident de l'Histoire au cours duquel les autres différends auraient été mis entre parenthèses, comme si le monde s'était arrêté de tourner pour que toutes les forces puissent se concentrer sur ce combat titanesque. Si la Révolution et l'Empire ont influencé les affaires internationales, le facteur idéologique n'est pas le seul à avoir conduit à ces évolutions. Le refus des principes révolutionnaires ou le désir d'abattre un « ogre » ont, bien sûr, joué un rôle, mais ces facteurs furent confortés et même souvent supplantés par des données anciennes, voire « permanentes », au moins à l'échelle des décennies qui précédèrent l'épisode.

Longtemps, les historiens n'ont pas pu ou pas voulu échapper à la simplification et se sont écharpés sur le terrain stérile de la monocausalité idéologique. C'est ainsi que, de même qu'en France une école a autoritairement classé l'Empire dans la catégorie des « dictatures militaires » afin de rehausser le prestige de la Révolution, tout un pan de l'historiographie d'influence anglo-saxonne a soutenu l'idée qu'une Angleterre éprise de libéralisme et baignée d'un précoce régime représentatif se serait levée contre Napoléon pour éviter au Continent de tomber sous le joug d'un « tyran ». La victoire d'Albion aurait été celle du « Bien » contre le « Mal », jusqu'à nier la complexité du monde et de son histoire. On ne sera pas plus tendre avec l'historiographie militante, essentiellement – mais pas exclusivement – française, qui affirme que, fils de la Révolution, Napoléon ne voulait qu'en répandre généreusement les idées, pour libérer les nations de tous les « féodalismes ». Même si l'on ne doit pas éliminer *a priori* toute forme d'ambition idéologique dans son bagage diplomatique, elle ne se retrouve pas directement dans les principes immédiats de son action extérieure. S'il avait été seulement un adepte des idées extérieures originelles de la Révolution, il aurait rétabli, contre ses propres penchants et les intérêts d'une France recherchant la prépondérance, la magnanime philosophie du droit des peuples et se serait contenté des frontières naturelles. La Révolution elle-même n'aurait pas signé tant de traités avec les « rois » si elle avait persisté dans sa guerre de propagande au lieu de redéployer ses efforts vers la guerre de conquête. L'idée de lutte contre les « tyrans » était certes encore agitée à la fin du Directoire, mais il s'agissait le plus souvent d'un effort rhétorique et de propagande. En sens inverse, Londres n'aurait pas signé la paix d'Amiens ou tenté de parvenir à un accord avec la France en 1806 ; le tsar aurait refusé l'alliance de 1807 avec l'« assassin du duc d'Enghien » ; l'Autriche n'aurait pas donné une de ses filles au « Corsicain » et n'aurait pas tenté jusqu'aux derniers épisodes de la campagne de France de sauver la dynastie des Bonaparte.

On pourrait ainsi trouver mille exemples de l'insuffisance de l'explication purement idéologique des conflits des années 1792-1815. Sans être totalement exclue (car on ne peut nier que, partout en Europe, il se trouva nombre de personnes convaincues), elle doit trouver sa place dans un ensemble plus complexe, tenant compte de la géopolitique, de l'histoire et de l'économie. Que les puissances ennemies de la France aient parfois utilisé l'argumentation antirévolutionnaire (et singulièrement antijacobine) ou se soient abritées derrière le prétexte d'une lutte contre un oppresseur n'y change pas grand-chose. On ne peut pas croire sans discussion un Pitt qui proclame devant son Parlement que seule la liberté des nations l'intéresse, ou un Alexandre Ier qui promet une croisade « libératrice » contre Napoléon. On ne croira pas plus l'Empereur, ni sous son règne ni dans son œuvre de réécriture de l'Histoire à Sainte-Hélène, lorsqu'il déclare avoir voulu fédérer les peuples et seulement répandre les principes de la Révolution.

L'invariant géopolitique

De 1800 à 1815, les États enclavés le restèrent, les îles continuèrent à être au milieu de la mer, le rêve d'un territoire « parfait » continua à être caressé par les monarques, leurs convoitises sur les ressources naturelles ou le contrôle des grandes voies de communication et de commerce perdurèrent. Pourquoi l'insularité de la Grande-Bretagne aurait-elle été gommée comme par miracle pendant quinze ans, alors qu'elle avait toujours déterminé les principes et méthodes de la diplomatie britannique ? Pourquoi l'hésitation traditionnelle de la France entre la mer et la terre aurait-elle été subitement résolue après Trafalgar en faveur de la terre ? Pourquoi cette même puissance aurait-elle revendiqué quelques années plus tôt des frontières naturelles si ses gouvernants n'avaient pas jugé pertinent l'appel à la géographie physique pour justifier la réunion des peuples belges ou rhénans au sein de la même entité ? Pourquoi les espaces polonais, presque sans obstacles naturels, auraient-ils soudain cessé d'être des terrains de friction entre la Russie, la Prusse et l'Autriche ? Pourquoi les Habsbourg auraient-ils continué à rêver à l'annexion de la Bavière qu'ils estimaient être la continuité géographique de leurs possessions ? Pourquoi l'Espagne isolée au bout de l'Europe aurait-elle cessé d'être dépendante de son grand voisin du Nord et n'aurait-elle pas tenté de trouver son salut dans une politique complexe (dont le « double jeu » ne fut qu'une conséquence et non la nature) afin de pouvoir garder le contact avec ses colonies d'outre-mer ? Pourquoi les frontières les plus sûres entre l'Occident européen et l'Empire ottoman auraient-elles cessé d'être les montagnes d'une vaste zone balkanique ? Plus généralement, pourquoi les fleuves et les routes tracées depuis des siècles ou les ports établis mille ans plus tôt n'auraient-ils pas gardé leur importance commerciale et stratégique ? La géographie physique ne cessa pas d'influencer la politique parce que la Révolution puis Napoléon étaient passés par là.

Il en est de même pour la géographie humaine, dans son sens le plus large. S'ils furent un choc dans l'histoire européenne, la Révolution et l'Empire ne constituèrent pas une rupture immédiate de cycles commencés des décennies, voire des siècles plus tôt. Les grands équilibres (ou déséquilibres) restaient les mêmes : la France et la Russie étaient les pays les plus peuplés ; l'Autriche regroupait plusieurs « nations » éclatées en périphérie d'un centre de gravité danubien ; l'espace germanique s'éveillait lentement à une forme de conscience nationale alors même qu'il était divisé en plusieurs dizaines d'entités étatiques ; rares demeuraient ceux qui en Italie voulaient une union entre le Nord et le Sud, etc.

De même, peut-on penser que les frontières religieuses furent effacées ? Sans doute pas, sur un plan psychologique. Sinon, pourquoi l'Autriche aurait-elle définitivement compris qu'elle perdait sa domination sur le Saint Empire lorsque, après le recès de Ratisbonne (1803), la majorité du collège des électeurs bascula du côté des protestants ; pourquoi les événements irlandais auraient-ils été accélérés par l'échec du projet caressé par Pitt d'émanciper les catholiques en même temps que serait signé l'acte d'Union (1801) ; pourquoi les catholiques italiens se seraient-ils dès l'origine regimbés contre l'autorité impériale ? La puissance du nombre (déterminante pour la puissance militaire et économique) et la composition des populations (âges, ethnies, religions, etc.) doivent être intégrées elles aussi en tant que telles dans une réflexion sur les relations internationales en Europe à l'époque de Napoléon. Et même sur la question de l'émergence des nations, on pourrait discuter du rôle des guerres et des occupations : créèrent-elles ou accélérèrent-elles un mouvement déjà bien engagé ? L'idée nationale recouvrait-elle partout des aspirations, des théories et des réalités identiques ? Les réponses à toutes ces questions nuancent un peu plus l'idée d'exceptionnalité absolue du phénomène napoléonien sur le temps long. Il fut sans conteste un accélérateur de changement, mais probablement pas l'alpha et l'oméga d'une nouvelle ère dans les relations interétatiques.

Le facteur économique

Que les guerres napoléoniennes aient été aussi des guerres économiques ne fait guère de doute. Le Blocus continental suffirait à l'attester, tout en ne rendant compte que d'une partie de la question. Il fut une conséquence d'un dessein et d'une lutte plus vastes, en France comme en Angleterre. On peut même se demander si les deux puissances ne se combattaient pas au fond pour des motifs principalement commerciaux. Leur rivalité continentale ne pouvait être ni territoriale (elles n'avaient pas de différends frontaliers directs) ni idéologique (les Britanniques n'y ont jamais vu un motif suffisant de guerre). Si, pour Londres, cette rivalité était économique et s'exprimait à travers la politique (ce que les Anglais reconnaissaient sans honte), les mobiles de Versailles puis de Paris n'étaient pas non plus purement politiques.

Pas plus que la promotion des idées généreuses, la seule « ambition » des souverains, qu'il s'agisse des derniers Bourbons ou du premier des Bonaparte, l'aspiration à la domination ou à la « gloire » n'expliquent toute la diplomatie française. Dès la seconde partie du règne de Louis XV, Choiseul avait convaincu le roi de se détourner des opérations continentales pour concentrer ses efforts sur l'outre-mer et la constitution d'une puissante marine afin de contrecarrer puis de dépasser la puissance d'Albion. Toutes les facettes de la guerre économique avaient été dès lors utilisées de part et d'autre : tarifs douaniers, contrôle des matières premières et des routes maritimes, embargos partiels, envoi de corsaires, etc.

La France et l'Angleterre n'étaient pas les seules à tenir le plus grand compte des facteurs économiques. Si le libre-échange avait semblé gagner du terrain dans les années 1780, il masquait mal les efforts des uns et des autres pour renforcer leurs capacités navales et leur implantation coloniale. Avant d'être l'affrontement de la mer contre la terre, le conflit franco-britannique fut un affrontement de la mer contre la mer. L'entrée en guerre de l'Angleterre en 1793 fut davantage motivée par l'occupation ou les menaces sur des places comme Anvers ou Amsterdam et l'opportunité de priver la France d'une partie de ses colonies (que ne pouvait plus défendre une marine minée par l'émigration des cadres), que la mort du roi. La suite se joua de même à l'unisson. Pour éviter la domination du marché européen par les productions françaises, Londres dut s'impliquer de plus en plus directement dans les affaires du Continent, non pour le dominer mais pour empêcher la domination d'une seule puissance : c'était une question de survie pour un pays faiblement peuplé ayant fondé sa richesse sur les échanges et l'industrie de transformation. De son côté, pour garantir des débouchés à ses produits malgré sa faiblesse maritime, la France fut contrainte de tenter l'hégémonie politique européenne afin, d'une part, d'exclure son principal concurrent et, d'autre part, de placer les économies des Napoléonides et des alliés sous la dépendance de ses producteurs et de ses marchands.

L'écheveau européen

L'histoire européenne des années napoléoniennes ne peut non plus s'appréhender sans tenir compte des traditions et de l'histoire des alliances. On assista certes à des renversements, voire même à des conflits contre nature, mais il subsista toujours une tendance des monarques et de leurs entourages à en appeler aux grands exemples du passé. Napoléon en donna la preuve la plus extraordinaire en se considérant comme le successeur direct de Charlemagne, puisant dans un passé millénaire certains mobiles de sa politique. Plus généralement, il n'abordait jamais un problème international sans avoir demandé aux services du ministère des Relations extérieures de lui exposer l'histoire de la question, en remontant parfois de plusieurs siècles. Avant lui, les révolutionnaires français avaient été obligés de se tourner vers les vieux systèmes d'alliance pour redéfinir leur diplomatie après les emballements idéologiques des premiers mois de guerre. La Révolution et l'Empire ne constituèrent pas autant une rupture en ce domaine qu'on se plaît parfois à le dire.

Les alliances européennes connaissaient certaines constantes. L'Angleterre se sentait proche (pour des raisons portuaires et bancaires) des Provinces-Unies et conservait jalousement des accords séculaires avec le Portugal. La Russie voyait en l'Autriche un allié d'intérêt en Pologne et, plus au sud, face à l'Empire ottoman. La Bavière se sentait proche de la France qui pouvait l'aider à résister aux appétits autrichiens au sud et prussiens au nord. Quant au Bade et au Wurtemberg, la « proximité des canons de Strasbourg », comme on disait alors, les plaçait dans le même camp. La Saxe, pourtant protestante (mais où régnait un catholique), après s'être égarée pendant quelques jours dans l'alliance prussienne en 1806, continua comme par le passé à chercher à Paris des soutiens pour s'agrandir et résister à son voisin. En général, les autres États allemands tentaient eux aussi d'échapper à la domination prussienne ou autrichienne par des alliances avec des puissances non germaniques (comme la France ou la Russie). La France elle-même n'hésitait jamais à avoir de bonnes relations avec les Ottomans, se considérait comme directement impliquée dans les affaires polonaises et, depuis Louis XV, avait en principe abandonné le programme de Richelieu de réduire la maison d'Autriche... principe provisoirement repris par Napoléon lors des traités de Lunéville (1801), Presbourg (1805) et Schönbrunn (1809).

Les ambitions des différentes puissances de l'Europe constituaient un écheveau compliqué qui explique la difficulté de constituer contre la France de larges coalitions. Longtemps, le jeu du système napoléonien profita aux intérêts d'autres acteurs que la France. Ce n'est qu'à la fin de la période que l'on vit se constituer une ligue générale. Ce fut le grand succès de la diplomatie anglaise que d'arriver à réunir toute l'Europe autour de son plus grand dénominateur commun, en jouant sur les rancœurs, l'économie et les finances, bien plus que sur le principe d'une « libération » du Continent. Le système napoléonien était devenu trop incompatible avec les profits de chacun. Le congrès de Vienne remit, si l'on ose dire, les choses en ordre… tout en révélant que les rivalités antérieures aux guerres napoléoniennes avaient gardé une réelle vigueur.

Équilibre ou système européen ?

L'ensemble de ces relations entre États était en outre dominé par le choc entre deux conceptions antagoniques de l'organisation de l'Europe : l'équilibre ou le système. L'Angleterre incarnait la défense du premier, tandis que la France napoléonienne cherchait par la création du second à organiser le continent autour d'elle. L'équilibre des puissances ou des forces (*balance of power*) avait été globalement respecté depuis la fin de la guerre de Sept Ans (1756-1763) : aucun État ne dominait à lui seul le concert européen. Définie par Louis XV, reprise par son successeur et son principal ministre Vergennes, la politique française consistait à maintenir cette situation tout en jouant sur les alliances pacifiques pour garantir la sécurité de la France. *A priori*, ce principe paraissait être la garantie de la paix en Europe même. Il en allait autrement sur le plan économique et, militairement, dans les colonies ou sur des théâtres « extra-européens » : affrontement franco-anglais pendant la guerre d'Indépendance américaine, guerres austro-russo-turques ou frictions anglo-espagnoles au début de la Révolution au sujet des comptoirs américains.

Même si les conflits « régionaux » ou bilatéraux n'avaient pas manqué, il n'y avait pas eu de guerre générale depuis la fin de la guerre de Sept Ans, du moins pas de nature à troubler le partage du pouvoir entre des puissances continentales se neutralisant. Champion et arbitre sourcilleux de l'équilibre, la Grande-Bretagne n'en était pas pour autant une puissance désintéressée. Pour elle, l'équilibre se raisonnait en termes d'intérêts et non de morale. Autant protégée qu'isolée par les mers, elle s'était tournée vers le large, y conquérait comptoirs, ports et territoires. Mais elle ne pouvait délaisser le principal débouché de ses productions. Son objectif était, depuis longtemps, de contrôler les verrous des grandes voies maritimes comme la Manche, Gibraltar, Le Cap, Heligoland ou Malte. C'est pourquoi elle se donna les moyens d'en chasser les Français, de même qu'elle les neutralisa aux Mascareignes, qui pouvaient servir à contrôler la route des Indes. Dépourvue d'armée terrestre (elle pouvait aligner à peine plus de 250 000 hommes à la fin de la période), elle devait faire confiance à ses diplomates et à ses banquiers pour lutter par États interposés contre l'irruption de tout concurrent susceptible de verrouiller le Continent ou de former des flottes capables de dépasser la sienne. Les élites anglaises ne masquaient pas cette volonté, tant il est vrai que, pour elles, politique et économie étaient indissociablement liées. Il n'y avait outre-Manche aucun inconvénient à avouer qu'on se battait pour des intérêts plus que pour des principes, en dépit du nécessaire (mais peu convaincant) habillage de mots. Lorsque la rupture avec la France révolutionnaire fut consommée, en 1793, nul ne fut dupe du prétexte invoqué pour l'opinion, à savoir l'exécution de Louis XVI, ce d'autant que le régime britannique s'était refondé sur l'exécution de Charles Ier, cent cinquante ans plus tôt. Un homme politique anglais précisa, comme dans un aveu :

« Il ne peut y avoir de doute que la grande cause de la guerre entre la France et l'Angleterre [a] été et [sera] toujours leurs colonies. » On ne pouvait pas mieux exprimer le caractère circonstanciel du prétexte idéologique. La suite de l'histoire montre que jamais le gouvernement de Londres ne perdit de vue son principe de ne pas laisser une puissance dominer à elle seule le Continent. La destruction de son principal adversaire n'entra d'ailleurs jamais dans ses buts de guerre. Au contraire, elle poussa toujours – et ce jusqu'au cœur du congrès de Vienne – à une paix indulgente avec la France : elle en aurait besoin pour contrer les appétits des autres vainqueurs, Russes ou Autrichiens. La chute de Napoléon ne mettait pas fin à la lutte visant à maintenir un « équilibre » synonyme de sa domination commerciale.

Les autres grandes puissances européennes étaient toutes candidates sinon à la domination du Continent, du moins à l'accroissement de leur force, par des annexions ou des avancées géo-économiques. Les quatre principales entités continentales hors la France (Autriche, Russie, Prusse et Empire ottoman) avaient des visées stratégiques à bien des égards incompatibles entre elles et avec celles de leurs autres voisins.

L'Autriche et la Prusse s'observaient sans bienveillance autour de la dépouille du Saint Empire romain germanique. La première avait à y perdre à la fois sa prépondérance en Allemagne et son influence au nord de l'Italie. Elle avait, en outre, une stratégie offensive avec les projets de poursuivre l'agrandissement de ses possessions du côté de la Bavière, de la Pologne (dont le dépeçage lui donna la Galicie) ou sur ses marches orientales et méridionales, dans les Balkans ottomans. Avant la Révolution, elle avait beaucoup compté sur son alliance avec la France pour y parvenir. L'échec de sa tentative d'annexer la partie orientale de la Bavière en 1778-1779 – guerre de Succession de Bavière –, imputable notamment à la neutralité française, lui avait montré les limites de sa politique en Allemagne à un moment où Louis XVI et Vergennes militaient pour le maintien de l'équilibre européen. Cela étant, les convoitises sur les territoires des Wittelsbach restaient bien ancrées dans les ambitions autrichiennes. Il n'est pas étonnant dans ces conditions que les campagnes de 1805 et 1809 aient toutes deux commencé par l'entrée des Autrichiens en Bavière.

La politique prussienne était en apparence plus simple à analyser. Territorialement, le royaume de Frédéric-Guillaume III était la plus petite des grandes puissances continentales, avec des frontières et des défenses naturelles limitées. Partant, tout ce qui pouvait agrandir et protéger le Brandebourg intéressait Berlin : un morceau de Pologne, un corridor en Saxe et – pourquoi pas ? – une annexion du Hanovre, province héréditaire des souverains d'Angleterre, d'une part ; une poussée vers le sud afin d'être en position de force pour négocier avec l'Autriche sur la Belgique (dont la possession prussienne de Clèves était proche), d'autre part. Berlin avançait ses pions en renforçant son influence auprès des États protestants ou en se montrant compréhensif à l'égard de tous ceux dont Vienne apparaissait comme le prédateur. Même entre 1795 et 1806, lorsqu'elle fut réputée neutre, la Prusse n'abandonna pas ces objectifs de politique extérieure, essayant de les obtenir par marchandage ou pourboires en remerciement de sa neutralité. À certains moments, quelques-uns pensèrent que l'alliance franco-prussienne permettrait une redistribution des cartes européennes. La guerre de 1806 et le traité de Tilsit mirent fin à cette illusion. À l'égard des grandes puissances, la diplomatie berlinoise poursuivait trois objectifs : séparer l'Autriche et la Russie (alliés objectifs contre les Ottomans), éloigner la France de l'Allemagne (pour pouvoir elle-même s'y renforcer) et s'allier avec l'Angleterre (tout en lorgnant sur le Hanovre). On reconnaîtra que, partant, la diplomatie de Frédéric-Guillaume III ne pouvait pas suivre une ligne droite.

La Russie, quant à elle, n'avait eu de cesse que de se voir reconnaître la qualité de puissance européenne, depuis Pierre le Grand. Le christianisme était sa religion et elle se considéra comme un rempart contre l'intrusion musulmane en Occident. Enfin, la part la plus active et la plus riche de son économie était implantée dans sa partie européenne. Pour être de plus en plus européens et gagner des territoires productifs, les Russes tentaient sans relâche d'avancer dans deux directions. Vers le nord et l'ouest, ils revendiquaient leur part des pays nordiques (une partie de la Carélie et la Courlande avaient été annexées en 1721) et de la Pologne (Lituanie et Ukraine occidentale). Depuis le rôle que leurs diplomates avaient tenu au traité de Teschen (1779) signé sous la houlette de la France et de la Russie qui empêcha les Habsbourg de s'emparer de la Bavière, les souverains russes se considéraient aussi comme les protecteurs d'une partie de l'Allemagne, rôle renforcé par des alliances matrimoniales qui les rendaient parents de plusieurs princes du cru. C'est ainsi qu'Alexandre Ier ne pardonna jamais l'enlèvement du duc d'Enghien en territoire de Bade, de la sécurité duquel il s'estimait garant (à 2 000 kilomètres de ses frontières), ou qu'il tira prétexte de l'occupation de l'Oldenbourg pour rompre l'alliance de Tilsit. Second volet de leurs tentations stratégiques, les Russes voulaient à tout prix avoir un accès aux mers chaudes pour développer leur commerce gêné par le rude climat du Nord. À la fin du XVIIIe siècle, ils prirent dans ce but le contrôle des côtes de la mer Noire (1774) et de la Crimée (1783), arrachèrent le pouvoir aux roitelets transcaucasiens, se frottèrent aux Perses et même aux Anglais vers les Indes. Mais la mer chaude qui les intéressait le plus était, bien sûr, la Méditerranée : ils avaient toujours cherché à s'y implanter, y compris pendant les guerres révolutionnaires, par des accords et une présence militaire à Naples ou dans les îles Ioniennes, voire un improbable protectorat du tsar orthodoxe sur l'Ordre de Malte catholique, pour lequel Paul Ier rêva un temps du parrainage du pape. Avec de tels projets, l'empire des tsars dérangeait les autres puissances : la France en Allemagne, la France et l'Angleterre en Méditerranée, l'Angleterre aux Indes, la Suède du côté de la Finlande, l'Autriche et la Prusse en Pologne ou dans les Balkans et, bien sûr, l'Empire ottoman, où l'on savait qu'il y avait à Saint-Pétersbourg des cartons pleins de projets de conquête de Constantinople. Cette inquiétude sur les visées expansionnistes de la Russie se doublait d'un mépris général en Occident pour un peuple que Napoléon – et il n'était pas le seul – qualifiait de « barbares du Nord ». C'est pour empêcher que le tsar ne soit le seul vainqueur des guerres napoléoniennes et ne vise à son tour la domination européenne que la diplomatie britannique n'hésita pas à se heurter à lui, notamment au congrès de Vienne, en passant des accords… avec la France.

Dans ce panel d'ambitions contradictoires qui montre que l'Europe n'avait pas besoin de la Révolution ou de

Napoléon pour être une poudrière, les puissances plus petites allaient de l'un à l'autre mais avec des constances, comme la Bavière, le Bade, le Wurtemberg ou l'Espagne alliés traditionnels (par intérêt plus que par affinité) de la France, la Saxe obligée de s'appuyer sur Paris pour faire pièce à son voisin prussien, le Portugal toujours lié à l'Angleterre, les États d'Italie du Nord alternativement proches de Paris et de Vienne, Naples au mieux avec l'Angleterre et la Russie, les pays nordiques avec tout le monde. Les ambitions, les facteurs géopolitiques et économiques étaient les mêmes que dix ou vingt ans plus tôt. Après l'émotion « idéologique » des premières années de la Révolution, la vieille diplomatie reprenait ses droits, avec d'autres méthodes et d'autres principes. Avec d'autres acteurs aussi, au premier rang desquels un empereur des Français à la politique extérieure difficile à cerner.

1

Napoléon ignorait tout des « choses de la mer »

par Antoine REVERCHON

En anéantissant le 21 octobre 1805 au large du cap Trafalgar la flotte franco-espagnole commandée par l'amiral Villeneuve, Nelson aurait contraint Napoléon à renoncer définitivement à envahir l'Angleterre, à menacer ses colonies et son commerce, ou même à défendre ce qui restait encore de territoires d'outre-mer appartenant à la France ou à ses alliés. De cette défaite daterait la conviction impériale que la victoire contre l'Angleterre ne pourrait être obtenue qu'en s'emparant de toute l'Europe pour en interdire l'accès aux marchandises anglaises, ce « blocus continental » ruinant l'économie britannique et contraignant le cabinet de Londres à négocier et à reconnaître la prépondérance française.

L'écrasement final de l'Empire a même convaincu les historiens, certains stratèges – comme Alfred Mahan[1] et bien d'autres après lui – et même les économistes reprenant les théories d'Adam Smith[2], de la supériorité d'un

1. *The Influence of Sea Power upon the French Revolution and Empire, 1793-1812*, Boston, Little, Brown & Co, 1892.

2. *Recherches sur la nature et les causes de la richesse des nations*, 1776.

empire maritime sur un empire terrestre. Le contrôle des voies commerciales internationales, principalement maritimes à l'époque, permet en effet de faire converger les ressources et l'argent du monde entier, puis de projeter ses armées, son aide financière et son influence politique afin de reconstituer sans cesse les coalitions qui finiront par abattre son adversaire continental. Autrement dit, Trafalgar rendait Waterloo inéluctable.

En réalité, comme l'ont montré des travaux plus récents, Napoléon n'a jamais renoncé à envahir l'Angleterre et à lui contester la maîtrise des mers avant comme après Trafalgar. Ce désastre n'était pas, à ses yeux, la fin de l'histoire. Loin de se désintéresser des « choses de la mer », il y a consacré une intense activité, des moyens considérables et une réflexion stratégique poussée, d'ailleurs si protéiforme et prolifique que beaucoup de ses contemporains et, à leur suite, la plupart des historiens y ont vu une preuve d'incohérence, voire d'ignorance de sa part.

La stratégie maritime napoléonienne s'est en fait déclinée selon trois axes : la reconstitution d'une flotte de haute mer capable de se mesurer avec succès à la Royal Navy dans une bataille décisive permettant d'envahir les îles Britanniques ; la multiplication des menaces navales contre le commerce, les colonies et les alliés du Royaume-Uni ; et enfin la réunion, le long du littoral européen, des ressources permettant de mener à bien ces deux premiers objectifs, en le protégeant des attaques britanniques.

Un ambitieux programme de constructions navales

Après les défaites du cap Saint-Vincent (14 février 1797) et d'Aboukir (25 juillet 1799), Napoléon ne disposait plus que de 45 « navires de ligne » (vaisseaux de 74, 80, 90 et 110 canons) français, 22 espagnols et 5 hollandais. C'est avec ces moyens qu'il avait monté la « grande manœuvre » de 1805 qui, par une série de diversions menées jusqu'aux Antilles, devait permettre de regrouper cette flotte dans la Manche pour protéger le passage de la flotte de débarquement.

Mais après Trafalgar, il ne reste plus que 36 vaisseaux à la marine française. Il s'agit d'abord de combler les pertes. L'effort de construction est cependant entravé par le manque de moyens financiers, car la plus grande part des dépenses militaires est alors consacrée aux campagnes terrestres : en Autriche (1805), Prusse (1806), Pologne (1807), Espagne (1808), Autriche à nouveau (1809). Le budget de la Marine, qui atteignait 195 millions de francs germinal en 1804 quand il s'agissait de financer l'imminent débarquement en Angleterre, est de 145 millions en 1805, 152 en 1806, 118 en 1807, 115 en 1808, 114 en 1809, 111 en 1810. Le nombre de navires lancés reflète ces variations : 5 vaisseaux et 8 frégates en 1806, respectivement 6 et 6 en 1807, 12 et 12 en 1808, 6 et 3 en 1809, 5 et 6 en 1810.

L'année 1810, après la victoire sur l'Autriche, est considérée par les historiens comme l'apogée de l'Empire, qui n'a plus pour ennemi que l'Angleterre isolée dans son île. La fin des opérations terrestres (sauf en Espagne) permet de donner une nouvelle ampleur à la stratégie maritime. Le 17 septembre, l'Empereur annonce à son ministre de la Marine Decrès un objectif de construction de 20 vaisseaux par an pour aboutir à une flotte de 110 unités en 1814. Le budget de la Marine grimpe à 157 millions en 1811, 164 millions en 1812 ; 12 vaisseaux et 8 frégates sont lancés en 1811, 11 et 19 en 1812.

Mais la détérioration des relations avec le tsar rend en 1812 la priorité à l'armement de la gigantesque Grande Armée qui doit envahir la Russie. Le désastre de la retraite met un coup d'arrêt définitif au programme de construction navale. Le budget retombe à 116 millions en 1813 ; 8 vaisseaux sont lancés cette année-là, 5 seulement en 1814.

Pourtant, malgré les pertes enregistrées dans les nombreux combats navals qui émaillent la guerre franco-britannique sur toutes les mers du globe, ce vaste programme permet de faire croître la marine impériale à partir de 1806 : 44 vaisseaux et 35 frégates en 1807, 49 et 40 en 1808, 45 et 34 en 1809, 52 et 32 en 1810, 62 et 33 en 1811, 70 et 45 en 1812, 73 et 45 en 1813. En 1814, 31 vaisseaux sont encore en construction dans les arsenaux de l'Empire.

Paradoxalement, c'est alors qu'il est battu sur terre que Napoléon paraît sur le point d'obtenir les moyens de vaincre sur mer ! Ce n'est pas un hasard si la première revendication de Londres, lors de la négociation du traité de Paris de 1814 après la première abdication, est la livraison de 37 vaisseaux français aux marines alliées.

Une stratégie de menaces tous azimuts

Mais l'Empereur ne se contente pas d'attendre la construction d'une flotte de ligne suffisante pour affronter victorieusement la Royal Navy, et encore moins les effets du blocus continental sur l'économie anglaise. D'autant que les arsenaux impériaux ne peuvent égaler ceux du Royaume-Uni, qui consacre deux à quatre fois plus d'argent que la France à sa marine chaque année. En 1803, elle aligne 120 vaisseaux ; en 1814, 160 (plus 30 en construction). De surcroît, le bilan des combats reste largement favorable à la Royal Navy : entre 1793 et 1815, elle aura détruit ou capturé 92 vaisseaux et 172 frégates de la marine impériale ou de ses alliés, pour la perte de… 5 vaisseaux et 16 frégates !

L'objectif de la stratégie maritime napoléonienne est donc de disperser au maximum la flotte anglaise en multipliant les menaces visant soit les côtes britanniques, soit celles de ses alliés, soit son commerce. Que ces menaces soient mises à exécution ou non, l'important est d'obliger la Navy, qui consacre déjà d'importants moyens au blocus des ports de l'Empire, à courir partout sur les mers pour y parer – jusqu'au jour où une flotte de ligne suffisamment nombreuse sortira des ports français pour affronter dans la Manche les escadres laissées à la garde des côtes anglaises.

À cet effet l'Empereur n'hésite pas à utiliser tous les moyens, aussi bien ses lourds vaisseaux que ses frégates, les flottes de transport et même les flottilles d'embarcations légères.

Le 11 janvier 1805, une escadre de cinq vaisseaux et trois frégates déjoue ainsi le blocus de Rochefort pour aller rançonner les Antilles britanniques. De même, la flotte de Toulon, qui avait trompé la vigilance de Nelson le 30 mars, atteint les Antilles avec 17 navires le 11 mai, capture un convoi de 14 transports avant de retourner vers l'Europe… et son tragique destin à Trafalgar.

L'escadre de Rochefort reprend la mer le 17 juillet et capture 52 navires de commerce dans l'Atlantique-Nord avant de revenir à Rochefort le 24 décembre en évitant trois escadres anglaises lancées à sa poursuite.

Le 13 décembre, deux mois après Trafalgar, deux escadres françaises s'échappent de Brest. La première (cinq navires et deux frégates) est mise hors de combat le 6 février 1806 devant Saint-Domingue avant d'avoir pu faire grand-chose… Mais la seconde (six navires et deux frégates) razzie l'Atlantique-Sud, l'océan Indien et les Caraïbes avant d'être dévastée par un cyclone en août 1806. Bilan : une soixantaine de navires marchands et 30 millions de francs perdus par le commerce anglais, et surtout quatre escadres britanniques parties pendant des mois fouiller les océans à la recherche des Français. En regard, moins de la moitié des navires français impliqués regagneront le port, du fait des combats ou des « fortunes de mer »…

Les frégates, moins chères à construire et plus rapides, sont chargées de mener des « croisières » contre le commerce anglais tout autour du globe. Napoléon prévoit d'en lancer dix à douze par an à partir de tous les ports de l'Empire, tant pour tenir la Navy en haleine que pour former les équipages. L'amiral de Linois, basé à l'île de France (La Réunion) avec six navires légers, multiplie les prises en 1803-1804 le long des côtes de l'Inde, de Ceylan et du détroit de Malacca. Il manque même de s'emparer le 15 février 1804 de l'immense convoi de Chine. Mais sa flotte est interceptée par hasard et anéantie le 13 mars 1806 par une escadre anglaise dans l'Atlantique-Sud… En 1806, sept croisières sont lancées à partir de Brest, Saint-Domingue, Cadix, Lorient,

Rochefort ; elles captureront 58 navires de commerce et quelques petits navires de guerre, mais au prix de la perte de 18 navires… À l'hiver 1808, une escadre de cinq frégates quitte la France en déjouant le blocus anglais et atteint l'océan Indien en mars 1809 après avoir écumé l'Atlantique-Sud. Pendant vingt mois, elle s'empare de dizaines de navires sur les côtes d'Oman à Sumatra, infligeant 600 000 livres de pertes au commerce anglais. Mais le 18 septembre 1810, une escadre anglaise met fin à ses exploits. À partir de 1810, sur 21 croisières d'une durée moyenne de deux à trois mois, dix se soldent par la perte d'un navire…

Enfin, les corsaires armés par les armateurs privés français, italiens, hollandais, danois, etc., prennent 5 314 navires anglais entre 1803 et 1814, soit une valeur de 13 millions de livres sterling. Le pic est atteint en 1810 avec plus de 600 bateaux capturés, soit par les frégates soit par les corsaires. Mais ces pertes ne représentent que 2 % à 5 % (selon les années) du tonnage de la flotte marchande anglaise, qui réalise un volume d'échanges de 2,3 milliards de livres par an… Les arsenaux anglais compensent facilement les pertes en construisant 6 821 tonneaux de navires en 1788-1792, 7150 en 1793-1797, 10 333 en 1803-1807, 12 179 en 1813-1817… Le taux d'assurance maritime à Londres, qui était de 12 % en 1801, tombe significativement à 6 % en 1810.

La Royal Navy est cependant contrainte de prendre beaucoup plus au sérieux les menaces de débarquement sur les côtes du Royaume-Uni, de ses colonies ou de ses alliés. Car Napoléon n'abandonne pas après 1805, contrairement à ce que l'on croit, les programmes de construction de flottilles d'embarcations légères (péniches, prames, canonnières), qui avaient auparavant la priorité dans l'optique d'un débarquement en Angleterre. Celle de Boulogne est certes ramenée à 990 bâtiments contre 2300 en 1805, mais elle demeure capable de débarquer 60000 hommes sur les côtes anglaises. Surtout, son modèle est décliné sur différents points stratégiques : à Messine face à la Sicile où sont réfugiés les Bourbons de Naples (20000 hommes); en Corse face à la Sardaigne, base de ravitaillement des escadres anglaises en Méditerranée; à l'embouchure de l'Elbe face à l'île d'Helgoland, entrepôt de la contrebande anglaise contre le blocus continental; à Cherbourg (12000 hommes) face à Jersey.

À ces flottilles Napoléon ajoute à partir de 1810 la construction de flottes de navires de guerre légers (frégates, bricks, corvettes...) aménagés de façon à transporter fantassins, chevaux et canons à des distances plus importantes qu'un simple navire de commerce. Celle de Toulon doit avoir la capacité d'emmener 40000 hommes en Égypte, en Sicile ou dans les îles Ioniennes; celles d'Anvers et de Cherbourg 60000 hommes vers l'Irlande et l'Écosse, ou les Antilles.

Réunir et protéger les ressources navales

Un tel programme exige d'agrandir les arsenaux existants (Brest, Toulon, Lorient, Rochefort, Bordeaux, Gênes, Venise) et d'en construire de nouveaux, plus proches des côtes anglaises : Cherbourg, Neuw Diep (près du Helder, en Hollande) et surtout Anvers. S'y ajoutent des projets plus petits, depuis les bouches de l'Elbe et de la Weser (Bremerhaven et Wilhelmshaven) jusqu'en Méditerranée (La Spezia et Trieste). La fourniture des arsenaux en « munitions navales » (chanvre pour la corderie, toile pour la voilure, goudron et cuivre pour le calfatage, et surtout bois de construction), importées avant la guerre par voie maritime des pays de la Baltique, doit désormais provenir de l'intérieur en raison du blocus anglais. Le bois, débité en planches ou en troncs (pour les mâts), ne peut être acheminé que par voie fluviale. C'est donc l'appartenance à un bassin fluvial de voies navigables intérieures qui détermine la capacité de construction d'un arsenal.

La répartition des ressources forestières et fluviales est ainsi un facteur majeur de la stratégie maritime de Napoléon. Un rapport de 1812 recense la totalité des chênes d'au moins 162 cm de circonférence disponibles dans tout l'Empire, ainsi que les hêtres et pins, mentionnant leur répartition département par département. Ce sont les départements boisés du bassin du Rhin qui sont les plus gros pourvoyeurs, d'où le choix d'Anvers, alimenté par le Rhin, la Meuse et l'Escaut, tandis que les départements des Alpes et du Morvan alimentent Toulon par la Saône et le Rhône. L'annexion des provinces illyriennes permet d'accéder aux forêts dalmates pour fournir Venise et Trieste ; celle des départements hanséatiques permet de projeter un canal reliant la Baltique à la mer du Nord (futur canal de Kiel) et aux arsenaux de l'Elbe et de la Weser. L'Empire dépense des millions pour creuser des canaux reliant la Seine à la Saône, la Seine à l'Escaut (canal de Saint-Quentin inauguré le 28 avril 1810), le Rhône au Rhin, la Manche à l'Atlantique et même Nantes à Brest ! Entre 1804 et 1814, Anvers construit 19 vaisseaux (plus 14 en chantier), Toulon 18 (dont 6 de 110 canons), Gênes et Venise 19 (vaisseaux et frégates), Rochefort 2 à 3 par an,

Cherbourg 4 (plus 4 en chantier), Brest (trop excentré des voies fluviales) 2 seulement…

Il faut également doter ces navires d'équipages. Le système de l'« inscription maritime », qui recrute en cas de conflit tous les hommes vivant des métiers de la mer (commerce maritime, pêcheurs…) ou de la batellerie, ne suffit plus à compenser les pertes. Napoléon y ajoute d'abord canonniers et infanterie venus de l'armée de terre (40 % des équipages à Trafalgar) puis, le 13 décembre 1810, la « conscription maritime » : les conscrits des cantons littoraux sont enrôlés comme marins quel que soit leur métier ! La qualité des équipages restera un handicap pour la marine impériale…

Les historiens de la marine remarquent d'ailleurs que la carte des annexions de l'Empire suit les littoraux européens, au sud (Ligurie, Rome, Illyrie, Catalogne) comme au nord (Hollande, bouches de l'Elbe). Il s'agit tout autant de renforcer le blocus continental que de mettre la main sur les populations recensées par l'inscription et la conscription maritimes. Les nouveaux départements hanséatiques, toscans et hollandais fournissent respectivement 5 000 « inscrits », quand l'ensemble des littoraux de la France d'avant les annexions en fournissent 30 000.

De même, les conventions avec les pays alliés ou conquis (Danemark, Italie, Prusse, Espagne, Portugal), voire bientôt annexés (Hollande, Gênes, villes hanséatiques), prévoient la « fourniture » de matelots à la marine impériale, et même d'équipages complets. En 1813, cinq des vaisseaux capturés par les Alliés en rade d'Anvers ont des équipages danois…

Quant aux officiers, Napoléon doit faire là aussi flèche de tout bois. La plupart des officiers d'Ancien Régime ont émigré. Il faut les remplacer par les capitaines de navires marchands reconvertis pour cause de blocus, dont beaucoup ne démériteront pas, au contraire, et par des officiers sortis du rang. La politique de réconciliation nationale menée depuis le Consulat permet le retour de quelques émigrés. Un décret de 1800 crée un corps d'officiers de marine constitué de 21 vice- et contre-amiraux, 150 capitaines de vaisseau, 180 capitaines de frégate et 600 aspirants.

Le 27 septembre 1810, l'Empereur crée les écoles spéciales de la marine, sur le modèle des écoles militaires terrestres, qui forment les élèves sur deux bateaux-écoles en rade de Brest et de Toulon.

En revanche, la marine impériale bénéficie d'excellents ingénieurs constructeurs qui, le plus souvent roturiers, n'ont pas émigré. L'un d'eux, Jean-Noël Sané, qui traversera tous les régimes de Louis XVI à Charles X, invente la standardisation des vaisseaux (il est le Gribeauval de la marine). En revanche, on manque d'ouvriers spécialisés (charpentiers, cordeliers, etc.) recrutés dans des régions (Bretagne, Vendée, Provence) généralement hostiles à la Révolution et à l'Empire. Là encore, il faudra recourir à la main-d'œuvre étrangère.

Les principaux acteurs de la « mise en musique » de la stratégie napoléonienne sont les préfets maritimes, créés en 1800 au nombre de six (Toulon, Lorient, Rochefort, Brest, Le Havre, Anvers) et chargés de coordonner l'action, souvent disparate, des autorités civiles, militaires et navales. Le tout est supervisé par l'Empereur, bien sûr, mais celui-ci est avantageusement informé et secondé par une section du Conseil d'État – le Conseil de la marine – formée le 24 juillet 1810, ainsi que par le Conseil des constructions navales, créé le 29 mars 1811. Ces institutions « doublent » en quelque sorte l'administration de l'inamovible ministre de la Marine Denis Decrès, qui restera en fonction de 1801 à 1814, reprenant même son poste pendant les Cent-Jours. Ses rapports avec Napoléon seront souvent houleux, mais sa fidélité et son obéissance à toute épreuve suffiront à combler les attentes de l'Empereur.

La flotte en construction dans l'arsenal d'Anvers est vite considérée par Londres comme la principale menace pour sa sécurité. Quarante mille hommes débarquent le 30 juillet 1800 sur l'île de Walcheren, à l'embouchure de l'Escaut, et s'emparent le 15 août de Flessingue, la forteresse principale de l'île. Mais, décimés par la malaria (4000 morts, 12000 malades), ils doivent progressivement rembarquer entre septembre et décembre.

C'est pour parer à ce type de menace que Napoléon a déployé la troisième composante de sa stratégie maritime : un gigantesque programme de fortifications côtières pour protéger ports et arsenaux. L'Empire dépense ainsi 25 millions de francs à Anvers, 6 à Nieuw Diep, 4 à Cherbourg... En effet, pour se protéger contre la lourde artillerie navale à longue portée, les traditionnelles fortifications « à la Vauban » ne suffisent pas : il faut construire des forts détachés à distance de la cible, bâtis en maçonnerie et casematés, dotés de plateformes d'accueil de canons de gros calibres pour riposter. Il s'agit de fait d'une préfiguration des fortifications terrestres construites à la fin du siècle sur le modèle dit « Séré de Rivières » (du nom du général du génie qui les conçut). Des modèles standard de « tour à canons » et de redoutes équipent ainsi les points d'accès au littoral, par exemple Fort Boyard dans la rade d'Aix, conçu par le Premier Empire, construit par le Second.

Cette stratégie avait-elle une chance de réussir face à l'écrasante supériorité de la Royal Navy ? La stratégie de Napoléon était précisément de compenser son infériorité numérique en dispersant la flotte anglaise, occupée à parer la menace des multiples flottilles, flottes de transport, croisières et corsaires pouvant partir à tout moment des différents ports de l'Empire et de ses colonies. Il s'agissait également de compenser l'infériorité tactique de ses équipages par la multiplication des petits combats et des croisières. L'objectif final était d'obtenir, au moment opportun, une supériorité locale dans la Manche pour faire débarquer l'armée sur les côtes anglaises. Tel était déjà l'objet de la grande manœuvre de 1805. Contrairement à la légende, Trafalgar n'y a jamais fait renoncer l'Empereur. Seul le sort funeste des campagnes terrestres à partir de 1812 a rendu cette stratégie navale progressivement sans objet.

Bibliographie sélective

Battesti Michèle, *Trafalgar, les aléas de la stratégie navale de Napoléon*, Napoléon Ier éditions, 2004.

Branda Pierre, *Le Prix de la gloire. Napoléon et l'argent*, Fayard, 2007.

Davey James, *In Nelson's Wake*, Yale University Press, 2015.

Humbert Jean-Marcel, Ponsonnet Bruno (dir.), *Napoléon et la mer. Un rêve d'empire*, Seuil/Musée national de la Marine, 2004.

Mikaberidze Alexandre, *Les Guerres napoléoniennes, une histoire globale*, Flammarion, 2021.

Prost Philippe, *Les Forteresses de l'Empire. Fortifications, villes de guerre et arsenaux napoléoniens*, Éditions du Moniteur, 1991.

Todorov Nicola, *La Grande Armée à la conquête de l'Angleterre. Le plan secret de Napoléon*, Paris, Éditions de la Fondation Napoléon/Vendémiaire, 2016.

2

La descente en Angleterre ne pouvait pas réussir

par Michel ROUCAUD

Le temps qui passe semble avoir scellé définitivement la postérité du projet napoléonien d'invasion des îles Britanniques dans l'impitoyable leçon donnée par l'amiral Nelson à la flotte franco-espagnole au large de Cadix le 20 octobre 1805. En moins de six heures, la Royal Navy capture 17 vaisseaux et en envoie par le fond pas moins de 4, coulant du même coup les espoirs français de « descente » en Angleterre. Voilà pour l'imagerie populaire. Trafalgar… un cataclysme naval d'autant plus irréfutable qu'il fait un pendant parfait au tremblement de terre de Waterloo, dix ans plus tard.

Pour un esprit amateur de symboles et de symétrie, surtout s'il est anglais, ces deux batailles représentent un genre d'alpha et d'oméga d'une aventure impériale française se résumant à une série d'affrontements entre puissances européennes confinées sur le continent opportunément arbitrés par une Angleterre appelée, elle, à un destin mondial. Pendant que les balourds continentaux s'épuisaient sur l'Elbe, le Niémen et le Danube, le renard anglais affermissait son empire mondial aux Indes, en Égypte et aux Antilles, tout en châtiant la turbulente Amérique et en brûlant sa capitale, avec Nelson et Wellington pour arbitres. Dans cette optique, l'échec du plan de Napoléon en 1805 constituerait en fait le lever de rideau du *Rule Britannia*, preuve que l'impossibilité de l'invasion de l'Angleterre était une certitude inscrite dans le destin national de toute éternité.

Il est vrai que l'histoire se tient, quitte à convoquer quelques images habilement piochées dans le passé britannique pour étayer cette version. Nelson ne recrée-t-il pas face à la France le « *band of brothers* » d'un Shakespeare évoquant la bataille d'Azincourt et l'union des héros anglais autour d'Henry V ? Les contemporains de l'époque ne voient-ils pas dans la présence des Espagnols aux côtés des Français une réédition de la victoire sur l'*Invincible Armada* ? Plus près de nous, le goût déjà évoqué pour la symétrie ne propose-t-il pas un parallèle efficace entre les guerres napoléoniennes et la Deuxième Guerre mondiale ? Dans cette optique, tout comme Napoléon, Hitler aurait échoué de s'être perdu dans l'hiver russe après avoir eu l'audace de défier l'invincible Albion.

L'Angleterre ne pouvait être envahie. La cause paraît tellement entendue que le gouvernement français lui-même a semblé avoir intériorisé l'évidence en envoyant cinq unités françaises, dont le porte-avions *Charles de Gaulle*, célébrer le bicentenaire de Trafalgar tout en prenant soin de ne rien envisager, ou presque, pour Austerlitz six semaines plus tard.

Le touriste français qui débarque, pacifiquement, à Londres est-il condamné à déambuler de Waterloo Station à Trafalgar Square ? Et, au fond, Napoléon voulait-il vraiment débarquer en Angleterre ? Avait-il les moyens d'acheminer 150 000 hommes sur les côtes anglaises par-delà le Channel ? Et si son plan avait réussi, aurait-il pu soumettre l'île ?

Que n'a-t-on pas dit et écrit sur ce projet, qui reste l'une des clefs de compréhension de la stratégie napoléonienne et participera à la création de la Grande Armée ! Étudier cette tentative, c'est appréhender une opération de planification sans commune mesure, regroupant des forces terrestres et navales, et composée de différentes étapes : des camps à la construction de la flottille responsable du transport de troupes; des exercices de débarquement aux opérations de diversion de la flotte impériale en charge de la protection de la flottille.

Impossible n'est pas français, ou le calcul de Bonaparte

Porté au pouvoir par le coup d'État du 18 Brumaire, Bonaparte, Premier consul, se doit d'asseoir sa légitimité. Menacé de l'intérieur et de l'extérieur, le « sabre » fait feu de tout bois. L'homme fort du nouveau régime pacifie à l'intérieur et est victorieux à l'extérieur. Il met fin à la deuxième coalition avec ses victoires en Italie et celle de Moreau en Allemagne. La paix de Lunéville signée le 9 février 1801 entre la France et l'Autriche a pour conséquence d'isoler l'Angleterre, qui se retrouve seule contre son ennemi de toujours et qui n'a, bientôt, plus d'autre choix que de signer la paix avec lui. C'est chose faite le 25 mars 1802 : la paix d'Amiens est signée. Bonaparte a mis fin aux guerres de la Révolution et a ramené la concorde en France.

Mais c'est sans compter avec la haine de la « perfide Albion », qui se refuse à voir prospérer cette grande nation déjà trop puissante à son goût. Sans déclaration, l'Angleterre rompt la paix le 16 mai 1803 en saisissant les navires amarrés dans ses ports battant pavillons français et hollandais.

Pour Bonaparte, c'en est trop ! Il faut mettre fin au pouvoir de nuisance de cet encombrant voisin qui, depuis des siècles, contrarie les volontés françaises. N'écrit-il pas en mars 1803 : « En cas que l'on parle de guerre avec l'Angleterre, vous direz que la nation française ne demande pas mieux que de se mesurer avec elle, vu l'antipathie qui existe[1] » ?

Mais quelle stratégie adopter pour atteindre ce but ?

Porter le combat en Angleterre n'est pas une idée nouvelle, mais pour Bonaparte il faut frapper au cœur de la puissance anglaise, il faut prendre Londres après avoir débarqué sur les côtes anglaises et imposer la volonté de la « grande nation » à l'Empire britannique. De 1803 à 1805, Bonaparte mène ainsi une opération de planification « interarmées » qui ne trouve pas d'égale dans le passé. Certains historiens se sont néanmoins interrogés sur les réelles intentions de l'Empereur.

C'est à Boulogne que Napoléon décide de préparer cette expédition. Le choix de Boulogne[2] pour préparer une descente sur les côtes anglaises n'est pas une idée

1. Lettre au chef de brigade Colbert, Paris, 20 ventôse an XI [11 mars 1803]. Voir *Correspondance générale de Napoléon, 1803*, Paris, Fondation Napoléon/Fayard, 2003.

2. Le terme « camp de Boulogne » revêt différentes acceptions. Il désigne tour à tour (I) le camp militaire installé sur la commune de Boulogne, (II) l'ensemble des camps qui regroupaient l'armée des côtes de l'Océan et (III) enfin la seconde capitale de l'Empire pendant le mois d'août 1805, d'où Napoléon administre son gouvernement et prépare le débarquement. Derrière cette expression

neuve : César déjà avait choisi ce site, au bord de la Manche, pour lancer des expéditions en Bretagne. Le « port le plus septentrional de l'Empire romain[3] » y fut construit. Débarquer et combattre sur les terres d'Albion devient un projet que portent les Français au XVIIIe siècle, notamment lors de la guerre de Sept Ans. Les archives de la Guerre sont remplies de plans *ad hoc*, comme celui du maréchal de Belle-Île en 1759 avec ses chimériques bateaux plats, ou encore les plans de Broglie et de Guibert en 1777 et 1778. Sous la Révolution, cette idée de débarquement réapparaît[4]. Hoche, qui mesure le rôle que joue l'Angleterre dans le soulèvement des provinces françaises de l'Ouest, veut porter la guerre sur son sol. À partir de 1796, l'idée émerge d'employer pour ce faire une flottille, avec de petits bâtiments à faible tirant d'eau. Muskeyn, flamand de naissance, fait des propositions au Directoire en ce sens. La construction de chaloupes est actée dans les ports de Dunkerque, de Calais et de Boulogne. La formation d'un corps de volontaires accompagne ces mesures.

La première flottille, qui devait regrouper 250 bateaux et 30 à 40000 hommes, ne voit cependant pas le jour. D'autres projets lui succèdent. Après le traité de Campo-Formio, qui met fin à la première campagne d'Italie, le

---

se cache aussi l'une des plus grandes ambitions impériales : envahir l'Angleterre.

3. Fernand Beaucour, « Boulogne (camp de) », *in* Jean Tulard (dir.), *Dictionnaire Napoléon*, Paris, Fayard, 1995.

4. Voir notamment Service historique de la Défense, GR VN 9, collection des campagnes du Dépôt des fortifications : projet d'invasion de l'Angleterre (1792-1804). Voir aussi Michèle Battesti, « Napoléon et la descente en Angleterre. 1re partie : les multiples projets de 1778 à 1803 », dans *Revue du Souvenir napoléonien*, n° 444, décembre-janvier 2003.

Directoire décide de créer une armée d'Angleterre le long des côtes françaises et d'en donner le commandement à Bonaparte. Celui-ci se rend sur place en 1798 et décide des premières mesures : des travaux dans les ports d'Étaples, de Boulogne, d'Ambleteuse et de Calais, la préparation d'une deuxième flottille de 180 bateaux à construire entre Dunkerque et Saint-Brieuc, ainsi que la « création d'une commission des côtes de la Manche » en charge de la conduite des travaux. Bonaparte, qui ne se voit pas accorder tous les moyens qu'il réclame, renonce à ce plan d'invasion et lui préfère l'expédition d'Égypte.

De cette expédition, qui marquera sa légende, Napoléon tire les enseignements qui hypothèquent d'autant les chances d'un débarquement :

– porter 33 000 soldats français de la métropole en Égypte fut le résultat d'une somme d'événements chanceux : démâtage de Nelson devant le port de Toulon, méconnaissance de la destination de l'expédition, intoxication de Talleyrand lors des pourparlers avec l'Angleterre, etc. ;

– la marine de haute mer anglaise surclasse la marine française. En 1798, la France aligne 45 bâtiments contre 130 pour la Royal Navy, voire 170 avec les escorteurs. À la veille de la Révolution, le rapport entre ces deux nations était pourtant de 80 contre 100 ;

– les bâtiments français s'usent plus rapidement. En effet, les blocus anglais forcent les Français à sortir par gros temps ;

– quant à la projection des forces, les bâtiments de ligne convertis en bâtiments de transport, plus lourds, perdent en manœuvrabilité, tandis que le nombre des personnes embarquées complique le ravitaillement de bord, surtout en l'absence de ravitailleurs.

Fort de ces connaissances, Bonaparte ne renonce nullement et peut envisager un projet à la mesure de ses ambitions.

Une planification au service de la vision

En 1801, après la paix de Lunéville, le vainqueur de Marengo envisage à nouveau une opération de débarquement en Angleterre. Mais il sait qu'il lui faudra du temps et beaucoup de moyens pour espérer y parvenir. Il ordonne la préparation d'une troisième flottille, dont il donne le commandement à l'amiral Latouche-Tréville, ce héros de l'indépendance américaine qui défend avec succès les côtes françaises contre Nelson la même année. Boulogne est choisi comme point central de rassemblement. De nombreux préparatifs sont arrêtés et exécutés, qui servent la politique d'intimidation du Premier consul. À tel point que l'Angleterre commence à s'inquiéter : Nelson reçoit pour mission d'endiguer cette menace. L'amiral de la Royal Navy attaque le port de Boulogne les 3 et 4 août 1801. Soutenues par les batteries terrestres, les flottilles françaises résistent. La tactique de l'« embossage », consistant à placer en quinconce, sur deux lignes décalées, les bâtiments de la flottille afin qu'ils se protègent mutuellement, est appliquée avec succès. Dans la nuit du 16 au 17 août, Nelson connaît un nouvel échec. Dès lors, la menace que constitue pour l'Angleterre ce rassemblement de troupes sert Bonaparte lors de ses négociations avec les Anglais, lesquelles mènent au traité d'Amiens du 27 mars 1802.

Avec la rupture de la paix, en mai 1803, Bonaparte relance le projet de descente. Une préparation d'une ampleur à nulle autre pareille rythme dès lors la vie des armées françaises. Le Premier consul concentre tout d'abord des unités d'infanterie, de cavalerie et d'artillerie dans différents camps placés sous son autorité le long des côtes, de Bayonne à Utrecht, et qu'on désigne sous l'expression générique de « camp de Boulogne ». Ces unités forment l'armée des « côtes de l'Océan ».

Parallèlement, il élabore un plan d'opérations. Il faut prendre les Anglais de vitesse, tout en protégeant la flottille, car elle ne peut rester à l'ancre au bord des côtes sans s'exposer. Dès le mois de juin, Bonaparte ordonne la création de ports et de bassins permettant la concentration d'un nombre élevé de bateaux destinés à transporter des hommes, des chevaux et du matériel de guerre. Mais comme il est impossible de sortir ces bâtiments d'un « seul bond », en une seule marée, et qu'une traversée par surprise dans la brume est rendue impossible par la présence permanente des escadres ennemies devant Boulogne, le Premier consul élabore un stratagème. Puisqu'il faut une flotte de haute mer pour protéger la flottille française lors de sa traversée et obtenir la maîtrise de la Manche, il décide d'éloigner la flotte anglaise. Dans son idée, la flotte française, après avoir rallié l'Armada espagnole, devra se rendre aux Antilles en entraînant à sa poursuite son antagoniste. Puis elle devra semer la Royal Navy dans les mers du Sud afin de revenir au plus vite protéger la traversée de la Manche.

Malheureusement, Latouche-Tréville, seul capable de soutenir un tel plan, meurt en 1804. Son successeur, l'amiral Villeneuve, peine à organiser et à mettre en œuvre ladite manœuvre (voir ci-après). Non seulement l'Angleterre n'est pas prise de vitesse, mais sa diplomatie s'emploie à nouer une nouvelle coalition. Napoléon décide donc de renégocier avec elle début 1805. Les Anglais rejettent toutes les propositions. Russes, Suédois, Autrichiens, menacent sur ses arrières l'armée des côtes de l'Océan. Surtout, la flotte franco-espagnole ne réussit jamais à exécuter le plan initial et manœuvre entre le golfe de Gascogne et le port de Cadix, constamment menacée par la Royal Navy.

Les différents camps[5] sur la côte, qui composent le « camp de Boulogne », regroupent des soldats rompus, depuis 1803, aux exercices d'embarquement et de débarquement. Ils forment à l'été 1805 sept corps d'armée d'élite. Forts de 145 000 hommes, ces « sept fleuves » vont pouvoir fondre sur le Rhin pour prendre de vitesse l'alliance continentale. L'armée des côtes de l'Océan tourne alors le dos à l'Angleterre pour se diriger plein est et reçoit le nom de Grande Armée par ordre du jour du 29 août 1805. Si le corps d'avant-garde est placé sous les ordres du maréchal Lannes, le corps de droite est commandé par Davout, tandis que les corps du centre et de gauche se voient placés respectivement sous l'autorité de Soult et de Ney. Comme chacun sait, cette Grande Armée déferle sur l'Europe et conclut la victorieuse campagne de 1805 par la bataille d'Austerlitz le 2 décembre. Mais revenons en arrière pour mieux ausculter l'entreprise, trop souvent expédiée d'un trait de plume par des

---

5. Ces camps étaient répartis sur plusieurs sites ; le camp de Soult, par exemple, se trouvait autour de Boulogne, de Calais et de Saint-Omer. D'autre part, à ces trois camps qui formeront le 4e corps d'armée, le 6e corps d'armée et le 3e corps d'armée de la Grande Armée, il faut ajouter les camps répartis plus au nord ou plus au sud, notamment le 2e corps d'armée sous Marmont réparti autour d'Utrecht et le 7e corps sous Augereau concentré autour de Brest.

historiens davantage sensibles à l'épopée des batailles qu'à l'orchestration préalable.

De la planification à l'exécution

En l'englobant sur deux années, il est aussi possible de mesurer l'ampleur d'un projet qui traduit la volonté du futur empereur des Français, et de répondre ainsi à cette question cruciale : dans l'esprit de Bonaparte, le projet de descente en Angleterre était-il sincère ou n'était-il qu'un leurre destiné à berner les Anglais ?

Bonaparte n'hésite pas en 1803 à reprendre le projet de descente immédiatement après le départ de l'ambassadeur anglais en France et la rupture de la paix d'Amiens, le 12 mai. Il a envisagé cette éventualité depuis six mois déjà lors d'une réunion en date du 17 brumaire an XI (8 novembre 1802) : « Le Premier consul a discuté et établi le plan d'une expédition : Boulogne est le centre de l'armée, mais il est nécessaire d'établir deux ailes. Ambleteuse formera la droite, Étaples la gauche[6]. »

Bonaparte planifie de bout en bout l'opération, nomme les principaux responsables, ordonne la construction des bâtiments des flottilles, celle des infrastructures portuaires et des fortifications, planifie l'entraînement des troupes et les reconnaissances effectuées sur les rives anglaises. Enfin, il met au point cinq versions d'un « Grand Dessein », soit d'un plan d'opérations qui a pour but d'obtenir sur le Channel une supériorité limitée dans

6. École nationale des Ponts et Chaussées, ms. 2825, procès-verbal du 17 brumaire an XI.

l'espace et le temps, afin de faire traverser son armée en toute sécurité.

Les acteurs de cette planification sont multiples, la constitution d'une armada mobilisant des compétences tant dans la marine que dans l'armée, sans oublier les impératifs de logistique et d'intendance.

Tout d'abord, une structure dédiée est créée sous l'autorité d'un ingénieur général *ad hoc*. Par là, le Premier consul marque l'attachement qu'il porte à la réalisation de son projet, reposant sur la construction de deux flottilles, une de guerre et l'autre de transport, la première constituée de bâtiments à fond plat et la seconde formée de bateaux de pêche. Les premiers sont à construire et les seconds à acheter. Un arrêté du 4 prairial an XI (24 mai 1803) institue ainsi une Inspection générale de la flottille nationale. L'inspection est confiée à Pierre-Alexandre Forfait, ingénieur constructeur de la marine, qui a été en charge de la construction de la flottille de 1797, avant de devenir ministre. À ce poste, il a créé la flottille de 1801. Depuis 1802, nommé conseiller d'État, Forfait continue à encourager l'emploi de ce qu'il appelle la « nouvelle arme ».

L'inspecteur général dispose pour le seconder de six commissions d'armement réparties par arrondissement maritime. Ces dernières sont composées d'un officier supérieur de la marine et d'un sous-commissaire ou d'un sous-inspecteur. Conformément à l'arrêté du 4 prairial, « les commissions doivent faire l'inventaire des bâtiments de commerce propres à faire partie de la flottille, les acheter, les faire armer et acheminer vers Boulogne, ou l'un des autres ports de rassemblement qui seront désignés ultérieurement, mais tout en restant sous la dépendance de l'inspecteur général ». Dans la foulée, l'article 9 arrête que « les commissions désigneront les lieux où il sera possible d'entreprendre des constructions de bâtiments de guerre destinés à faire partie de la flottille ». Cette organisation perdure jusqu'en ventôse an XII (février 1804), date de l'arrêt des constructions.

Forfait est placé sous l'autorité du ministre de la Marine et reçoit comme instructions particulières d'accélérer les travaux de réparation de bateaux canonniers qui se trouvent à Dunkerque et à Saint-Malo (78 environ), de mettre en chantier de nouvelles constructions sur tout le littoral et d'acheter plusieurs centaines de bâtiments à faible tirant d'eau capables de porter une centaine d'hommes et devant être concentrés autour de Boulogne. Précisons que Decrès, ministre de la Marine, doute depuis le début du succès d'un projet qui lui paraît impraticable en raison de la supériorité éclatante de la Royal Navy.

Un nouvel acteur d'envergure fait son entrée par décision du 26 messidor an XI (15 juillet 1803). Il s'agit du commandant de la flottille. Le premier malheureux élu est le vice-amiral Bruix. À sa mort, le 27 ventôse an XIII (18 mars 1805), il est remplacé par le contre-amiral Lacrosse. Tous deux avaient servi dans la Marine royale avant la Révolution. L'amiral Bruix avait servi lors de la guerre d'Indépendance américaine, puis avait été ministre de la Marine et des Colonies sous le Directoire, où il avait su se faire apprécier de Bonaparte, notamment lors des préparatifs du 18 Brumaire. L'amiral Lacrosse, quant à lui, avait longtemps servi dans les Antilles, puis avait forcé avec succès, au large de Brest, un blocus anglais en 1802 avant d'être nommé préfet maritime.

À côté de ces éminents personnages, on oublie trop souvent les commandants militaires de l'armée qui ont reçu pour mission de collaborer avec leurs homologues de la marine sans les heurter, vaste problème quand l'on connaît la rivalité séculaire, teintée de mépris réciproque, entre ces deux armes. Parmi ceux-ci, on trouve les maréchaux Soult, Davout et Ney, nommés respectivement commandants en chef des camps de Saint-Omer, Bruges et Montreuil vers la fin de l'an XI. Les futurs maréchaux s'imposent sur ces chantiers en levant des hommes de leur propre initiative ou en rendant compte directement au Premier consul. Soult devient ainsi l'un des interlocuteurs privilégiés de Bonaparte et rédige à son intention des rapports réguliers sur les camps et la flottille. En outre, les artilleurs de l'armée sont en charge de l'armement de celle-ci, et l'arme du génie supervise la réalisation du port de Wimereux et l'édification de plusieurs ouvrages fortifiés. Le ministère de la Marine participe aussi au projet. Il met à sa disposition ses différentes divisions, notamment celles en charge des personnels, des ports, des approvisionnements et de la comptabilité. Decrès, devançant le Premier consul, effectue en personne une tournée en juillet 1803 pour inspecter les côtes, du Havre à Anvers. Cependant, les relations entre le ministre de la Marine et l'inspecteur général de la flottille comme avec le vice-amiral Bruix sont exécrables. Chaque partie accuse les autres des lenteurs dans l'avancée du projet, ce qui ulcère Bonaparte, dont les missives deviennent de plus en plus comminatoires : « Soyez donc ministre de la Marine, fulmine-t-il par exemple le 6 octobre 1804. Quoi ! [...] En vrai ministre de la Marine, cette turpitude de votre corps devait s'arrêter à vous et ne point venir sous mes yeux[7]. »

Le Premier consul reste de bout en bout au centre de toute cette organisation ; il en demeure la clef de voûte. Il demande sans cesse plans et projets de travaux, exige les états d'avancement des constructions[8], examine, décide, ordonne, encourage ou réprimande. Bonaparte effectue cinq tournées dans les camps des côtes de l'Océan entre l'été 1803 et l'été 1805. À cette occasion, il fait louer le château de Pont-de-Briques pour y séjourner et y travailler. Ce château construit vers 1640 lui sert de quartier général lors de ses séjours au camp de Boulogne entre 1803 et 1804. Napoléon y dicte plus de trois cents lettres, et y tient huit Conseils des ministres. Le Premier consul n'y séjourne pas moins de quatre-vingts jours. Sur la falaise dominant Boulogne, il bénéficie aussi d'une baraque confortable près de celles de ses plus hauts collaborateurs. Et lorsqu'il demeure à Paris, il charge Duroc, Savary, Lauriston ou ses aides de camp de tournées d'inspection.

De nombreux bâtiments de la flottille sont ainsi construits. L'*Atlas du génie maritime* livre les plans des différents types de bâtiments à faible tirant d'eau qui constituent la flottille de guerre : prame, chaloupe canonnière, bateau canonnier, péniche et caïque. Chacun de ces bâtiments a une taille différente avec une voilure et un armement appropriés.

---

7. Lettre à Decrès, Trèves, 14 vendémiaire an XIII [6 octobre 1804], *Correspondance générale de Napoléon, 1803,* Paris, Fondation Napoléon/Fayard, 2003.

8. La secrétairerie d'État conserve ces différents types de plans.

Le coût de ces constructions varie selon le modèle : la prame, 140000 francs; la chaloupe canonnière, 32000 francs; le bateau canonnier, 18000 francs; la péniche, 7000 francs; le caïque, 6000 francs.

Au final, 1294 bâtiments de la flottille de guerre ont été produits lors des deux années de planification, sur quelque cent cinquante chantiers, répartis dans toute la France, pour un coût de 41 millions de francs, dont 359 chaloupes canonnières, 456 bateaux canonniers et 413 péniches. L'effort financier est énorme, lorsque l'on sait que le salaire annuel d'un ouvrier de base oscille entre 500 et 1000 francs.

À cette flottille de guerre s'ajoute la flottille de transport, forte de 540 bâtiments. L'arrêté du 22 fructidor an XII (9 septembre 1804) détaille la flottille de guerre en sept escadrilles, et articule celle de transport en trois entités, respectivement dévolues aux écuries, à l'artillerie et aux soldats. Chacune d'entre elles s'organise en divisions, composées de dix-huit bâtiments répartis en deux sections de neuf bâtiments.

L'effort porté sur la constitution des embarcations doit naturellement s'accompagner de la réalisation d'infrastructures portuaires. Dans les premiers temps, différents sites sont choisis, comme Ostende, Calais, Dunkerque, Dieppe, ainsi qu'en témoignent les correspondances du vice-amiral Bruix[9]. Finalement, on l'a vu, le choix se concentre sur Boulogne, Ambleteuse et Wimereux. Des chenaux pour bâtiments à faible tirant d'eau, principale protection contre toute attaque de flotte de haute mer, et des rades portuaires constituent

9. Voir notamment SHD, MV BB1, correspondance ministérielle et de l'Amirauté.

l'essentiel des travaux. Au total, 6 millions de francs seront investis dans les infrastructures de Boulogne, 4 millions dans celles d'Ambleteuse, et enfin 2 millions dans celles de Wimereux.

Un quatrième site, Étaples[10], fera l'objet d'une attention particulière de la part de Bonaparte. Il décide, en effet, dans un second temps, d'y placer trois cents voiles ; un million de francs y seront investis.

Ces travaux pharaoniques s'accompagnent de la mise en défense des côtes et de l'exécution de travaux de fortification, à l'instar de Boulogne, lequel est protégé par une série de batteries et de forts, tel celui du Musoir.

Ce panorama ne serait pas complet si on ne rappelait pas l'entraînement et les exercices auxquels les hommes, les chevaux, les matériels, les bâtiments et les équipages se sont soumis pour préparer la plus vaste opération de débarquement de l'Histoire. Coignet témoigne dans ses cahiers de ces heures passées à s'entraîner, à embarquer et débarquer depuis ces petits bateaux à fond plat.

> On nous campa au port d'Ambleteuse, où nous formâmes un beau camp. [...] Et tous les jours à la manœuvre. Nous fûmes embrigadés pour faire le service sur mer chacun notre tour. On nous mit très loin sur une ligne de deux cents péniches. [...] Pendant vingt jours, toujours manœuvrant les pièces, nous étions canonniers et marins. Les marins, canonniers et soldats, tout ne faisait qu'un seul homme, l'accord était parfait à bord.

Des dispositions précises sont prises afin que l'embarquement des 145 000 hommes se déroule sans engorger le port et dans le laps de temps réduit d'une seule marée.

---

10. Ce camp d'Étaples a fait l'objet de fouilles archéologiques.

Des ordres de bataille sont émis : les pelotons sont répartis dans des péniches, elles-mêmes regroupées par bataillons, puis par régiments[11], qui forment des « divisions navales »; celles-ci correspondant aux grandes unités terrestres. À cela s'ajoute tout l'effort de renseignement porté sur cette opération. L'activité anglaise de renseignement est intense, tant la crainte d'un débarquement est une réalité quotidienne. En réponse, les côtes anglaises deviennent l'objet de nombreuses reconnaissances, à l'instar de celle du capitaine du génie Dehon. C'est au retour d'une mission à Madras, sur le navire britannique *La Matilda*, que ce dernier relève plusieurs informations sur les côtes d'Angleterre, soulignant les meilleurs emplacements en vue d'un débarquement ainsi que la localisation des forces de défense. À l'été 1804, Dehon réalise une carte à main levée et un mémoire, destiné à l'état-major français.

Le plan de diversion attribué à la marine impériale consiste, on l'a dit, à protéger la Manche. Les escadres impériales doivent sortir de leur port, emmener à leur poursuite les escadres anglaises, les égarer dans les mers du Sud, puis revenir pour se concentrer sur le Pas-de-Calais en prenant l'ennemi de vitesse. Ce stratagème est nécessaire pour espérer contrer la puissance maritime anglaise. Les forces navales françaises en 1800 se composent de 44 vaisseaux et de 43 frégates. La Royal Navy se trouvant, quant à elle, forte de 127 vaisseaux et 158 frégates. L'apport des flottes alliées ne rééquilibre pas le rapport de force en 1805 : 66 vaisseaux et

11. *Ordre de bataille pour l'embarquement*. Plan manuscrit en couleurs, *ca* 1805. SHD, Archives du génie, 1 V.

41 frégates espagnoles, auxquels s'ajoutent 16 vaisseaux et 6 frégates bataves.

En février 1805, la cinquième et dernière version du plan ordonne à l'amiral Ganteaume de se diriger avec 21 vaisseaux sur Ferrol, d'y rallier 14 vaisseaux, et de se rendre en Martinique. Dans le même temps, l'amiral Villeneuve doit quitter Toulon avec 11 bâtiments pour rallier Cadix où l'attendent 7 autres navires, puis rejoindre la petite escadre de Missiessy qui mouille en Martinique. L'ensemble, fort de 58 vaisseaux (sous les ordres de Ganteaume), devra tenir le Pas-de-Calais de juin à juillet 1805 et protéger la traversée des flottilles d'invasion. Rien ne se déroulera comme prévu.

Missiessy quitte les Antilles trop tôt, sans attendre le regroupement des forces et atteindra l'île d'Aix le 20 mai, seul. Le 26 mars, l'escadre de Ganteaume appareille de Brest, mais trouve celle de l'amiral Cotton qui la contraint à regagner son port d'attache. Villeneuve se conforme à la première partie du plan – appareiller de Toulon le 30 mars, rallier la flotte de Cadix le 8 avril et arriver à la Martinique le 14 mai, tout en étant pris en chasse par Nelson – avant de se retrouver seul aux Antilles et devoir retourner avec vingt vaisseaux vers l'Europe. Une succession de retards et d'erreurs[12] conduit finalement Villeneuve à Cadix le 18 août, où il est bloqué par une escadre anglaise. Afin de complaire à Napoléon, qui l'accable de lettres incendiaires, il sort

12. Villeneuve rejoint le Ferrol le 3 août, après avoir affronté Calder le 22 juillet. Le 11 août, il appareille du Ferrol pour débloquer l'escadre de Brest. Il aperçoit l'escadre d'Allemand (5 vaisseaux), qu'il confond avec une escadre anglaise. Il se détourne sur La Corogne, puis arrive à Cadix le 18, où il est bloqué par une escadre anglaise.

comme chacun sait le 20 octobre avant d'être étrillé dès le lendemain par Nelson.

Le plan a échoué, il est trop tard. Le 29 août 1805, face à la menace continentale, l'Empereur décide de retourner l'armée des côtes de l'Océan vers le Rhin. La Grande Armée est née, et la gloire d'Austerlitz maquillera le désastre de Trafalgar.

Certes la manœuvre de diversion navale a été un échec, mais si Villeneuve le 22 juillet avait poursuivi Calder, après la bataille des Quinze-Vingt au cap Finisterre, ou, le 3 août, avait décidé d'appareiller le lendemain du Ferrol, la concentration des forces maritimes impériales aurait pu s'opérer au large de Brest et offrir la maîtrise de la Manche pendant quarante-huit heures. Mais l'amiral a manqué ces fenêtres de vulnérabilité.

Débarquer en Angleterre pour mettre à genoux l'ennemie de la France était bien l'intention de Bonaparte. Le Premier consul a mis en place une organisation colossale qui répondait à sa volonté, mobilisant pour ce faire hommes et moyens dans des proportions jamais atteintes.

Mais si le Premier consul pouvait espérer, l'Empereur dut se rendre à l'évidence : traverser la Manche sans maîtrise de la mer est un jeu de hasard. Les impondérables entrent dans tous les jeux de guerre, mais Napoléon cernait mieux ceux du champ de bataille que ceux du combat naval. Et, cette maîtrise, il ne pouvait l'obtenir – sauf miracle – eu égard à l'état respectif des forces maritimes. N'oublions pas que près de 80 % des officiers de la Marine française avaient émigré lors de la Révolution. Le dernier plan, audacieux certes, dépendait de trop d'impondérables, exception faite des insuffisances de Villeneuve qui a endossé pour la postérité le rôle toujours pratique de bouc émissaire. À l'été 1805, le temps est venu de s'occuper des « affaires terrestres ». L'épopée de la Grande Armée, née de cette réalité contrainte et d'une défaite irréparable, peut débuter.

« Puisque pour vaincre l'Angleterre, il faut dominer l'Europe, alors va pour la domination de l'Europe ! » résume Thierry Lentz.

Bibliographie sélective

BATTESTI Michèle, *Trafalgar, les aléas de la stratégie navale de Napoléon*, Paris, Soteca, 2004.

BLANC Jacques, « La flottille nationale, 1803-1805 », Mémoire de master 2 sous la direction de Jacques-Olivier Boudon, Université Paris IV, 2007.

HICKS Peter, « De l'autre côté de la Manche : la Grande Peur », *Napoleonica*, n° 2018/1.

HOUDECEK François, « Intégrer la Grande Armée au camp de Boulogne », *Napoleonica*, n° 2018 /1.

LEMAIRE Fréderic, « Les camps napoléoniens d'Étaples-sur-Mer (camp de Montreuil, 1803-1805). Recherches en cours », *Revue du Nord*, 2010/5, n° 388, p. 39-49.

LENTZ Thierry, *Nouvelle histoire du Premier Empire, III. La France et l'Europe de Napoléon. 1804-1814*, Paris, Fayard, 2007.

RODGER Nicholas A.M., *The Command of the Ocean. A Naval History of Britain, 1649-1815*, Londres, Allen Lane, 2004.

TODOROV Nicola, *La Grande Armée à la conquête de l'Angleterre. Le plan secret de Napoléon*, Paris, Éditions de la Fondation Napoléon/Vendémiaire, 2016.

3

La Grande Armée vit sur le pays

par Antoine Reverchon

« Vous devez avoir pour principe que la guerre doit nourrir la guerre. » La lettre que Napoléon adresse le 14 juillet 1810 au maréchal Soult, alors chef de l'armée du Midi en Espagne, est citée par de nombreux historiens pour illustrer le fait que l'Empereur aurait érigé le pillage des pays conquis en principe stratégique. « Vivre sur le pays » évitait en effet d'embarrasser la marche des soldats par les lourds chariots de ravitaillement et de munitions que traînaient derrière elles les armées de l'Ancien Régime, et d'acquérir ainsi un avantage décisif sur celles-ci : la rapidité des mouvements. « Notre Empereur ne se sert pas de nos bras pour faire la guerre, mais de nos jambes », écrit le capitaine Coignet dans ses fameux *Carnets*. L'Empereur pouvait ainsi faire converger rapidement ses différents corps d'armée en marche sur des itinéraires différents à l'endroit qu'il choisissait pour livrer une bataille décisive en bénéficiant de la supériorité numérique.

Le revers de la médaille, si l'on suit cette vision, est que l'image des « soldats de la République » venus libérer les peuples européens du despotisme se serait progressivement dégradée en celle de pillards impériaux, rançonnant partout où ils passaient les villages et les villes, dressant les populations contre l'occupant français au bénéfice *in fine* des monarchies coalisées.

La logistique, une priorité de l'Empereur

En réalité, l'organisation du ravitaillement et de l'équipement des troupes en campagne est une préoccupation constante de l'Empereur. Elle remplit une bonne partie, voire l'essentiel, du travail de l'état-major et de la correspondance de Napoléon avec ses ministres et ses officiers, au même titre que le suivi précis des effectifs disponibles pour la marche et le combat – les deux sujets étant, bien sûr, étroitement liés. Cette priorité l'emporte sur la combinaison savante des mouvements des unités en vue de les réunir pour la bataille. Tout simplement parce que lesdits mouvements sont en réalité le plus souvent dictés... par la disponibilité du ravitaillement, et par le contrôle des routes, villes, carrefours et ponts qui permettent de l'acheminer !

Le principe même de « vivre sur le pays » connaît d'ailleurs une limite pour ainsi dire « naturelle ». Car cela n'est possible que lorsque l'armée marche en territoire ennemi, donc ni en France ni dans les pays alliés. Or, sur la durée totale de service d'un soldat de l'armée impériale (durée, bien sûr, variable selon les périodes et les individus), opérer sur le territoire de l'adversaire est l'exception et non la règle ! Dès lors qu'il séjourne dans les casernes, camps, cantonnements d'étape, bivouacs situés dans les frontières de l'Empire ou de ses alliés, ou encore qu'il marche sur les routes qui les relient, le soldat demeure à la charge du service d'intendance de l'armée.

La ration quotidienne pour nourrir un soldat est fixée depuis 1801 à 750 g de pain, 550 g de biscuit (c'est-à-dire du pain cuit deux fois – d'où son nom – pour être moins périssable), 250 g de viande, 30 g de riz et 60 g de légumes secs (pois, haricots, lentilles ou fèves), un quart de litre de vin, 1/16e de litre d'eau-de-vie et 1/20e de litre de vinaigre.

Une gigantesque organisation logistique est nécessaire pour commander, acheter et faire parvenir ces rations à des dizaines de milliers d'hommes – et de chevaux ! – disséminés dans toute l'Europe, mais aussi les munitions, les uniformes, les chaussures et les armes de rechange. Il faut aussi loger les soldats et les chauffer pendant l'hiver, que ce soit dans les casernes, les tentes des bivouacs ou chez l'habitant, qui échange un « billet de logement » donné par les hommes hébergés contre un paiement en monnaie versé par l'intendance.

Le 8 mars 1802, Napoléon élève l'« Administration de la guerre », l'une des directions du ministère de la Guerre en charge de cette gigantesque tâche, au rang de ministère à part entière, confié successivement à Jean François Aimé Dejean (1802-1810), Jean-Girard Lacuée (1810-1813), Pierre Daru (1813-1814), Pierre Dupont de l'Étang (1814) et, à nouveau, Daru pendant les Cent-Jours (1815).

Ce ministère sous-traite chaque type de commandes à des « régies » (régie des pains, de la viande, du fourrage, etc.) confiées à des intermédiaires privés, les « manutentionnaires ». Mais la prévarication généralisée et la faillite de nombre d'entre eux aboutissent en 1807 à la nationalisation de ces régies. Ce sont désormais des fonctionnaires qui achètent directement les armes aux manufactures (les principales sont situées à Maubeuge, Charleville, Mutzig, Klingenthal, Versailles, Tulle, Saint-Étienne, Liège et Turin), les chevaux de remonte aux haras nationaux ou privés, les uniformes, les harnachements et les voitures de transport aux ateliers régimentaires des dépôts ou à des ateliers privés, les vivres et le fourrage à des grossistes privés, ou encore les services de transporteurs chargés d'acheminer le tout vers les casernes et les dépôts.

Partout où le réseau fluvial le permet – par exemple, sur le Rhin, le Danube, l'Elbe, l'Oder, la Vistule –, l'Administration de la guerre troque ses nombreux chariots pour la batellerie, capable d'emporter bien plus de fournitures. Mais le transport est tout aussi lent, et exige de réquisitionner sur place bateliers et embarcations, ou d'en faire construire. En 1809, l'Empereur affecte ainsi 1 200 marins venus de Boulogne pour servir sur le Danube.

Il faut aussi transformer les grains, achetés ou réquisitionnés, en farine puis en pain et biscuit. La correspondance impériale est ainsi emplie de considérations sur la construction de moulins et de fours, soit dans les villes de dépôt accueillant les magasins de vivres (il y en a un par corps d'armée), soit démontables et portatifs pour accompagner les troupes. Pendant la campagne de 1807, Napoléon ordonne ainsi la construction à Varsovie de 30 fours qui, servis par 200 boulangers, doivent produire 400 000 rations de pain par jour !

Et tout cela coûte cher. Les 6 millions de francs de crédits affectés à l'Administration de la guerre dans le budget 1808 sont répartis ainsi : habillement, 2 millions; harnachement et munitions, 2 millions; fourrage,

1 million ; indemnités de logement, 500 000 ; chauffage, 400 000 ; convois et transport militaire, 100 000.

Réquisitions et contributions

Mais lorsque ces commandes ne suffisent pas à combler des besoins immédiats, ou bien dès que les troupes entrent en territoire ennemi, ce n'est plus l'Administration (civile) de la guerre, c'est un corps militaire, l'Intendance de la Grande Armée, qui prend le relais. Accompagnant les armées en marche ou au combat, c'est elle qui, avec ses officiers affectés à chacune des grandes unités – les commissaires des guerres –, répond au plus près du terrain aux demandes, autant que faire se peut…

L'Intendance a cependant à sa disposition un outil bien différent des marchés et contrats passés : la réquisition, en argent ou en nature. Un vol « officiel » qui dresse les populations civiles contre l'occupant tout autant que le pillage individuel des soldats… Les intendants des armées en campagne réquisitionnent, en effet, non seulement les vivres et le fourrage, mais également l'argent trouvé dans les caisses publiques ; les villes conquises doivent payer des « contributions » (dites « ordinaires ») versées directement aux caisses de l'armée.

Pour leur part, les États vaincus doivent, par traité, verser des contributions « extraordinaires » qui, jusqu'en 1810, vont au Trésor public de l'Empire français. Puis un décret du 30 janvier 1810 crée un « Domaine extraordinaire de la Couronne » alimenté par ces contributions, dont dispose directement l'Empereur. Le Domaine extraordinaire distribue d'abord dotations et récompenses aux militaires, puis, à partir de 1813, il doit voler au secours du Trésor public quand celui-ci ne parvient plus à couvrir toutes les dépenses de l'Administration de la guerre. À vrai dire, les réquisitions concernent aussi les pays amis, voire la France elle-même, mais elles sont alors payées en argent. L'Empereur écrit ainsi à Eugène, vice-roi d'Italie, le 16 mars 1809, dont l'armée se réunit en Italie du Nord :

> La méthode de se nourrir par des marchés devient impraticable lorsque beaucoup de troupes se concentrent. Il faut alors faire venir une grande quantité de subsistances [...] à un prix fait et par des réquisitions légalement imposées [*sic*]. Dans ces circonstances, il faut aider le Trésor en faisant des réquisitions à un prix modéré [...]. Moi-même j'ai été obligé d'employer ce moyen en Alsace quand toute mon armée y était rassemblée; je requérais alors une certaine quantité d'approvisionnements par préfecture, et je fixais le payement à un prix raisonnable.

Quant aux pays alliés (Italie, Hollande, Westphalie...), ils sont souvent « invités » à inscrire à leur propre budget les frais d'entretien et de logement des soldats français casernés ou en transit sur leur territoire.

Transports, places d'opération et lignes de communication

Pour transporter ravitaillement, munitions et équipements aux troupes entrées en campagne depuis les dépôts où l'Administration de la guerre les a fait livrer, l'Intendance générale de la Grande Armée recourt jusqu'en 1807 à des transporteurs privés. Mais là encore, la corruption, les défaillances… ou tout simplement la fuite des conducteurs effrayés par les combats rendent le système inefficace. Aussi Napoléon crée-t-il en 1807 le corps militaire du « train des équipages ». Chaque bataillon du train (il y en aura jusqu'à vingt-quatre) est divisé en quatre compagnies, chacune dotée réglementairement de 34 caissons (chariots), 159 chevaux, 129 hommes et une forge de campagne. Sur le papier, ces dotations sont suffisantes pour attribuer à chaque bataillon d'infanterie deux caissons de pain, un de souliers et un pour les bagages personnels des officiers… Loin de l'image d'un pillage généralisé et assumé, Napoléon précise au prince Eugène, au sujet de la création du train des équipages de l'armée d'Italie dont il lui a confié le commandement : « Cela sera commode et surtout cela soulagera beaucoup le pays. »

Bien que le terme ne soit pas employé à l'époque, le transport du ravitaillement, des munitions et des équipements jusqu'aux troupes – qu'elles soient en marche ou au combat – forme une « chaîne logistique[1] », qui exige une organisation précise et détaillée. Celle-ci est confiée à l'Administration de la guerre jusqu'à la « place d'opérations » (ou « centre d'opérations »), généralement une ville fortifiée que l'Empereur désigne comme lieu de convergence de tous les convois routiers, fluviaux ou maritimes venant de l'arrière.

À partir de cette « place d'opérations », l'Intendance de l'armée est chargée du transport suivant des « lignes d'opérations », au long desquelles sont disséminés des

1. Le terme n'apparaît que dans le *Précis de l'art de la guerre*, publié en 1838 par Antoine de Jomini, ancien officier d'état-major de la Grande Armée d'origine suisse, passé à l'ennemi en 1813.

« dépôts », jusqu'à des villes également désignées par l'état-major, de préférence elles aussi fortifiées, abritant des « magasins », des « parcs » pour les munitions, des hôpitaux, des fours à pain, des forges, des ateliers. Chacune d'entre elles est chargée du ravitaillement d'un ou de plusieurs corps d'armée. Les unités sont reliées aux magasins du corps par des routes formant des « lignes de communication » par lesquelles le train des équipages est chargé d'amener le ravitaillement jusqu'au plus près des troupes, qu'elles soient en marche ou aux prises avec l'ennemi.

Une idée de la complexité de cette organisation peut être donnée par cette lettre de l'Empereur à Berthier, son chef d'état-major, en date du 10 avril 1809 alors que vont commencer en Bavière les opérations contre l'armée autrichienne.

> Il n'y a point une division de l'armée qui n'ait 60 cartouches par homme portant fusil, attelées à sa suite ; il n'y a point de corps d'armée qui n'en ait à son parc 60 autres attelées ; ainsi il y a donc à la suite de chaque corps d'armée 100 à 120 cartouches [...]. Le soldat en a 50 dans le sac et il y en a 60 dans les dépôts, qui peuvent arriver à quatre ou cinq jours de distance pour renouveler celles consommées. Ainsi donc 150 cartouches attelées, soit à la division, soit au corps d'armée, soit au parc général, feraient pour l'armée 15 millions de cartouches, ou 900 caissons ; 50 cartouches dans le sac feraient 5 millions, et 5 millions dans les dépôts sur les derrières, en échelons, feraient 25 millions de cartouches, ou 200 par homme. Les dépôts doivent être à Ulm, Donauwörth, Passau, Ingolstadt, et faire leur mouvement en échelons. En résumé, je suis satisfait si les corps de l'armée ont 10 millions de cartouches, soit à la division, soit au parc de corps d'armée ; je le suis si l'armée en a 5 millions pour les soldats, 5 millions au parc général et 5 millions de réserve

à transporter par eau ou par les voitures du pays ; enfin je le suis s'il y a un approvisionnement simple de coups de canons réparti dans les différents dépôts, en échelons, et se remplaçant successivement.

Protéger sa place d'opérations, mais aussi les lignes de communication (ou, inversement, menacer celles de l'ennemi), est une contrainte qui pèse sur tous les plans élaborés par l'Empereur et son état-major. Contrairement à l'image d'une armée s'affranchissant des contraintes d'espace et de temps, comme suspendue au seul génie stratégique de Napoléon, la marche et les combats de la Grande Armée sont guidés par la disponibilité du ravitaillement et le contrôle des lignes de communication.

À cet égard, s'emparer des villes, et en particulier des villes fortifiées, en territoire ennemi, puis couvrir ces places contre les tentatives de reconquête, est l'objet d'un bon nombre d'opérations menées par les armées impériales : la « guerre de mouvement » à laquelle le « génie de l'Empereur » aurait contraint ses adversaires n'a pas relégué la guerre de siège au rang des antiquités de la guerre en dentelles et de l'époque de Vauban. Les guerres napoléoniennes connaissent tout autant l'importance de la fortification. En Espagne et en Russie, les ingénieurs de la Grande Armée inventent même le « blockhaus », de petits fortins destinés à protéger les dépôts d'étape tout au long des lignes de communication menacées par les guérillas et les Cosaques. Ces dernières ne voient pas seulement circuler les chariots et les caissons chargés de munitions, de rations, d'armes et d'équipements. C'est en effet par leur truchement que sont également évacués les blessés, les prisonniers, les canons ou caissons endommagés à réparer, que sont acheminés vers les unités en campagne les « régiments de marche » (les renforts de nouveaux conscrits) et les « remontes » de cavalerie (les chevaux frais), les ordres et messages portés par les aides de camp et estafettes de l'état-major, et enfin les fourgons contenant la solde des troupes.

La solde et le pillage

Car lorsque l'intendance « ne suit pas », le soldat – le mot désigne précisément celui qui reçoit la solde… – est censé utiliser celle-ci pour acheter ce dont il a besoin pour se nourrir, mais aussi entretenir son uniforme et ses armes, dont il a la responsabilité. Ce n'est pas un hasard si l'essentiel de la correspondance des hommes avec leurs familles est consacré au coût (excessif) de la vie là où ils se trouvent, au taux de change (défavorable) lorsqu'ils sont à l'étranger, et enfin aux demandes d'envoi d'argent pour améliorer la solde (jugée toujours insuffisante). Les routes d'Europe sont ainsi sillonnées de lourds convois d'argent escortés par des gendarmes aux aguets. Le pillage des fourgons de la solde de l'armée d'Espagne par les Anglais à l'issue de la défaite de Vitoria (21 juin 1813) constitue, par exemple, une lourde perte pour l'Empire déjà aux abois financièrement, même s'il interrompt à point nommé la poursuite de l'armée en déroute !

Le 25 mars 1809, alors qu'il s'apprête à entrer en campagne en Bavière, alliée de l'Empire, contre l'Autriche qui vient d'envahir ce pays, l'Empereur demande à Daru, intendant général de la Grande Armée, de s'assurer du « paiement exact de la solde sans difficulté, de faire connaître comment on réglera l'indemnité aux paysans lorsque les soldats seront distribués à 50 % [de la ration réglementaire] [...]. Le pays recevant tous les jours quelque chose et l'argent de la solde dépensé, les habitants seront soulagés ».

Ce n'est donc qu'en territoire conquis que la « maraude » (le pillage) devient possible... Mais elle est pourtant là aussi interdite ! Tout au long des guerres napoléoniennes, les états-majors, les officiers, la justice militaire le répéteront sans cesse : il est illégal de voler nourriture et effets aux populations civiles, ennemies comme amies. Nombre de soldats sont punis ou emprisonnés pour avoir « oublié » de payer ce qu'ils avaient emporté, voire passés par les armes en cas de crime de sang. Dans la plupart des cas cependant, ces punitions concernent des actes commis sur les territoires des pays alliés, au cours des marches ou en campagne.

Mais lorsque l'intendance ne suit pas et que la solde ne suffit plus, le pillage, même illégal, se généralise. Comme l'écrit un officier resté anonyme dans ses mémoires, « la meilleure discipline échoue un peu plus tôt ou un peu plus tard si la troupe ne reçoit pas ses vivres à peu près régulièrement. Que pouvez-vous dire à un soldat que vous surprenez à piller après une longue et pénible journée de marche sans pain et qu'il devra recommencer le lendemain ? ». Il est indéniable que cette situation s'est présentée plus qu'à son tour tout au long des vingt-quatre années de conflits de la Révolution et de l'Empire, jusqu'à devenir l'emblème, pour les populations civiles, des malheurs de la guerre et de l'occupation étrangère.

Un budget en constant déficit

Il n'en reste pas moins que, selon les calculs de l'historien Pierre Branda, « la guerre a payé la guerre » à hauteur de 42 % des 3 milliards de francs de dépenses militaires qu'auront coûtés au budget de la France les campagnes napoléoniennes entre 1803 et 1815 : 19 % sont venus des contributions « ordinaires » en argent et en nature prélevées dans les pays conquis ; 11 % des contributions « extraordinaires » des États vaincus ; 9 % des budgets des pays alliés de l'Empire ; 4 % du Domaine de la couronne impériale[2].

Le solde, 58 % du total, a donc été financé par les contribuables français, et non par les civils de l'Europe conquise : pour partie par le Trésor public – impôts directs et indirects (33 %), droits de douane et vente des domaines de l'État (13 %) –, pour partie... par le déficit public (12 %). À partir de 1802, le budget impérial tombe en déficit permanent, reconduit d'une année sur l'autre. Napoléon répugne, en effet, à recourir pour le combler à l'emprunt public, qui a selon lui ruiné l'Ancien Régime comme la Révolution ; de surcroît, les investisseurs restent méfiants vis-à-vis de la solidité du régime, surtout à l'heure des premières défaites.

La guerre n'a donc pas payé la guerre, mais elle a, en revanche, ruiné l'équilibre des comptes publics de la France, jusque bien après la chute de l'Empire.

2. Pour plus de détails sur cette question, se reporter à la contribution de Pierre Branda « La guerre finance la guerre », p. 297-311.

Bibliographie sélective

Bonaparte Napoléon, *Correspondance générale*, tome neuvième, publiée par la Fondation Napoléon, Paris, Fayard, 2004-2018, 15 vol.

Branda Pierre, *Le Prix de la gloire. Napoléon et l'argent*, Paris, Fayard, 2007.

Croyet Jérôme, *Soldats de Napoléon*, Marseille, Éditions Gaussen, 2010.

Pigeard Alain, *L'Armée de Napoléon*, Paris, Tallandier, 2000.

Prost Philippe, *Les Forteresses de l'Empire. Fortifications, villes de guerre et arsenaux napoléoniens*, Paris, Éditions du Moniteur, 1991.

4

Napoléon a démontré son infaillibilité militaire

par Stéphane Béraud

À l'instar de la *Guerre des Gaules* écrite par Jules César, l'histoire de la guerre napoléonienne a été et demeure très largement influencée par les récits de son principal acteur. Comme son illustre prédécesseur romain, Napoléon n'est pas seulement un grand chef de guerre, c'est également un génie de la propagande, rompu à l'exploitation « médiatique » de ses victoires pour assurer sa légitimité politique intérieure, conforter sa puissance internationale et façonner son image pour la postérité. Durant son exil sur l'île de Sainte-Hélène, il se donne pour objectif de réécrire son épopée afin notamment de préserver sa gloire militaire. Lors de ses échanges avec Las Cases, consignés dans le *Mémorial*, il lui confie ainsi à propos de Waterloo l'espérance suivante : « Singulière défaite, où malgré la plus horrible catastrophe, la gloire du vaincu n'a point souffert, ni celle du vainqueur augmenté. La mémoire de l'un survivra à sa destruction ; la mémoire de l'autre s'ensevelira peut-être dans son triomphe. » Il réussit effectivement le tour de force d'imposer pour la postérité le récit tant de ses défaites que de ses victoires, défiant ainsi la règle selon laquelle l'histoire est écrite par les vainqueurs.

Napoléon, historien premier de la guerre napoléonienne

Dès la première campagne d'Italie (1796), Bonaparte met en scène ses actions militaires pour en tirer un profit politique. Il reprend les techniques de propagande mises en place par les différentes factions révolutionnaires, mais en les adaptant à ses objectifs personnels. Il multiplie les proclamations aux armées et les ordres du jour qui content ses exploits, fait diffuser des libelles ridiculisant ses ennemis et place la presse au cœur de son réseau d'autopromotion. Il crée ainsi deux journaux, *La France vue de l'armée d'Italie* et *Le Courrier de l'armée d'Italie*, sur le modèle de ceux lancés par les autres armées pour développer l'éducation politique des soldats. La spécificité des journaux de l'armée d'Italie est de viser à établir, autour de son jeune chef, un culte de la personnalité afin de promouvoir sa gloire militaire.

Sous l'Empire, le principal instrument d'exploitation des victoires est le *Bulletin de la Grande Armée*. Souvent écrits ou corrigés par Napoléon lui-même, quand ils ne sont pas rédigés par un membre de son état-major, les bulletins constituent des comptes rendus immédiats des événements, présentés comme des descriptions exactes et objectives du déroulement des combats. Ils concentrent en fait tous les ressorts de la propagande impériale afin de mettre en scène les hauts faits des armées françaises et de valoriser le génie militaire de Napoléon. L'expression, popularisée dès l'Empire, de « menteur comme un bulletin » confirme que les lecteurs de l'époque n'ont guère eu de doutes sur leur nature d'instruments de propagande. Leur influence demeure pourtant importante, aussi bien sur les contemporains que sur les historiens de l'époque, qui ont trop souvent repris pour argent comptant les descriptions magnifiées des victoires qui s'y trouvaient.

L'impact indéniable des bulletins tient notamment à la fluidité du style et à la précision de la restitution des événements, parfaitement analysées par Jean-Paul Bertaud :

> Décrivant l'acte de guerre, les bulletins portent en eux l'éloquence de la victoire. Le récit ne verse ni dans la grandiloquence théâtrale ni dans la sécheresse du compte-rendu d'état-major. Martèlement de phrases claires, incisives et puissantes, le style se diversifie pour tenir en haleine le lecteur et adopte le rythme d'une action qui jamais ne se ralentit. Il passe brusquement du style indirect au style direct, multiplie les images et les anecdotes, surprend enfin par le contraste entre les idées et les faits exposés.

Afin d'étayer le mythe de son infaillibilité militaire, clef de voûte de sa légitimité, Napoléon ne se contente pas des relations épiques des bulletins : il n'hésite pas à réécrire le déroulement des événements et à faire élaborer des récits officiels de ses victoires visant à démontrer leur inéluctabilité.

Marengo : le « récit-propagande » de Berthier

Dès les premiers pas du régime consulaire, Bonaparte est soucieux de contrôler totalement la communication sur ses succès militaires. Il est vrai que le contexte politique est délicat, puisqu'il vient de prendre le pouvoir et que plusieurs généraux, soutenus par des groupements royalistes ou jacobins, n'ont pas encore accepté le 18 Brumaire. Il est donc indispensable de convaincre l'opinion que la victoire de Marengo (1800) est un nouvel exemple de son génie militaire et non le résultat de combinaisons hasardeuses miraculeusement sauvées par Desaix[1].

Dans ce but, Napoléon commande un rapport officiel de la bataille qui doit consacrer sa prééminence technique sur les autres généraux et, partant, conforter son aura politique et militaire. Plusieurs versions successives lui sont soumises avant qu'une relation officielle ne soit finalement publiée en juin 1805, lors de la proclamation de l'Empire, pour célébrer le cinquième anniversaire de la victoire. La rédaction de ce « récit-propagande », selon les termes de Bernard Gainot, est confiée au plus haut niveau à Berthier[2], qui quitte l'uniforme de chef d'état-major pour endosser celui d'historiographe officiel de l'épopée militaire. De ce récit d'une cinquantaine de pages et des cartes qui l'accompagnent, il ressort que la retraite désordonnée des troupes du Premier consul se transforme en repli tactique prémédité visant à piéger l'adversaire.

On sait que la bataille a été mal engagée, car Bonaparte a dispersé ses forces et sous-estimé la volonté de combattre de son adversaire. Il se retrouve, en conséquence,

---

1. Louis-Charles-Antoine Desaix (1768-1800) se distingue à l'armée du Rhin, puis durant la campagne d'Égypte en opérant la conquête de la Haute-Égypte. Son administration équitable de la province le fait surnommer « le Sultan juste » par les Égyptiens.

2. Louis-Alexandre Berthier (1753-1815) est l'indispensable chef d'état-major de Napoléon de la première campagne d'Italie en mars 1796 jusqu'à la campagne de France de 1814.

en infériorité numérique avec 23 000 hommes face aux 31 000 hommes de Mélas[3], lorsque ce dernier décide de passer à l'offensive. Le Premier consul reconnaît dans la matinée son erreur et rappelle à lui la division Boudet qui, sous les ordres de Desaix, réussit à atteindre San Giuliano vers 17 heures. Dans l'intervalle, ses forces ont été contraintes de se replier depuis 14 heures en abandonnant les points d'appui de Castel Ceriolo et de Marengo. Si les régiments de Monnier à droite et de Lannes au centre ont conservé leur cohésion, ceux de Victor sur la gauche sont en voie de débandade.

Dès son arrivée sur le champ de bataille, Desaix prend la mesure de la situation. Il envoie une partie de ses forces protéger la retraite des troupes de Victor, puis rejoint Bonaparte à San Giuliano. Ce dernier lui ordonne de bloquer sur cette position la marche de la principale colonne autrichienne. Desaix organise la défense du secteur, avant de lancer la contre-attaque qui va arrêter puis refouler l'armée autrichienne. Le principal mérite de Bonaparte n'est pas négligeable, puisqu'il a décidé de continuer le combat avec les troupes fraîches de son meilleur général, plutôt que de simplement couvrir la retraite. Il a cependant joué un rôle tactique accessoire dans la contre-attaque décisive, dont le mérite revient bien à Desaix.

La relation de Berthier donne une vision bien différente des événements. Cette vision est construite sur la

---

3. Michael Friedrich Benoit Mélas (1729-1806) est un général autrichien qui se distingue pendant la guerre de Sept Ans avant de devenir commandant de l'armée d'Italie en 1799. Après plusieurs succès initiaux, il est vaincu à Marengo et son armée doit évacuer l'Italie.

« manœuvre de Castel Ceriolo », selon laquelle l'armée française a reculé progressivement vers San Giuliano, tout en conservant, sur chaque aile, les points d'appui de Marengo et de Castel Ceriolo. L'offensive autrichienne se retrouve ainsi prise dans une véritable nasse, comme le fut l'offensive anglaise lors de la bataille de Fontenoy. Thèmes récurrents des rapports officiels et bulletins de la Grande Armée, l'anticipation des événements et la préméditation des actions par le Premier consul omniscient puis par l'Empereur doivent être affirmées. La relation de Berthier confirme que la situation n'a jamais échappé au contrôle du nouveau César : « Cependant le général Elnitz, commandant la cavalerie ennemie, longe la Bormida, dépasse Castel-Ceriolo, déborde toute notre droite. [...] Mais Bonaparte avait déjà fait entrer dans son plan les moyens de déjouer cette manœuvre dangereuse, et, dès dix heures du matin, les mouvements de toute cette journée étaient décidés dans sa pensée. »

La suite de la relation détaille les modalités de la brillante manœuvre. Au lieu de décrire un mouvement de retraite désordonné marqué par des scènes de panique, le récit reconstruit *a posteriori* un refus de la gauche française combiné avec l'établissement d'une seconde ligne de défense sous les ordres de Desaix. Le dernier élément important de la reconstruction de la bataille concerne la contre-attaque proprement dite. Le texte insiste sur la préméditation du piège en soulignant l'« habileté des dispositions précédemment faites ». Le lecteur doit être convaincu que le repli était tactique et que Bonaparte l'avait organisé en vue de la contre-attaque.

L'Empereur s'attribue en outre l'« à-propos » de la charge de cavalerie de Kellermann qui culbute l'avant-garde autrichienne et provoque une panique s'étendant à toute la colonne ennemie. Or ce dernier a indiqué qu'il avait lancé la charge de sa propre initiative au vu de la situation. Enfin, cette description minimise le rôle de Desaix. Il était, en effet, politiquement inconcevable d'officialiser que la victoire était le résultat d'une initiative heureuse du héros qui avait sauvé la journée avant de se faire tuer lors de la contre-offensive. Ainsi, la relation officielle confirme de bout en bout le génie militaire napoléonien, tant sur le plan de la supervision générale de la bataille que dans l'organisation de la contre-attaque finale, où Desaix n'est plus qu'un courageux exécutant.

Austerlitz : le mythe des lacs gelés

Dans sa reconstruction des récits de sa plus grande victoire, Napoléon cherche à marquer les esprits par des anecdotes ou des images frappantes qui pourront, le cas échéant, être reprises par d'autres supports « médiatiques », notamment artistiques. L'engloutissement d'une partie de l'armée austro-russe au couchant d'Austerlitz est un exemple bien connu de cette méthode de dramatisation destinée à frapper les contemporains et édifier une postérité glorieuse. Le 30e bulletin de la Grande Armée, qui décrit la bataille, présente ainsi la scène : « À une heure après-midi la victoire était décidée. Elle n'avait pas été un moment douteuse. Pas un homme de la réserve n'avait été nécessaire et n'avait donné nulle part. La canonnade ne se soutenait plus qu'à notre droite. Le corps ennemi qui avait été cerné et chassé de toutes ses hauteurs se trouvait dans un bas-fond et acculé à un lac. L'empereur s'y porta avec vingt pièces de canon. Ce corps fut chassé de position en position, et l'on vit un spectacle horrible, tel qu'on l'avait vu à Aboukir : 20000 hommes se jetant dans l'eau et se noyant dans les lacs ! [...] » Le 30e bulletin se conclut par une ultime référence à cet épisode : « Jamais champ de bataille ne fut plus horrible. Du milieu des lacs immenses, on entend encore les cris des milliers d'hommes qu'on ne peut secourir. »

Cette description a été reprise dans plusieurs mémoires d'acteurs de la bataille. Ainsi Lejeune, alors aide de camp de Berthier, décrit-il une scène manifestement inspirée du 30e bulletin tout en revoyant à la baisse le nombre de noyés qui passe de 20000 à 6000 hommes :

> L'infanterie [coalisée] flottait incertaine sur le parti qu'elle avait à prendre, n'entrevit de salut qu'en essayant de franchir sur la glace les larges étangs qui la séparaient de l'autre rive. Quelques hommes en effet purent passer ; mais lorsqu'un plus grand nombre fut arrivé sur le milieu des étangs, la glace commença à craquer sous leur poids, et ils s'arrêtèrent ; ceux de derrière, continuant toujours à avancer, formèrent bientôt une masse de plus de six mille hommes qui chancelaient en glissant. Tout à coup, cette foule agglomérée, chargée d'armées et de bagages, disparut en deux secondes sous les glaçons brisés, sans qu'un seul homme pût s'échapper en nageant à la surface. Ce bouillonnement des ondes, soulevées par ces milliers d'êtres humains engloutis d'un seul coup, nous fit tressaillir de terreur. Bientôt les glaçons, agités et rompus par des efforts inutiles, perdirent leurs ondulations, et les nuages, en se mirant dans ces eaux redevenues tranquilles, nous montrèrent que c'était fini. [...] Au moment où les eaux engloutirent les derniers débris de cette armée qui, le matin, nous avait presque enveloppés, le soleil descendit sous l'horizon en se cachant derrière d'épais

nuages, la neige tomba aussitôt, comme au théâtre le rideau tombe sur la dernière scène.

Le style imagé et émotionnel de Lejeune, célèbre également pour ses peintures de batailles exposées dans les salons officiels du Consulat et de l'Empire, confère une frappante crédibilité au tableau des noyades décrit dans le 30e bulletin. On peut d'ailleurs mesurer l'impact de ce dernier au fait que des officiers appartenant à l'armée austro-russe, comme Langeron, ont également repris cette scène :

> Une batterie, placée sur les hauteurs, nous foudroyait au passage des canaux ; il était près de 4 heures, la nuit était arrivée, une neige fondue et froide avait commencé à tomber depuis une heure, le terrain était fangeux et, près des canaux, on s'enfonçait dans la boue jusqu'aux genoux ; rien ne manquait à l'horreur de cette position. Les deux escadrons des dragons de Saint-Pétersbourg et les cent Cosaques d'Issayew perdirent leurs chevaux dans les étangs [...] dans lesquels beaucoup de fuyards se noyèrent.

Les recherches menées sur le terrain peu après la bataille démontrent que cette scène est une pure légende. La vérité repose sur le dépouillement des archives seigneuriales et paroissiales locales et du rapport du général Suchet établi juste après la bataille sur ordre de Napoléon. L'Empereur avait demandé à ce que les étangs soient vidés afin de récupérer les canons et les corps des soldats noyés. L'opération fut exécutée du 8 au 16 décembre 1805. Suchet contredit totalement le 30e bulletin et les mémoires précités, puisqu'il indique que les recherches ont abouti à la récupération de... 36 canons et de plus de 130 chevaux attelés à ces derniers, mais il ne mentionne que trois corps de soldats. Les autres témoignages locaux confirment ces chiffres et indiquent que les soldats retrouvés dans les étangs avaient manifestement été tués par balle et ne s'étaient pas noyés. Enfin, ces sources précisent que la scène de la rupture de la glace sous le poids des soldats et des pièces d'artillerie était imaginaire, car l'épaisseur de la glace était beaucoup trop faible pour qu'il fût possible de marcher dessus !

Waterloo : la « faute à Grouchy ! »

L'une des plus fameuses légendes napoléoniennes tire son origine de la réécriture de la bataille de Waterloo. Il ne s'agit, bien sûr, plus, chute de l'Empire oblige, de défendre la légitimité impériale, mais de remporter la victoire mémorielle, de façon à conserver intact le mythe de l'infaillibilité militaire napoléonienne. Cette bataille morale pour la postérité a été largement gagnée par Napoléon. Il a en effet réussi à développer une mystification qui a longtemps masqué les causes de la défaite et fait de Grouchy le principal responsable du désastre. Selon cette légende, popularisée par Thiers, Waterloo serait la conséquence d'une mauvaise exécution des ordres de Napoléon.

Dans ses *Mémoires pour servir l'histoire de France sous Napoléon Ier écrits à Sainte-Hélène*, l'Empereur est impitoyable à l'égard de son bouc émissaire :

> Le maréchal Grouchy, avec trente-quatre mille hommes et cent huit pièces de canons, a trouvé le secret qui paraissait introuvable, de n'être, dans la journée du 18, ni sur le

champ de bataille de Mont-Saint-Jean, ni sur Wavres[4]. [...] La conduite du maréchal Grouchy était aussi imprévoyable (*sic*) que si sur sa route son armée eût éprouvé un tremblement de terre qui l'eût engloutie. Si le maréchal Grouchy eût été sur le champ de bataille de Mont-Saint-Jean, comme l'ont cru le général anglais et le général prussien pendant toute la nuit du 17 au 18, et toute la matinée du 18, et que le temps eût permis à l'armée française de se ranger en bataille à quatre heures du matin, avant sept heures l'armée anglo-hollandaise eût été écharpée, éparpillée ; elle eût tout perdu. [...] Si le maréchal Grouchy eût campé devant Wavres la nuit du 17 au 18, l'armée prussienne n'eût fait aucun détachement pour sauver l'armée anglaise, et celle-ci eût été complètement battue par les soixante-neuf mille Français qui lui étaient opposés.

L'Empereur manipule les faits, car c'est bien lui qui a décidé de diviser ses forces en détachant Grouchy à la poursuite de Blücher, sans avoir de certitude sur la direction de retraite des Prussiens. Les ordres qu'il lui donne le 17 juin à Ligny à 3 heures de l'après-midi ne prévoient aucunement une couverture explicite de son flanc droit. L'ordre envoyé par Soult dans la matinée du 18 juin confirme que la mission principale de Grouchy était de poursuivre les Prussiens, tout en liant ses communications avec Napoléon. L'hypothèse d'une attaque de Blücher n'est jamais mentionnée et les éventuelles mesures à prendre pour empêcher cette attaque ne sont donc pas évoquées. Napoléon a sous-estimé la capacité de récupération de l'armée prussienne et

4. Bataille s'étant déroulée le même jour que Waterloo et ayant opposé les forces de Grouchy au corps de Thielmann, chargé de couvrir la marche des troupes de Blücher vers Plancenoit pour soutenir Wellington.

la détermination de son vieil ennemi à venir soutenir Wellington. Il ne lui est donc pas venu à l'esprit de sensibiliser ses subordonnés à cette menace.

Dans sa reconstruction de la défaite, Napoléon va s'y prendre en plusieurs fois pour masquer cette erreur majeure de la campagne. Le premier compte rendu de la bataille de Waterloo, baptisée « bataille de Mont-Saint-Jean » par l'Empereur, est publié le 20 juin sous la forme d'un bulletin de l'armée. Il a pour objectif de frapper l'opinion en lui annonçant la défaite sans en dissimuler l'importance, de façon à provoquer un électrochoc comparable à celui recherché par la publication du 29e bulletin de la campagne de Russie[5]. C'est donc le récit le moins manipulé de la bataille. Plusieurs falsifications apparaissent cependant d'emblée. Napoléon affirme, par exemple, que l'intervention de Blücher était intégrée dans son plan de bataille. Or les témoignages des Prussiens indiquent que la droite française n'était pas protégée par un rideau de cavalerie, ce qui leur a permis de démasquer leur attaque au dernier moment, c'est-à-dire vers 16 heures. Napoléon a bien été surpris par l'attaque contre son flanc droit, mais ne peut pas admettre avoir commis cette faute de débutant.

Dans la version suivante, l'Empereur améliore sa réécriture de la bataille, en affirmant notamment qu'il a prévu l'attaque prussienne dès la fin de la matinée : « Dans ce moment [entre 11 heures et midi], on aperçut

5. Daté du 3 décembre 1812, il occupe une place à part au sein des bulletins de la Grande Armée, car il annonce et décrit le désastre de la retraite de Russie. Il a été rédigé avec soin par Napoléon pour préparer l'opinion aux nouveaux efforts de conscription rendus nécessaires par les pertes considérables de cette campagne.

fort au loin, du côté de St. Lambert, un corps de cinq ou six mille hommes de toutes armes. On crut d'abord que c'était le maréchal Grouchy, mais un quart d'heure après, des hussards amenèrent un ordonnance prussien, porteur d'une dépêche, qui apprit que les troupes que l'on apercevait étaient l'avant-garde du corps de Bülow. » Cette seconde relation, parue en 1818 sous le nom du général Gourgaud, a été dictée par Napoléon à ce dernier, qui l'emporte avec lui lorsqu'il décide de quitter Sainte-Hélène. Quand la version imprimée parvient en 1819 à Longwood, Napoléon réagit négativement, car il la considère comme une simple ébauche truffée d'approximations. Il décide donc de dicter au général Bertrand une nouvelle relation qui sera publiée l'année suivante sous le titre de *Mémoires pour servir à l'histoire de France en 1815*.

Ce récit de 1820 perfectionne la vulgate napoléonienne en introduisant des détails qui en renforcent la crédibilité apparente :

> Avant de le donner [l'ordre d'attaque], l'empereur voulut jeter un dernier regard sur le champ de bataille, et aperçut dans la direction de Saint-Lambert un nuage qui lui parut être des troupes. Il dit à son major général : « Maréchal, que voyez-vous sur Saint-Lambert ? J'y crois voir cinq à six mille hommes ; c'est très probablement un détachement de Grouchy. » Toutes les lunettes de l'état-major furent fixées sur ce point. Le temps était assez brumeux.

Ces assertions sont facilement contestables, car il est physiquement impossible d'apercevoir Saint-Lambert depuis les points du champ de bataille où se situait Napoléon. C'est vrai par temps clair et *a fortiori* quand le ciel est brumeux. Malgré ces incohérences, de nombreux historiens ont repris ces dictées dans lesquelles l'Empereur apparaît toujours aussi clairvoyant que lors de ses plus brillantes campagnes militaires.

Comme Frédéric II, Napoléon est à la fois un commandant d'armée et un chef d'État. Comme lui, il est soucieux des conséquences politiques de ses victoires militaires. Mais plus que lui, il comprend qu'il ne peut pas se contenter de remporter la bataille sur le terrain. Il doit aussi et surtout remporter la victoire dans l'esprit des peuples et de leurs élites car, à la différence du monarque prussien, sa légitimité a toujours été contestée. Il met donc en œuvre des outils de propagande qui annoncent les moyens modernes de contrôle des opinions publiques. On peut d'ailleurs considérer qu'il a mieux réussi dans cette entreprise que sur le plan purement militaire. En effet, malgré l'échec militaire final de l'épisode napoléonien, la postérité a retenu l'image d'un génie militaire infaillible vaincu sous le poids du nombre, des défaillances et des trahisons. Ainsi se trouve vérifié le principe confié par le principal intéressé à Las Cases et repris dans le *Mémorial*, selon lequel « la vérité de l'histoire ne sera pas probablement ce qui a eu lieu, mais seulement ce qui sera raconté ».

BIBLIOGRAPHIE SÉLECTIVE

BÉRAUD Stéphane, *La Révolution militaire napoléonienne*, volume 2 : *Les batailles*, Paris, Perrin, coll. « Tempus », 2021.

BERTAUD Jean-Paul, *Quand les enfants parlaient de gloire. L'armée au cœur de la France de Napoléon*, Paris, Aubier, 2006.

BERTHIER maréchal Alexandre, GAINOT Bernard et CIOTTI Bruno, *Marengo 14 juin 1800*, Clermont-Ferrand, Les éditions Maison, 2010.

BRANDA Pierre, *Napoléon à Sainte-Hélène*, Paris, Perrin, 2021.

COPPENS Bernard, *Les Mensonges de Waterloo. Les manipulations de l'histoire enfin révélées*, Bruxelles-Paris, Jourdan, 2009.

GARNIER Jacques, *Les Bulletins de la Grande Armée, les campagnes de Napoléon au jour le jour*, Paris, Soteca, 2013.

GOURGAUD Gaspard, *La Campagne de 1815, ou relation des opérations militaires qui ont eu lieu en France et en Belgique pendant les cent jours, écrite à Sainte-Hélène*, Paris, Plancher, 1818.

H. L., « La question des étangs d'Austerlitz », article paru dans *La Revue d'Histoire*, 1908, n° 88, et intégré dans la réédition, sous la direction de Jacques Garnier, de *La Campagne de 1805 en Allemagne* par P.-C. Alombert et J. Colin, Paris, Teissèdre, 2002.

JOURDAN Annie, *Napoléon, héros,* imperator, *mécène*, Paris, Aubier, 1998.

5

La guerre de mouvement met fin à la guerre de siège

par Antoine REVERCHON

Napoléon, « génie de la guerre » selon Clausewitz, aurait totalement révolutionné l'art militaire en rompant avec les pratiques d'Ancien Régime, tout entières fondées sur le siège des places fortes. S'emparer d'une ville ou, au contraire, la défendre victorieusement revenait en effet, au temps de Louis XIV, à s'assurer du contrôle d'un territoire qui pouvait être annexé ou échangé lors des négociations une fois la paix revenue. Vauban avait défini les règles de cette guerre savante, tant dans l'art du siège que dans celui des fortifications, verrouillant les frontières du domaine du Roi son maître par un « système » de places fortes soigneusement agencées, la fameuse « ceinture de fer ».

Mais avec les guerres de la Révolution et de l'Empire, l'anéantissement de l'armée ennemie dans des batailles en rase campagne, livrées après de rapides manœuvres de corps d'armée marchant de concert, serait devenu l'objectif ultime des stratèges. Pour les historiens militaires et les historiens en général, Napoléon ne se serait pas embarrassé de ralentir la marche de ses troupes en assiégeant les villes rencontrées en chemin ; il aurait eu pour seul objectif de réunir assez d'effectifs sur le champ de bataille pour y emporter la décision[1]. Les guerres napoléoniennes sont, dans l'imaginaire collectif, dans leur iconographie et dans l'historiographie, associées à des batailles – Austerlitz, Iéna, Friedland, Wagram, la Moskowa, Waterloo – et à des manœuvres « géniales », et non à des sièges lents et fastidieux. Jomini oppose ainsi distinctement, dans son *Précis de l'art de la guerre*, la « guerre de positions » de l'Ancien Régime à la « guerre de mouvement » de la Révolution et de l'Empire, rendue possible par la levée en masse des conscrits, par l'organisation en corps d'armée et par le pillage des territoires traversés, sans plus s'embarrasser de lents convois.

« Aucun capitaine n'a fait un plus large emploi de la fortification que Napoléon. »
(Hubert Camon)

Pourtant, l'Empereur lui-même a démenti le mythe d'une stratégie jetant aux oubliettes l'importance des places fortes. Dans une lettre du 3 septembre 1806 au général Dejean, son ministre de l'Administration de la guerre (chargé de la logistique de l'armée), il écrit : « On a demandé dans le siècle dernier si les fortifications étaient de quelque utilité. [...] Quant à moi,

1. Dans *Napoléon chef de guerre* (Tallandier, 2012), Jean Tulard écrit, par exemple, que celui-ci ne veut pas « perdre de temps à faire le siège de places fortes et de villes [...] mais attirer l'ennemi sur un lieu reconnu à l'avance pour l'y écraser ».

je renverserais la question, et je demanderais s'il est possible de combiner la guerre sans des places fortes, et je déclare que non. Sans des places de dépôt, on ne peut pas établir de bons plans de campagne, et sans des places que j'appelle "de campagne", c'est-à-dire à l'abri des hussards et des partis, on ne peut pas faire de guerres offensives. » Et dans une autre missive à ce même général : « Les places fortes sont utiles pour la guerre défensive comme pour la guerre offensive ; sans doute elles ne peuvent pas seules tenir lieu d'une armée ; mais elles sont le seul moyen que l'on ait pour retarder, entraver, affaiblir, inquiéter un ennemi vainqueur. »

Le général Hubert Camon (1855-1942) fut considéré, à la fin du XIXe siècle, comme le meilleur analyste, en France, de la stratégie napoléonienne, qu'il érigea en modèle enseigné dans les écoles militaires. Dans son célèbre ouvrage paru en 1907, *La Guerre napoléonienne : les systèmes d'opérations : théorie et technique*, il théorise les deux types de manœuvres qui auraient été selon lui systématiquement adoptés par l'Empereur : la manœuvre sur les lignes intérieures, la manœuvre sur les arrières. Pourtant, ce même auteur publie en 1914 un autre ouvrage moins célèbre, *La Fortification dans la guerre napoléonienne*, dont la première phrase mérite d'être citée : « Aucun capitaine n'a fait un plus large emploi de la fortification que Napoléon. Il l'a utilisée sous toutes ses formes, dans toutes ses guerres, sur son théâtre principal comme sur ses théâtres secondaires », démentant ainsi lui-même l'interprétation dogmatique de ses propres théories sur un « système » napoléonien qui serait tout entier fait de manœuvres et de mouvements.

Une historiographie plus récente tend justement à rendre aux sièges toute la place qui leur revient dans les guerres napoléoniennes. « La fortification reste un élément polarisant d'un plan de campagne, et un rouage essentiel des opérations tactiques », écrit par exemple l'historien Bernard Gainot[2].

Qui sait, par exemple, que la guerre d'Espagne, où la Grande Armée engloutit tant de ses forces, fut scandée par 25 sièges, dont 18 menés par les Français, 6 par les Anglo-Portugais et 1 par les Espagnols, dont les déroulements s'étalèrent sur 64 des 72 mois de la durée totale de ce conflit ? Sans même parler du blocus de Cadix, capitale de la junte espagnole insurrectionnelle, dont la prise aurait pu mener à une victoire sans appel des Français si ceux-ci avaient pu établir un siège en règle. Au total, ces sièges ont causé plus de pertes que l'ensemble des batailles rangées livrées dans la Péninsule[3].

Le siège espagnol le plus connu est celui de Saragosse, parce qu'il occasionna une résistance de la population quartier par quartier, maison par maison, bien au-delà des pratiques traditionnelles de la guerre de siège, où la garnison capitulait dès qu'une brèche était ouverte, voire

2. « Honneur et malheurs. Héritages et mutations de l'armée napoléonienne, 1795-1815 », in *Histoire militaire de la France*, Tome 1, sous la direction d'Hervé Drévillon et Olivier Wieviorka (Perrin, 2018).

3. Alors que le total des militaires espagnols tués, blessés et prisonniers lors des batailles rangées s'élève à 75 000, ce même total grimpe à 110 000 pour les seuls sièges menés pendant la campagne. Auxquels il faut ajouter les pertes civiles, difficiles à évaluer étant donné les fortes variations selon les sources… et les besoins de la propagande.

même à l'issue d'un bombardement, ou de la simple menace d'un bombardement. Mais les vingt-quatre autres sièges se déroulèrent selon les règles classiques, 80 % se terminant par la reddition de la place, dont plus de la moitié après au moins un assaut – une proportion bien supérieure à celle de l'ensemble des sièges de l'époque qui témoigne tout de même de l'acharnement de cette guerre.

Forteresses et logistique

Si la guerre de siège tient plus d'importance dans les guerres napoléoniennes qu'on ne le croit, c'est d'abord parce que Napoléon lui-même ne conçoit pas ses opérations offensives sans places fortes. Ce sont, en effet, elles qui doivent mettre à l'abri de toute attaque adverse derrière leurs murailles les « dépôts » de l'armée : ses magasins de vivres et d'effets (armes, uniformes et harnachements), ses parcs de munitions (cartouches et boulets), ses écuries de chevaux de remonte, ses hôpitaux pour ses malades et ses blessés, ses prisons pour les ennemis capturés, ses moulins pour y moudre la farine, ses fours pour y cuire le pain et le biscuit. Avant d'entrer en campagne, Napoléon choisit soigneusement les places qui serviront de dépôts aux unités qu'il s'apprête à lancer à l'attaque : Mayence et Strasbourg avant la campagne de 1805, Wurtzbourg en 1806, Varsovie puis Dantzig en 1807, Augsbourg en 1809, Dantzig à nouveau en 1812, Dresde en 1813, Paris en 1814. De manière générale, l'Empereur préfère cependant les places de taille moyenne pour y placer ces dépôts : d'une part parce qu'elles exigent des garnisons moins nombreuses, puisque les fortifications sont moins étendues, d'autre part parce qu'elles sont moins soumises, en cas de siège, à la pression des bourgeois et de leurs municipalités, souvent prompts à suggérer une reddition…

Par exemple, pour préparer la campagne de 1806, il fait occuper et renforcer, outre la place de Wurtzbourg, celles, plus petites, de Forchheim et Kronach. « Cette position […] assurerait bien mes derrières. Kronach fortifiée serait l'appui de mon avant-garde, écrit-il au maréchal Lannes ; et, ma droite appuyée à Forchheim, ma gauche à Wurzburg, je serai environné de places fortes. »

Puis, lorsque les troupes avancent, ces places de dépôt doivent trouver toutes les quatre ou cinq étapes des relais dans les « places de campagne », c'est-à-dire les places fortes conquises sur l'ennemi au cours de la campagne et qui doivent pouvoir accueillir les convois de conscrits, de remonte, de rations et d'équipements qui se dirigent vers les unités qui combattent en pointe de l'offensive, mais aussi de blessés, de prisonniers qui en reviennent. S'emparer de ces places fortes présente, en outre, deux avantages : priver l'ennemi des points d'appui que l'on y trouvera soi-même, mais surtout s'emparer des dépôts qu'il y avait lui-même constitués, et de faire prisonniers les blessés qui y sont soignés, outre la garnison elle-même.

La rapidité de la campagne de Prusse, toujours en 1806, ne peut s'expliquer sans la capture, souvent sans combat, des places fortes de ce pays, ce qui permettra de ravitailler les colonnes lancées à la poursuite des Prussiens en déroute. La prise de Custrine et de Stettin livre « des magasins de farine capables de nourrir l'armée pendant plus de cent jours ». Celle de Dantzig, le 24 mai 1807, offre un fabuleux butin de 14 000 tonnes de grain, 2 695 tonnes de sel, 196 000 pintes de vin et d'eau-de-vie, 579 canons, 57 000 boulets et 6 000 obus.

Ces lignes de places de dépôt qui s'enfoncent en territoire ennemi trouveront pour ainsi dire leur acmé pendant la campagne de Russie, où elles courent de Dantzig à Moscou par Vilna, Vitebsk et Smolensk, tant que l'armée avance, avant d'être redéployées, toujours en partant de Dantzig, vers Minsk, Bobrouisk, Orcha et Smolensk pendant que l'armée retraite, du moins jusqu'à ce que les Russes ne viennent la couper à Minsk, pour le plus grand malheur de la défunte Grande Armée.

Mais il peut arriver que ces places ennemies ne tombent qu'à l'issue d'un siège en règle, ce qui contraint Napoléon à ralentir son avance, voire à se placer sur la défensive le temps de les contraindre à la capitulation. Tel est le schéma de la campagne d'Italie de 1796-1797, pourtant considérée par la littérature militaire comme le chef-d'œuvre de la « manœuvre napoléonienne » offensive. Bonaparte et sa petite armée écrasent, en effet, des armées autrichiennes bien supérieures mais marchant en colonnes dispersées, quand lui-même, par de rapides manœuvres, regroupe ses forces pour les battre l'une après l'autre. Mais l'historien américain Phillip Cuccia a démontré que la campagne s'articulait en réalité autour du siège de Mantoue, place forte donnant le contrôle de toute la Lombardie. Le siège lui-même, qui dura du 30 mai 1796 au 2 février 1797, concentra bien plus de moyens que les manœuvres de Bonaparte dont l'objectif principal était d'en empêcher la levée. C'est à cette extrémité qu'il est pourtant temporairement contraint, entre le 1er et le 27 août 1796, abandonnant son matériel de siège. La propagande de Bonaparte réussit pourtant à ce que ses contemporains, mais aussi les historiens, n'en retiennent que la victoire de Castiglione (5 août 1796), dont la conséquence imprévue fut pourtant de renforcer la garnison de Mantoue en contraignant l'une des armées de secours autrichiennes à s'y réfugier ! Un siège en règle put reprendre grâce aux renforts reçus par l'armée d'Italie ; la reddition n'intervint que le 2 février 1797 parce que les Français avaient, en inondant la plaine, propagé volontairement la malaria dans la garnison. Les fameuses victoires d'Arcole (15-17 novembre 1796) puis de Rivoli (13-14 janvier 1797) ont certes repoussé au loin de nouvelles armées de secours, mais l'Autriche avait, contrairement à son adversaire, les moyens de les ramener à nouveau au combat tant que la place n'était pas tombée.

C'est aussi le cas, mais dans une situation inversée, lors de la seconde campagne d'Italie, en 1800. L'objectif de Napoléon est en effet de faire lever le siège de Gênes en débouchant des cols des Alpes sur les arrières des assiégeants autrichiens. Mais il arrivera trop tard : le 4 juin, Masséna doit capituler, vaincu par la famine et la maladie qui déciment la garnison. Dix jours plus tard, la victoire inespérée de Marengo, obtenue de justesse alors que l'armée française retraite, efface l'échec majeur de la capitulation de Gênes.

En revanche, la chute de Dantzig, le 24 mai 1807, donne la clé de la victoire de Friedland, vingt jours plus tard. C'est pour en protéger le siège que Napoléon manœuvre durant l'hiver précédent, quitte à engager l'indécise bataille d'Eylau pour repousser l'attaque russe dont l'objectif était de délivrer la ville. La chute de cette place forte est la seule, avec celle d'Ulm, à être célébrée par un *Te Deum* ordonné dans tout l'Empire, au même titre qu'Austerlitz, Iéna, Friedland, Eckmühl, Wagram, la Moskowa, Lützen, Bautzen et Dresde ; c'est dire l'importance que lui attachait l'Empereur.

Le rôle défensif des places fortes

Il faut aussi noter que, dans ses ordres comme dans les considérations plus générales qu'il écrit au sujet des places fortes, Napoléon conçoit ses « places de dépôt » et ses « places de campagne » comme des lieux où, en cas de défaite toujours possible – même en 1806 ou 1807, l'Empereur n'écarte nullement cette éventualité –, ses unités battues pourront se réfugier pour y trouver abri, repos, vivres et munitions. Le règlement impérial du 24 novembre 1811, rectifié le 1er mai 1812, décrit d'ailleurs avec une extrême précision les conditions dans lesquelles le gouverneur ou commandant de place est autorisé à capituler : « avoir épuisé vivres et munitions, avoir soutenu un assaut à l'enceinte sans pouvoir en soutenir un autre ». Toute capitulation est soumise à une enquête *a posteriori* ; un gouverneur convaincu d'avoir enfreint ces règles est passible de lourdes peines, y compris la mort.

Ce rôle défensif l'emporte largement après la désastreuse campagne de Russie. Napoléon n'hésite pas à jeter près de la moitié des 80 000 hommes dont il dispose encore dans les places fortes de la Vistule (27 000 hommes à Dantzig, 4 000 à Thorn, 5 200 à Mödlin), bientôt encerclées par les Russes, plutôt que de concentrer toutes ses forces dans l'armée de manœuvre qu'il tente de reconstituer sur l'Oder – comme l'auraient pourtant commandé les « principes » décidément très théoriques de la guerre napoléonienne.

Cette armée doit elle-même reculer en raison du renversement d'alliance de la Prusse, puis de l'Autriche : elle laisse encore d'importantes garnisons dans les places de l'Oder (5 000 hommes à Glogau, 3 000 à Custrine, 5 800 à Stettin) censées protéger le regroupement de l'armée aux environs de Berlin. Mais la révolte prussienne secondée par quelques unités russes contraint les Français à abandonner Berlin ; les places de l'Oder sont à leur tour bloquées. Ce sont désormais Dresde, Magdebourg et Hambourg qui, sur l'Elbe, couvriront le rassemblement et approvisionneront l'armée de renforts venus de France, avec laquelle Napoléon passera enfin à l'offensive à Lützen et Bautzen.

Dans l'esprit de l'Empereur en effet, les armées coalisées devront consacrer tant de moyens à assiéger, ou au moins à faire le blocus de ces places, que leur mouvement vers l'ouest ne pourra s'en trouver que ralenti, voire affaibli au point de gommer leur supériorité numérique initiale. De fait, les « barrières » de la Vistule, puis de l'Oder, immobilisent des forces coalisées 1,3 à 2,3 fois supérieures à l'effectif des garnisons assiégées. Ce sera en réalité insuffisant pour renverser le rapport de force à Leipzig, mais Napoléon utilise en cela la fonction traditionnelle de la « barrière défensive » à la Vauban, qui aligne des chapelets de places fortes aux points de passage des grands cours d'eau, aux cols et dans les vallées en montagne, sur les nœuds hydrographiques ou routiers en plaine.

À la différence de Vauban toutefois, Napoléon considère qu'aucune « barrière défensive » n'est vraiment apte à défendre un territoire, car, comme il l'écrit au général Dejean le 3 septembre 1806, « tout ce qui est humain est limité : artillerie, argent, bons officiers, bons généraux, tout cela n'est pas infini, et si vous êtes obligé de vous disséminer partout vous n'êtes fort nulle part ». En revanche, il prône la concentration des moyens sur la fortification d'une seule ville clé pour chaque théâtre d'opérations, vers laquelle convergeraient toutes les ressources et les unités en cas d'invasion ou de défaite face à une armée ennemie supérieure. « Cette place, je l'appelle place centrale. Tant qu'elle existe, mes troupes peuvent avoir perdu des combats, mais n'ont essuyé que les pertes ordinaires de la guerre ; tant qu'elle existe, elles peuvent elles-mêmes, après avoir pris haleine et du repos, ressaisir la victoire, ou du moins m'offrir ces deux avantages d'occuper un nombre triple d'elles au siège de cette place, et de me donner trois ou quatre mois de temps pour arriver à leur secours ; car tant que la place n'est pas prise, le sort de la province n'est pas décidé, et l'immense matériel attaché à la défense d'une aussi grande province n'est pas perdu. »

Mais lorsque l'offensive reprend, ces places doivent retrouver leur fonction de « places de campagne », abandonnant celle de « barrière défensive » ou de « place centrale ». Les défendre aura permis de conserver les approvisionnements qui y ont été rassemblés… et pourront servir à nourrir et armer les unités venues les délivrer.

En août 1813, l'objectif fixé par l'Empereur à l'issue de l'armistice de Pleiswitz[4] est ainsi de lever les sièges des places de l'Oder, et même de Dantzig, afin d'en récupérer

4. Après les victoires de Lützen et Bautzen, les coalisés demandent un armistice que Napoléon leur accorde afin de renforcer sa propre armée. Ce dernier est signé le 4 juin 1813 à Pleiswitz (Silésie). Prévu jusqu'au 20 juillet, il sera prolongé jusqu'au 10 août.

les garnisons et les approvisionnements qui permettront d'appuyer la manœuvre contre les armées coalisées. Dantzig, par exemple, renferme en décembre 1812, au moment où les Russes en entreprennent le blocus, 120000 fusils neufs, 12 millions de francs de contributions levées sur la région et 50 canons de gros calibre. Mais après la rupture de l'armistice, les défaites des maréchaux chargés de garder les flancs de l'offensive impériale dans les montagnes de Bohême (Kulm), en Silésie (Katzbach) et près de Berlin (Grossbeeren et Dennewitz) contraignent Napoléon à renouer avec une stratégie défensive, basée cette fois sur la place de Dresde.

Après la défaite de Leipzig, aux garnisons laissées précédemment sur la Vistule et l'Oder s'ajoutent celles de Hambourg, Magdebourg, Dresde, Torgau, Wittemberg, Erfurt, Wurtzbourg, en tout 100000 hommes. Dans l'esprit de l'Empereur, ces places fortes forceront l'ennemi à déployer d'importants corps de siège qui diminueront d'autant les effectifs de l'armée d'invasion qui s'apprête à entrer en France. Mais les coalisés se contenteront d'en entreprendre le blocus avec de faibles moyens, alors que Napoléon s'est privé de troupes expérimentées et des chefs compétents qu'il a placés à leur tête, comme Davout à Hambourg ou Gouvion-Saint-Cyr à Dresde.

En mars 1814, l'objectif de la « manœuvre sur les arrières » des armées coalisées en marche vers Paris est d'aller récupérer les garnisons de Lorraine pour renforcer sa petite armée, amenuisée par ses propres victoires. Mais les Alliés ne se laisseront pas impressionner, nouant dans Paris menacé les alliances politiques qui leur permettront d'obtenir la capitulation de la ville, puis de renverser l'Empereur.

Le siège, poursuite de la politique par d'autres moyens

Napoléon regrettera justement, une fois à Sainte-Hélène, d'avoir négligé la fortification de sa capitale. Car la conquête – ou la défense – d'une place forte n'a pas que des motivations militaires, qu'elles soient opérationnelles ou logistiques. Dans les considérations des contemporains, dans la mémoire des peuples, elles possèdent aussi une valeur politique et symbolique que les historiens militaires, et les historiens en général, ont eu tendance à négliger jusqu'à une époque récente.

Le terrible siège de Saragosse a ainsi été érigé en symbole de la résistance populaire espagnole contre l'Antéchrist napoléonien, alors que la valeur militaire de la place ne justifiait ni sa défense à outrance, ni l'immense nombre des victimes. En 1810 au Portugal, Masséna, retardant sa marche vers Lisbonne, prend le temps d'assiéger et prendre la place forte d'Almeida, suivant les conseils de notables portugais ralliés qui savent que la garnison compte sur le soutien de Wellington, alors que celui-ci n'a aucune intention de bouger de ses lignes de Torres Vedras : il s'agit pour les Français d'enfoncer un coin dans l'alliance anglo-portugaise. Et la chute de la ville entraînera, en effet, une crise politique entre Wellington et ses alliés[5].

La volonté politique de maintenir l'alliance avec la Saxe explique également la décision de conserver à

5. Furieuses de voir Wellington livrer le pays à l'invasion française pour se replier sur les lignes de Torres Vedras qui défendent le port de Lisbonne, les autorités portugaises refuseront pendant une courte période de coopérer avec les Anglais.

tout prix en 1813 la ville de Dresde, qui n'est pourtant pas une place forte de premier ordre et dont il faudra renforcer les fortifications par de coûteux travaux. Non sans raison : le jour même où les Russes l'investissent enfin, le 17 octobre, les Saxons font défection en plein milieu de la bataille de Leipzig...

Les trois places fortes de l'Oder et Dantzig illustrent parfaitement le triple rôle – politique (et même économique), défensif et offensif – d'une place forte napoléonienne. De 1807 à 1810, leur occupation sert de gage au paiement des indemnités de guerre dues par la Prusse au titre du traité de Tilsit, mais aussi de prévention de tout risque de révolte populaire contre les conditions drastiques imposées à ce pays. Dantzig sert de point de contrôle de la bonne application du blocus continental sur les côtes de la Baltique par la Prusse, la Suède et la Russie, mais aussi de base à la guerre de course contre le commerce anglais.

De la fin 1810 jusqu'à la fin 1812, ces places retrouvent également un rôle militaire; elles servent de « places de dépôt » pour les immenses convois d'hommes, de chevaux et de matériels qui alimentent la concentration de la Grande Armée en Pologne, l'invasion de la Russie, et enfin la retraite. Puis, de décembre 1812 au printemps 1813, elles jouent le rôle de « barrière défensive » sur la Vistule et sur l'Oder, avant que Glogau, dont le siège a été levé par la victoire de Bautzen, ne redevienne brièvement, entre mai et août 1813, une « place de campagne » destinée à l'offensive projetée pour libérer les trois autres places.

Enfin, bien qu'objets de sièges en règle « à la Vauban », ces quatre places retrouvent paradoxalement un rôle politique. Les tiraillements et finalement les désertions de leurs garnisons multinationales reflètent les ambiguïtés d'un Empire à l'agonie ; les comportements erratiques des assiégeants témoignent des ambitions rivales des coalisés victorieux ; et enfin leur résistance obstinée (Dantzig tombe en décembre 1813, Glogau en avril 1814 !) participe à la construction de la mythologie héroïque de l'épopée impériale.

Bibliographie sélective

BARROS Martin, « Places fortes et sièges dans la guerre napoléonienne », *in* Hervé Drévillon, Bernard Fonck et Michel Roucaud (dir.), *Guerres et armées napoléoniennes. Nouveaux regards*, Paris, Nouveau Monde éditions, 2013.

BONAPARTE Napoléon, *Correspondance générale*, tome 6, Paris, Fondation Napoléon/Fayard, 2009.

BRUN Jean-François, *Les Oubliés du fleuve. Glogau-sur-Oder, un siège sous le Premier Empire*, Éd. du Roure, 1997.

CAMON général Hubert, *La Guerre napoléonienne : les systèmes d'opérations : théorie et technique*, Paris, R. Chapelot, 1907 (rééd. Economica, 1997).

—, *La Fortification dans la guerre napoléonienne*, Paris, Berger-Levrault, 1914.

CRÉPIN Annie, GAINOT Bernard, KACI Maxime (dir.), *Villes assiégées dans l'Europe révolutionnaire et impériale*, Paris, Société des études robespierristes, 2019.

CUCCIA Phillip R., *Napoleon in Italy : the Sieges of Mantua, 1796-1799*, University of Oklahoma Press, 2014.

JOMINI Antoine de, *Précis de l'art de la guerre*, Paris, Perrin, 2001.

MARTY-VAN DEN BERGHE Romain, *Pourquoi mourir pour Danzig ? Les sièges et l'occupation de Dantzig (1807-1813)*, Mémoire de master 2 en histoire et anthropologie des sociétés médiévales et modernes, sous la direction d'Hervé Drévillon, professeur à l'université Paris 1 Panthéon-Sorbonne, avril 2019-2020.

Prost Philippe, *Les Forteresses de l'Empire. Fortifications, villes de guerre et arsenaux napoléoniens*, Paris, Éditions du Moniteur, 1991.

6

Napoléon, ennemi du progrès ?

par Patrick BOUHET

La technophobie de Napoléon a fait l'objet de développements plus ou moins longs dans de nombreux ouvrages qui lui sont consacrés. Deux exemples servent à illustrer, dans la plupart des cas, son prétendu manque de réceptivité à l'innovation technologique : le sous-marin que lui a proposé l'inventeur américain Robert Fulton, et le ballon à hydrogène. Le diagnostic de « technophobie » peut, dès l'abord, paraître douteux s'agissant d'un homme que l'on considère, par ailleurs, comme féru de sciences, notamment de mathématiques, de surcroît officier d'artillerie, l'arme technique par excellence. Un autre aspect de la question porte plutôt sur sa capacité à susciter, à accepter et à mettre en œuvre ce que l'on appelle aujourd'hui « innovation ». À l'époque, d'ailleurs, ce terme avait une signification plus limitée : « Introduction de quelque nouveauté dans une Coutume, dans un usage, dans un acte, etc. » Comme le note Étienne Klein[1], ce terme a remplacé

1. Voir https://lesnapoleons.com/speakers/etienne-klein, consulté le 1er octobre 2021.

celui de « progrès » qui aurait été, sûrement, celui employé alors[2].

Cette légende d'un Napoléon technophobe a notamment été défendue par Jean Tulard, qui écrit, reprenant en cela une opinion déjà défendue par Jacques Bainville : « Notons au passif son refus des innovations techniques ; "chariot d'eau mû par le feu" de Fulton ou fusées de Congreve, télégraphe de Jean Alexandre et ballons d'observation du commandant Coutelle. Il a fait toutes ses campagnes avec les armes héritées de l'Ancien Régime : le fusil modèle 1777 (à peine modifié en 1803) et les canons de Gribeauval. Il demeurait indifférent aux recherches de Berthollet qui proposait de remplacer, dans la fabrication de la poudre, le salpêtre (nitrate de potasse) par le chlorate de potasse ; il négligeait la découverte de Forsyth remplaçant la platine à silex par une amorce fulminante placée au contact de la charge. Il savait que le fusil prussien portait une lame coupante avec laquelle le troupier ouvrait la cartouche sans avoir besoin de la mordre : cette innovation peu coûteuse permettait à l'infanterie de Frédéric-Guillaume III de tirer plus vite que la nôtre… Il décida même de rendre à douze régiments de cavalerie le casque et la cuirasse abandonnés depuis Louis XIV. » La suite de ce texte est de la même eau, s'agissant de son opposition supposée à toute innovation ou de son apport limité, pour ne pas dire plus, à l'art de la guerre, la

2. *Idem*, entrée Progrès : « […] signifie proprement, Avancement, mouvement en avant […] Il se dit particulièrement d'une suite de conquêtes, d'une suite d'avantages remportés à la guerre […] Il se dit aussi de toute sorte d'avancement, d'accroissement, d'augmentation en bien ou en mal. »

majeure partie de l'outil provenant de ses prédécesseurs ou de ses contemporains.

La question ne peut être traitée en se basant sur les seuls critères techniques. Les considérations tactiques et même économiques jouent un rôle prépondérant dans une prise de décision qui appartient à ce que de nos jours on dénomme le « domaine capacitaire[3] ». La comparaison avec l'attitude des autres protagonistes des guerres napoléoniennes permet aussi de relativiser son apparente opposition au progrès technique et à l'innovation.

Il faut d'abord noter qu'en dehors des fusées Congreve, aucun des belligérants ne fait le choix de mettre en application les innovations techniques énumérées par Jean Tulard. S'agissant des fusées, les essais sont nombreux : projets danois, autrichiens, portugais, suédois, russes… Wellington de son côté, selon certaines sources, n'apprécie pas l'emploi de cette arme qu'il considère comme n'étant bonne qu'à incendier les villes. Mis à part un effet psychologique évident sur les troupes qui essuient son feu pour la première fois, la fusée ne brille pas en effet par sa précision, ce qui lui ôte tout intérêt dans la bataille.

Mais, dira-t-on, la France ne s'est même pas donné la peine d'examiner cette question. Mais si ! Les travaux commencent en 1810, sur la base d'une fusée retrouvée intacte après un raid britannique contre l'île d'Aix l'année précédente. Le 8 février, l'Empereur écrit au

3. Le domaine capacitaire fait référence à l'ensemble des études faites préalablement à l'introduction d'un nouveau système d'arme sur l'ensemble du spectre DORESE (Doctrine, Organisation, Ressources humaines, Équipement, Soutien, Entraînement), qui comprend, bien entendu, aussi les aspects budgétaires.

général Clarke, ministre de la Guerre : « Je désire que vous consultiez les officiers d'artillerie et des chimistes sur le moyen de faire des fusées à la Congreve, qui paraissent avoir de l'avantage pour des attaques de ville à 12 ou 1400 toises [soit entre 2400 et 2800 mètres environ). Cela pourrait être très utile dans la guerre d'Espagne. » Napoléon assiste à un essai dès le 6 août. Les expérimentations se poursuivent jusqu'en 1812, et quatre ateliers de fabrication sont même constitués à Lorient, Rochefort, Cherbourg et Brest. Cependant, les premiers essais en opération en Espagne n'atteignent pas les résultats escomptés. Les travaux semblent avoir été mis à l'arrêt entre 1812 et 1814, toutes les ressources devant être consacrées aux campagnes en cours, puis avoir repris en 1815. Il faudra attendre 1826 pour qu'un Britannique, Robert Bedford, propose de communiquer à la France les méthodes de fabrication et pour que les expérimentations reprennent.

En ce qui concerne les ballons du commandant Coutelle, leur emploi ne recueille pas que des avis favorables, y compris de Jourdan qui commandait en chef à Fleurus (26 juin 1794), première bataille à l'occasion de laquelle ils sont utilisés. Bonaparte emmène une compagnie d'aérostiers en Égypte, mais le ballon est détruit lors de la bataille navale d'Aboukir (1er août 1798), car le matériel se trouvait encore à bord de *L'Orient* et du *Patriote*. Cependant, les techniques employées ne conviennent pas à la guerre de mouvement qui est alors menée par les armées françaises. En effet, « l'opération du remplissage, indépendamment de la construction et de l'installation des appareils dure ordinairement de trente-six à quarante heures, pendant lesquelles on ne peut quitter un instant les fourneaux[4]…. ». Par décret du 18 février 1799 du Directoire, les compagnies d'aérostiers sont dissoutes. Bonaparte, coupé de la France, est alors encore en Égypte, qu'il ne quitte que le 23 août suivant. Il ne participe donc pas à la décision de dissolution de ces unités, mais, pour autant, il ne les recrée pas par la suite. Il applique en cela un premier principe, celui de l'utilité directe, pour ne pas dire immédiate, qui sous-tend les décisions qu'il prend en termes de mise en œuvre de nouveaux matériels. Son objectif n'est pas d'obtenir une rupture essentiellement fondée sur des innovations techniques, mais de disposer des moyens nécessaires pour mener les opérations qu'il conçoit, planifie, puis conduit. Pour cela, il doit tenir compte de nombreux facteurs économiques, industriels, mais aussi de l'adaptation des matériels, en termes qualitatifs et quantitatifs, aux capacités des personnels qu'il peut espérer compter dans les effectifs de l'armée ou de la marine. Ce sont, peu ou prou, les mêmes questions, toutes de pragmatisme et d'efficacité, qui se posent encore actuellement à nos forces armées s'agissant de programmes majeurs.

Le cuirassement de la cavalerie, auquel Napoléon apporte un grand soin, est-il une manifestation d'archaïsme ? Il concerne dans un premier temps douze régiments de cuirassiers, issus des anciens régiments dits de cavalerie. La transformation est réalisée entre 1801 et 1803. Ils sont rejoints par un 13e cuirassiers, à partir de 1808, formé à partir d'un régiment provisoire créé pour l'armée d'Espagne, puis par un régiment hollandais qui est intégré dans les rangs français sous le numéro 14.

4. *In* « Les aérostiers de la République : des origines à la bataille de Fleurus », Lettre 3AF, 18 avril 2020.

S'y ajoutent, à partir de 1810, les deux régiments de carabiniers qui sont à leur tour cuirassés à la suite des pertes qu'ils subissent jusqu'en 1809 lors de combats menés aux côtés des cuirassiers ou dans le même type de fonction : cavalerie de choc devant amener la rupture du dispositif ennemi. Ce qui apparaît à certains comme un archaïsme est à l'époque largement partagé par les principaux acteurs des guerres napoléoniennes. La Russie, l'Autriche et la Prusse disposent, en effet, également d'unités de cuirassiers, et elles cherchent elles aussi à les multiplier. Dans tous les cas, la cuirasse n'est pas censée pouvoir protéger le cavalier contre le feu de l'infanterie, surtout à courte distance, et encore moins, bien entendu, de l'artillerie. Mais le casque et la cuirasse sont efficaces contre les armes blanches et particulièrement dans les combats entre cavaleries. De plus, la cuirasse a un effet moral et psychologique, renforçant la confiance de celui qui la porte et amoindrissant à l'inverse celle du combattant qui en est dépourvu. Dès lors, cette mesure ne peut pas être considérée comme un archaïsme ou une preuve de conservatisme. C'est surtout une décision prise dans un souci d'efficacité tant technique que morale. Pour Napoléon, il ne faut pas oublier qu'« à la guerre, les trois quarts sont des affaires morales; la balance des forces réelles n'est que pour un autre quart[5] ». D'ailleurs, la Grande-Bretagne, qui ne dispose pas d'unités cuirassées pendant les guerres de la Révolution et de l'Empire, voit les régiments de la *Household Brigade* dotés de cuirasses en 1821 sur

---

5. « Observations sur les affaires d'Espagne et sur les mesures qu'il convient de prendre », Saint-Cloud, le 27 août 1808.

décision du roi George IV, car cet équipement a acquis un caractère prestigieux et éminemment symbolique, par-delà sa seule utilité militaire.

Si Napoléon avait été technophobe, il ne l'aurait pas été seulement dans les choses militaires. L' a-t-il été, par exemple, dans celles de l'industrie? Aucunement! Sa position vis-à-vis de la technique s'exprime clairement à travers ce qu'il écrit à Cambacérès, le 22 juin 1807 : « Dire qu'il est préférable d'employer des machines, c'est dire que le soleil donne plus de lumière qu'une bougie; demander des moyens d'en encourager l'emploi, c'est demander que l'on fasse ce dont on s'occupe depuis plusieurs années. » Chaptal[6] dans ses souvenirs, qui sont pourtant nettement défavorables à l'Empereur, indique à l'unisson :

> On peut donc dire, à la louange de Napoléon, qu'il ne s'est jamais refusé à accorder des encouragements pour faire prospérer un genre quelconque d'industrie. Il suffisait, à cet égard, de lui en faire sentir l'utilité pour obtenir tous les sacrifices possibles. Ainsi, par un système bien combiné, d'un côté, la prohibition des produits étrangers, et, de l'autre, les encouragements pour le perfectionnement des produits de notre industrie, il est parvenu à porter les fabriques françaises au plus haut degré de perfection[7].

L'Empereur y va même de sa bourse en prenant des actions dans la Société d'encouragement pour l'industrie

6. Chaptal, Jean Antoine, comte (1756-1832), ministre de l'Intérieur de 1801 à 1804, sénateur, membre de l'Institut, ministre d'État et pair en 1815.

7. Chaptal, Jean Antoine, comte, *Mes souvenirs sur Napoléon*, Paris, Plon, 1893, p. 287.

nationale, créée en 1801 par le même Chaptal mais aussi par Monge, Berthollet et Fourcroy[8]. « Elle lança des concours en vue de l'amélioration des machines à lainer et peigner (1801), à filer le coton et les filets de pêche (1802), des métiers à soie (1805) et aussi la préparation de l'acier fondu (1811) ou les machines à vapeur de petite taille (1807). Le 7 mai 1810, Napoléon promit encore par décret une prime de 1 million à quiconque découvrirait une meilleure machine à filer le lin[9]. »

En réalité donc, Napoléon favorise et tient compte des possibilités offertes par les progrès techniques pour ce qui concerne l'industrie, mais aussi l'agriculture lorsqu'il faut trouver, avec plus ou moins de succès, des succédanés à des produits qui n'arrivent plus dans les ports français à la suite de la perte des colonies et du blocus appliqué par la Royal Navy (sucre, coton, café, tabac...).

Dans le domaine plus strictement militaire, les projets, qu'ils soient mis en œuvre, refusés ou reportés, fournissent des éléments sur les critères qui conditionnent les choix de Napoléon en personne ou des services auxquels les dossiers sont confiés.

Le premier principe est celui de réalité. Une innovation doit être utile, atteignable dans des délais et à des coûts raisonnables. Surtout, elle ne peut représenter un péril pour ce qui fonctionne déjà, menaçant de dérégler

---

8. Gaspard Monge, comte (1746-1818), ministre de la Marine de 1792 à 1793, président de l'Institut d'Égypte, sénateur, membre de l'Institut ; Claude-Louis Berthollet (1749-1822), chimiste et sénateur ; Antoine-François de Fourcroy (1755-1809), chimiste et conseiller d'État.

9. Thierry Lentz, *Napoléon. Dictionnaire historique*, Paris, Perrin, 2020.

l'immense machine qui guerroie sans interruption de 1803 à 1815. Le second principe suivi est celui de l'appel aux experts, à l'image du fonctionnement de l'Institut national de France auquel Bonaparte appartient depuis le 25 décembre 1797 ou de l'Institut d'Égypte qu'il crée par arrêté du 22 août 1798. Ce dernier est composé de la Commission des sciences et des arts qui comprend 167 personnes, dont 110 scientifiques au départ de Toulon. Dès le 4 octobre 1798, des commissions sont nommées pour étudier les moyens de cultiver la vigne en Égypte, d'employer les décombres de l'enceinte du Caire, d'utiliser les eaux du Nil jusqu'à la citadelle, d'accélérer l'établissement d'un observatoire, etc.

Et c'est bien une commission de ce type qui est mise en place s'agissant des propositions de Robert Fulton, notamment de son projet de submersible, qui fait l'objet d'une première expérimentation sur la Seine en 1800, ce que le régime précédent, le Directoire, avait refusé. Les expérimentations se poursuivent au Havre et à Brest. Mais la commission présidée par le ministre de la Marine, Denis Decrès, se montre déçue par les résultats obtenus et émet un avis défavorable. De plus, le contexte politique qui est à la désescalade et qui conduit à la conclusion de la paix d'Amiens (25 mars 1802) n'est plus favorable à ces innovations qui ne pourraient qu'inquiéter la Royal Navy. D'ailleurs, l'on devrait toujours compléter l'exposé des déboires de Fulton en France par ceux qu'il connut en Angleterre juste après : son invention n'a jamais convaincu que lui.

C'est à l'aune de ces deux principes – réalité et expertise – qu'il faut comprendre les décisions prises entre 1805 et 1815 dans le domaine militaire, tant par Napoléon lui-même que par les commissions qu'il nomme pour étudier tous les projets qui lui sont soumis ou qu'il souhaite voir mis en œuvre. Conscient des limites de ses connaissances techniques, comme du temps restreint qu'il peut consacrer à chacun de ces dossiers, il fait appel à ceux qu'il considère comme les plus compétents pour juger de l'opportunité et de la viabilité d'un progrès technique... à condition qu'il soit avéré.

Napoléon est, avant tout, un homme d'action qui conçoit, prépare et planifie puis conduit cette action. Cela vaut dans tous les domaines, et plus particulièrement dans celui des opérations militaires. La conduite de la guerre, phénomène social ayant les caractéristiques d'une science et d'un art, revêt, du fait de sa nature, autant d'aspects matériels et techniques que d'autres essentiellement psychologiques et intellectuels. Pour être significative, une évolution dans ce domaine doit s'appuyer sur deux piliers : la technique et la doctrine. Les hommes de guerre qui ont, à parts égales, influé sur la conduite des opérations et apporté des innovations techniques majeures sont rares. Napoléon, principalement intéressé par ce que la technique peut apporter au profit des opérations, appartient davantage à la catégorie des concepteurs de nouveaux modes d'action et de doctrine (corps d'armée, état-major moderne...) que de matériels ou d'infrastructures. Il se doit, néanmoins, de connaître les potentialités et les limites offertes par la technique pour transformer les projets et les plans en réalités tangibles sur le terrain.

Fondamentalement, il s'agit aussi de fournir aux troupes le matériel nécessaire, en quantité comme en qualité. La quantité est le premier facteur, car ce sont des centaines de milliers d'hommes qu'il faut équiper soit à neuf soit en remettant en état des armements et des fourniments. De 1805 à 1815, les campagnes se succèdent, ce qui ne permet pas de changer de système. Car il faudrait pour cela faire évoluer l'appareil de production tout en continuant à approvisionner et équiper, sans ruptures, les troupes en opérations.

Cet aspect quantitatif est à l'origine de progrès réels en termes de standardisation. C'est une des conséquences de la guerre de masse qui est conduite depuis la Révolution non seulement par la France, mais aussi par ses adversaires. N'oublions pas que la bataille qui réunit le plus d'effectifs sur le continent européen, plus de 530 000 combattants, reste celle de Leipzig (16 au 19 octobre 1813) jusqu'en 1914 ! Ce sont, en fait, les principes posés par Gribeauval qui sont approfondis : tout d'abord, la standardisation qui permet de produire en masse dans des ateliers différents, d'échanger les pièces d'une arme, d'une voiture ou d'un affût avec une autre et de faciliter les approvisionnements ; ensuite l'adaptation aux conditions et nécessités du combat plutôt que la recherche du *nec plus ultra* technique.

L'aspect qualitatif s'exprime par la priorité donnée, hors les armes des officiers et de la Garde impériale, aux aspects fonctionnels sur l'apparence esthétique. Les sabres de cavalerie légère, par exemple, passent de gardes à une branche, dites à la hongroise ou à l'allemande, à une garde à trois branches qui protège mieux la main. Les fourreaux en acier sont aussi adoptés, car moins fragiles que les fourreaux en cuir et laiton, notamment pour les troupes qui font tout leur service à cheval. L'an IX (1801) voit ainsi la normalisation d'une panoplie complète d'armes blanches, en particulier pour la cavalerie, qui sont encore améliorées en l'an XI (cavalerie légère) et en l'an XIII (cavalerie lourde et dragons).

Pour les armes à feu, le principe est aussi celui de la simplification. C'est dans ce sens que le fusil modèle 1777 est modifié en l'an IX (1801). Les pièces fragiles, non indispensables, sont supprimées ou améliorées. On crée la même année un fusil plus court sur la base du modèle de 1777 pour équiper les dragons, les voltigeurs et les artilleurs, ainsi qu'un mousqueton et un pistolet pour la cavalerie, comprenant des versions spécifiques pour la marine et la gendarmerie.

L'exemple de l'artillerie est symptomatique des méthodes mises en œuvre, mais aussi des difficultés rencontrées s'agissant de la modernisation de ce que l'on peut déjà appeler un système d'arme. Le système d'artillerie Gribeauval, qui comprend l'ensemble des types de pièces, des affûts, des voitures, des harnachements du train, etc., a globalement donné satisfaction pendant les guerres de la Révolution. L'artillerie française est même considérée comme la première en Europe de par ses matériels et la qualité de ses personnels. Or il faut garder à l'esprit qu'entre le premier test du nouveau système opposé à l'ancien, qui a lieu à Strasbourg en avril 1764, et son introduction réelle, il a fallu compter dix ans (octobre 1774), après une polémique publique entre les partisans de l'ancienne artillerie (Vallière) et ceux de la nouvelle (Gribeauval), c'est-à-dire la durée des guerres de l'Empire ! Napoléon savait fort bien que l'on n'introduit pas un « progrès » sur un claquement de doigts !

En 1803 (an XI), l'artillerie française est équipée d'un matériel qui accuse déjà, en termes de conception, plus de quarante ans d'âge[10]. Napoléon souhaite l'améliorer.

10. Il ne faut cependant pas considérer une telle durée comme exceptionnelle. Le fusil français, même modifié, est du modèle de

Il crée une commission dirigée par le général d'Aboville puis par Marmont, qui comprend les inspecteurs généraux de l'artillerie soit les généraux Andréossy, Eblé, Faultrier, Gassendi, Lamartillière et Songis. Le nouveau système remplace notamment les pièces de 4 et 8 livres de Gribeauval par une unique pièce de campagne de 6. La diminution du nombre de calibres en service doit permettre de faciliter l'approvisionnement des unités et la gestion des dépôts. Seulement, au sein même de la commission, certains sont réticents à mettre en œuvre cette réforme. Car elle entraîne l'abandon de plus de 900 pièces de 8 et de 2700 de 4 ainsi que 3 millions de boulets ! Et l'outil de production s'avère bien incapable de réaliser le remplacement de tout ce parc dans les délais compatibles avec les besoins. Sur le plan de la méthode, que l'on retrouve durant l'ensemble de la période, il s'agit bien de réunir une commission composée des meilleurs experts et qui rende un rapport. Celui-ci est étudié par Napoléon, qui peut le modifier, voire en refuser les conclusions, mais sa décision est prise sur la base de ce travail collégial. Et ce travail est fort sérieux, puisqu'il tient compte de toutes les contraintes, et notamment de la plus dure de toutes : le temps.

En conclusion, il est infondé de considérer que Napoléon Ier aurait été un technophobe. Il est en revanche exact qu'il a favorisé en premier lieu les techniques et les sciences appliquées pour répondre aux problèmes auxquels il devait faire face, notamment dans le domaine

---

1777, tandis que le fusil britannique, le célèbre *Brown Bess,* dans le modèle pourvu d'une platine à silex, est resté en service de 1722 à 1838 dans différentes versions !

militaire. Napoléon n'a, en aucun cas, été un ennemi de l'innovation ou du progrès technique. Au contraire, il les a soutenus, quand il n'en a pas été lui-même l'instigateur, que ce soit dans le domaine civil ou militaire.

Qu'il n'ait pas entrevu les potentialités de certaines innovations ou inventions est indéniable. Mais le contexte, on l'a compris, n'est pas le plus favorable à la mise en place d'une politique de développement au long cours. Il fallait tout à la fois utiliser les énergies libérées par la Révolution et rétablir les institutions et les pans du tissu industriel qu'elle avait fragilisés. Il fallait ensuite répondre aux besoins de la guerre. C'est-à-dire maintenir le flux des approvisionnements au profit des troupes, compte tenu notamment de capacités financières et industrielles toujours à peine suffisantes. C'était au principe de réalité que tout devait obéir. Gassendi rapporte ainsi qu'après avoir lu le projet d'arrêté du 2 mai 1803 (12 floréal an XI) fixant le système d'artillerie de l'an XI, et l'arrêt de la production de l'affût de l'ancien modèle de pièce de 12, la réaction de l'Empereur fut comme d'habitude frappée au coin du bon sens : « Il ne peut pas tomber sous le sens de rendre six cents pièces inutiles. » La construction des affûts selon le modèle du système Gribeauval reprend alors. Et ces canons servent jusqu'à la fin de l'Empire. Il n'est donc pas surprenant que la majorité des nouveaux modèles qui équipent les armées de 1805 à 1815 portent des millésimes répartis entre l'an IX et l'an XIII, c'est-à-dire dans la période entre 1800 et 1805 qui ne connaît pas d'engagement militaire majeur, tandis que les anciens continuent de servir. Il est donc vrai que Napoléon a fait ses guerres à partir de matériels antérieurs à son accession au pouvoir, ou pour partie selon des conceptions remontant à l'Ancien Régime. Il suit en cela l'exemple d'Alexandre, César ou Frédéric le Grand, car forger ou transformer un outil militaire efficace est toujours un projet de longue haleine, comme le montre la pérennité des matériels, des principes d'action et d'organisation de l'Empereur, qui lui ont dans de nombreux cas largement survécu, y compris jusqu'à nos jours.

BIBLIOGRAPHIE SÉLECTIVE

S'agissant de l'armement

ARIÈS Christian, PÉTARD Michel, *Armes blanches militaires françaises*, SL, SE, 1967-1978, 23 fascicules.

CHRISTIENNE général Charles, LISSARRAGUE général Pierre, *et al.*, *Histoire de l'aviation militaire française*, Paris, Lavauzelle, 1980.

DAURIAC Éric, *Les Armes de Napoléon*, Isle, Balezy, 2011.

Une référence ancienne mais essentielle : GASSENDI général Jean-Jacques-Basilien de, *Aide-mémoire à l'usage des officiers d'artillerie de France attachés au service de terre*, Paris, Magimel, Anselin et Pochard, 1819, 5e édition, 2 tomes (4e édition de 1809 accessible sur gallica.bnf.fr).

PICARD commandant L., *La Cavalerie dans les guerres de la Révolution et de l'Empire*, Paris, Teissèdre, 2000, 2 tomes (réédition de la première édition de 1895).

PÉTARD Michel, *Des sabres et des épées*, Nantes, Éditions du Canonnier, 1999, 3 tomes.

Sur Napoléon et son rapport à l'industrie, à l'économie et à la technique

LENTZ Thierry, *Nouvelle histoire du Premier Empire*, Paris, Fayard, 2002-2010, 4 tomes.

TULARD Jean, *Napoléon*, Paris, Fayard, 1977.
TULARD Jean (dir.), *Dictionnaire Napoléon*, Paris, Fayard, 1989.

Sur l'expédition d'Égypte

DENON Dominique-Vivant, *Voyage dans la basse et la haute Égypte*, Paris, Gallimard, 1998.
LA JONQUIÈRE Clément de, *L'Expédition d'Égypte*, Paris, Teissèdre, 2003, 6 tomes.

7

L'Empereur contrôle tout

par Patrick BOUHET

« Bonaparte vole comme l'éclair et frappe comme la foudre. Il est partout et il voit tout. » Cette phrase figure dans l'un des journaux créés par le général en chef de l'armée d'Italie dès 1797[1]. Elle exprime les deux objectifs poursuivis par sa propagande naissante qui pèsent toujours beaucoup dans la perception de sa personnalité, de ses méthodes de commandement et aussi de gouvernement.

Le premier objectif vise le « front intérieur », c'est-à-dire les soldats de l'armée qu'il s'agit de s'attacher, tout comme l'opinion publique et les politiques, notamment en France et en Italie à l'époque. Le deuxième objectif est l'adversaire qu'il faut faire douter et dont il faut atteindre l'imagination et le moral avant la bataille.

Le risque pour le lecteur actuel est de considérer qu'une partie au moins de ces arguments sont vrais, jusqu'à les caricaturer que ce soit en appui de la légende noire – personnalisation du pouvoir et culte de la

1. « La France vue de l'armée d'Italie – journal de politique, d'administration et de littérature française et étrangère », 16 thermidor-16 brumaire an V.

personnalité avant l'heure –, ou en soutien de la légende dorée – omniscience et génie du dieu de la guerre. En réalité, ces éléments comportent tous une part de vérité, mais une part seulement ; car Napoléon n'était pas en mesure de tout contrôler, le savait pertinemment et élaborait ses ordres en conséquence.

Le contrôle, une fonction dans l'air du temps

Néanmoins, la volonté d'assurer un contrôle, en particulier dans un but d'organisation, est peut-être moins le fait de la seule personnalité de l'Empereur que d'un certain esprit du temps. Elle ne concerne pas seulement le domaine militaire, mais implique toute la société. Elle s'appuie sur la conviction, largement issue des Lumières, de pouvoir disposer d'une vision et d'une compréhension globales, ce que l'on qualifie de nos jours de vision holistique. La publication de l'*Encyclopédie*[2], par exemple, manifeste cette ambition. C'est un concept si important qu'il fait aujourd'hui l'objet d'une référence fondamentale pour le fonctionnement des armées : le commandement et le contrôle (C2). Cette fonction aurait été désignée, au XVIIIe siècle et au début du XIXe siècle, sous les termes de « science » et d'« art du général » ou encore de « partie sublime ou divine de la guerre ».

---

2. *Encyclopédie ou Dictionnaire raisonné des sciences, des arts et des métiers*. Par une société de gens de lettres ; mis en ordre et publié par M. [Denis] Diderot,... et quant à la partie mathématique, par M. [Jean Le Rond] d'Alembert..., Paris, Briasson et suivants, 1751-1765, 35 volumes.

Cette notion de contrôle trouve son origine dans l'enregistrement qui permet la vérification, l'examen et la surveillance des actes, *a fortiori* de ceux dont on pourrait être rendu responsable. Et elle fait, en premier lieu, référence dans le langage militaire à un outil, à un moyen : un registre dans lequel sont fixées des données qui pourront faire l'objet d'un examen *a posteriori*, par exemple. Le contrôle de troupes avait ainsi pour objectif de tenir un décompte précis des effectifs présents afin de lutter contre la désertion et de justifier des dépenses induites pour l'État.

Or Napoléon est, avant tout, un militaire de formation et d'esprit.

En outre, l'Empereur est pétri, comme nombre de ses contemporains, de culture antique et plus particulièrement romaine. Cela comprend naturellement la figure de l'*imperator*, du général victorieux, qui acquiert puis accroît son pouvoir politique grâce à ses qualités militaires, au-dessus du commun, voire uniques pour l'époque. D'où la nécessité d'apparaître, notamment à travers la propagande, comme le sauveur décrit par Jean Tulard dans son importante biographie. Il y a derrière cette volonté de contrôle autant de réalité liée à l'époque, au métier et au caractère de Napoléon, qu'une utilité d'ordre politique à usage interne et externe que nous venons d'évoquer. Ne vivant quasiment que par et pour le travail et l'action, il accroît à dessein cette impression de contrôle absolu par propagande interposée.

Le contrôle, une fonction militaire primordiale

L'étude du domaine militaire permet justement de nuancer cette image. En commençant par tenir compte du contexte et des moyens de l'époque, qui rendent ce contrôle très imparfait. Surtout au regard des possibilités techniques offertes de nos jours par les drones, satellites, liaisons de données tactiques, etc., qui ont permis, par exemple, à un président des États-Unis de suivre en direct depuis Washington une opération spéciale se déroulant au Pakistan. Le « contrôle » opéré par Napoléon peut apparaître en réalité bien relatif…

Techniquement, c'est la deuxième partie du XVIIIe siècle qui pose les bases du fonctionnement des états-majors modernes, outils du commandement et du contrôle. En France, ce sont les travaux du général Thiébault qui font référence[3]. Celui-ci explique clairement la raison d'être des états-majors et leur fonction : « Si la nature produit parfois de ces hommes extraordinaires, qui semblent se multiplier au point d'embrasser et le commandement et la conduite d'une armée, il n'en est pas moins vrai qu'il est au-dessus des forces humaines de pouvoir suffire en même temps aux méditations que nécessite un commandement général et étendu, et aux détails qui tiennent à l'exécution des

3. Il fait paraître un *Manuel des adjudants généraux et des adjoints employés dans les états-majors divisionnaires des armées* en 1800, puis un *Manuel général du service des états-majors généraux et divisionnaires dans les armées* en 1813. Le dernier est d'ailleurs traduit dans la majorité des pays européens et même utilisé par Simon Bolivar en Amérique du Sud.

plans, qu'il faut presque à chaque instant modifier ou changer[4]. »

Les outils dont dispose Napoléon répondent à cette définition. Car c'est lui qui mène directement les opérations sur de vastes théâtres avec un nombre important de grandes unités, de pions de manœuvre[5]. Sans parler des théâtres secondaires qui reçoivent aussi son attention sous une autre forme, compte tenu de l'éloignement géographique. Pour cela, il doit récolter le maximum d'informations sur l'ennemi, pour essayer de dissiper au moins en partie le « brouillard de la guerre », ainsi que sur la situation de ses propres troupes, pour connaître et pallier les « frictions » qui font la différence entre le plan et la réalité sur le terrain.

Ce sont ces masses d'informations récoltées par les espions, par les ambassades, grâce à la lecture des journaux et du courrier, d'une part, puis celles recueillies sur le terrain par les unités au contact de l'ennemi et des populations, d'autre part, qui servent à la création de l'image de la situation opérationnelle qu'il se forme chaque jour avant de donner ses ordres. Cela, bien entendu, vaut seulement pour les troupes qui sont directement sous son commandement. Les décisions qu'il prend alors couvrent l'ensemble du spectre : du politique en tant que chef d'État, au stratégique et à l'opératif en tant que général, sachant que Napoléon n'emploie que très peu le terme de « stratégie » et pas du tout le concept d'opératif, qui ne sera créé que

4. *Manuel général du service des états-majors généraux et divisionnaires dans les armées* (1813).

5. À commencer par les corps d'armée qu'il a lui-même conçus dans leur organisation et leur fonction.

près d'un siècle plus tard. Ils peuvent néanmoins nous permettre de classer ses décisions selon les normes de compréhension actuelle.

Schématiquement, le niveau stratégique est celui auquel sont fixés les objectifs militaires qui sont censés permettre d'atteindre les buts de guerre. Le niveau opératif est celui où les opérations de grande envergure et les campagnes sont planifiées, conduites et soutenues en vue d'atteindre des objectifs stratégiques sur des théâtres ou des zones d'opérations déterminés. Le niveau tactique est constitué des activités, des batailles et des engagements qui sont planifiés et exécutés pour atteindre les objectifs militaires assignés aux formations et unités tactiques. De fait, la temporalité, l'étendue géographique et celle des moyens utilisés sont très différentes. Sachant qu'à la base, toute action militaire est avant tout un acte tactique. Ce sont les répercussions et résultats ou effets de ces actions qui peuvent entraîner des conséquences aux niveaux opératif, stratégique ou même politique. Cela implique que la conception, la planification, la conduite et l'analyse sont différentes, mais complémentaires, pour chaque niveau.

Les outils du commandement et du contrôle

Napoléon, chef d'État et général, concentre tous les rôles dans sa personne et gère simultanément l'ensemble de ce spectre. Conceptualisant et planifiant le plus souvent seul, il doit disposer d'un maximum d'informations pour se créer une vision globale de la situation. En revanche, même si c'est toujours lui qui prend la décision, c'est soit en tant que chef d'État, soit en tant que général. Et le général, lui-même, porte simultanément trois « casquettes » : le tacticien, le commandant sur un théâtre et le commandant en chef de toutes les armées et flottes de l'Empire. L'étendue des décisions, le nombre important d'informations entrantes et sortantes, la concentration des moyens, provoquent alors l'impression de contrôle total que l'on peut éprouver ne serait-ce qu'à la lecture de son imposante correspondance.

Napoléon fait converger vers lui tous les fils d'information nécessaires. La grande majorité des décisions sont émises à partir d'un système dont il est le centre et qui a été construit pour son emploi personnel. Les deux rouages fondamentaux en sont la maison militaire de l'Empereur et l'état-major général dirigé par Berthier.

La maison militaire a pour rôle principal de permettre à Napoléon de traiter les informations reçues à son niveau, de transmettre, puis de contrôler l'exécution des ordres impériaux. Pour ce faire, il peut s'appuyer sur des aides de camp ayant le grade de général qui peuvent lui servir à toutes les tâches, d'espions à véritables *missi dominici* susceptibles de remplir une large gamme de fonctions. Dans leur mission de transmission des ordres, ils sont relayés, quand la tâche est moins importante, par des officiers d'ordonnance. Le cabinet de l'Empereur, qui regroupe ses collaborateurs civils les plus proches, se voit augmenté en campagne d'un bureau chargé des travaux topographiques. Celui-ci collationne les cartes existantes ou en crée de nouvelles selon les besoins. Cet instrument est indispensable tant à la compréhension de la situation qu'à la conception des manœuvres. Il ne faut cependant pas imaginer une équipe restreinte entourant l'Empereur, car il s'agit aussi de fournir tous les moyens nécessaires au bon fonctionnement de l'ensemble de ces entités : ravitaillement, cuisine, moyens de déplacement, bagages… C'est donc un minimum de cinquante à cent personnes qui accompagne directement Napoléon, tandis qu'un nombre bien plus important assure la continuité du service sur la durée et dans les conditions souvent difficiles des opérations militaires.

Le major général – Berthier pendant toute la période, sauf en 1815, où le rôle est nettement moins bien tenu par Soult – est le véritable chef d'état-major de la Grande Armée. C'est lui qui reçoit les rapports, les met en ordre pour l'Empereur, puis met au clair la pensée de Napoléon avant de rédiger en son nom les ordres et de les transmettre. Toutefois, il n'agit, sauf exception, que sur l'armée placée sous les ordres directs de l'Empereur, quel que soit son nom : Grande Armée, armée d'Allemagne, armée du Nord… Là encore, les personnels doivent être nombreux et comprendre les spécialistes nécessaires pour que les procédures soient respectées et que l'ensemble du travail administratif nécessaire soit accompli avec exactitude, rapidité et ordre.

Cependant, l'instrument n'est pas parfait et subit les conséquences des limites imposées par les moyens techniques[6] réellement disponibles à l'époque, d'une part, et par le manque de personnel formé, d'autre part. Car il n'y a pas d'autre école pour l'état-major que l'expérience du terrain ou les ouvrages rédigés par Thiébault,

---

6. Les liaisons sont assurées à la vitesse des chevaux, même si Napoléon favorise le développement du télégraphe optique de Chappe et établit un véritable réseau à travers l'Europe. Ce réseau démontrera ses limites, notamment liées aux conditions météorologiques, au début de la campagne de 1809. En conséquence, une information à l'époque napoléonienne ne va jamais beaucoup plus vite que 20 km/h…

qui s'est retrouvé lui-même dans la situation d'avoir à assumer des responsabilités et des tâches auxquelles il n'avait pas été préparé. Par ailleurs, un problème que connaissent toujours nos états-majors actuels, dans des proportions encore plus vertigineuses, relativise nettement la réalité du contrôle opéré par Napoléon : une information doit être vérifiée et considérée comme sûre afin d'avoir une bonne compréhension de la situation et surtout des intentions de l'ennemi. Mais cette information doit aussi avoir été vraiment prise en compte, analysée et exploitée au bon moment…

Ce qui est déjà une gageure pour Napoléon ou Berthier devient encore plus difficile au niveau des corps d'armée, nettement moins bien dotés en moyens de commandement et de contrôle, que ce soit en effectifs ou en spécialistes, surtout lorsqu'ils agissent sur des théâtres secondaires ou loin du quartier général. C'est ce que montrent les opérations en Espagne et en Italie en l'absence de Napoléon, ou encore en 1812 puis en 1813, lorsque la taille du théâtre et l'ampleur des forces s'avèrent excéder les capacités de l'outil.

À cette époque, deux modes de commandement théoriques peuvent être distingués, qui sont encore valables nos jours : le commandement par ordre ou directif[7], qui ne demande avant tout qu'un esprit d'exécution pour celui qui le reçoit, et le commandement par objectif[8], qui implique d'exprimer une intention claire et que le subordonné fasse preuve de responsabilité et d'initiative. Ils sont utilisés concomitamment à l'époque

7. *Detailed Command*, *Befehltaktik* ou *Führen durch Befehl* dans les doctrines anglo-saxonnes et allemandes.

8. *Mission Command* – *Auftragstaktik* ou *Führen durch Auftrag*.

napoléonienne en fonction des cultures des belligérants, de l'évolution de leurs doctrines, du contexte d'un théâtre d'opérations particulier ou encore de la personnalité des chefs.

Le premier mode de commandement se fonde sur la constatation de l'impossibilité d'exercer un commandement direct simultanément pour plusieurs armées et théâtres. Des ordres sont alors transmis ayant pour objet de garantir, en premier lieu, la cohérence des opérations. Ils sont conçus en fonction de la confiance accordée au subordonné, de l'importance relative ou de l'éloignement géographique du théâtre d'opérations. Ce procédé de commandement est aussi caractérisé par un risque, celui de manquer de souplesse et d'adaptabilité face à des situations complexes, incertaines et instables. Cela donne au combat, en particulier, un caractère processionnaire et compassé d'où, pour des raisons essentiellement tactiques, la décision n'émerge pas. Ce qui n'empêche, au contraire, ni les pertes ni l'usure générale de l'outil militaire[9]. En fait, il est aussi l'expression d'une vision de la guerre et d'une perception de l'ordre du monde, car l'art de la guerre est un condensé de l'édifice social dont il est issu. Le classicisme, un temps prépondérant dans les domaines culturel, esthétique et artistique, est ainsi fondé sur la recherche de la perfection et l'emploi de la raison. D'un point de vue militaire, son application se base largement sur l'opinion

9. À ce sujet, voir notamment : Montecuculi, *Mémoires*, Paris, J. Geoffroy Nyon, 1712 ; Maréchal de Saxe, *Rêverie ou notes et commentaires sur les parties sublimes de l'art de la guerre*, Berlin, Aux dépens de la compagnie, 1763 ; Jacques-Hippolyte de Guibert, *Essai général de tactique*, Paris, Magimel, 1803.

que la guerre peut être ordonnancée en faisant appel à la déduction et au raisonnement ; que, muni de toutes les informations et moyens nécessaires, elle peut être planifiée et conduite avec un contrôle plus ou moins complet sur les événements. Le hasard, l'incertitude, sont des travers auxquels on peut obvier en pensant que la guerre peut appartenir à un modèle déterministe et prévisible. L'initiative et la délégation n'y sont pas particulièrement valorisées, à l'inverse du culte de l'ordre reçu qui conditionne la cohérence d'ensemble et l'application du plan conçu *a priori*.

À l'inverse, l'école qui est à l'origine de l'*Auftragstaktik* – le commandement par objectif – pense la guerre comme le lieu de l'incertitude, des passions, des frictions, du brouillard de la guerre, thèmes au centre des théories de Carl von Clausewitz, même si certaines d'entre elles lui sont antérieures, contrairement à la vulgate répandue. Ce sont les changements politiques et sociologiques d'une part, de la tactique d'autre part, bien plus que des progrès techniques assez relatifs, qui ont provoqué cette évolution dans la pratique du commandement. Du point de vue politique et sociologique, c'est la Révolution française qui crée le soldat-citoyen, lequel n'est plus seulement un sujet, peut devenir officier et n'agit pas comme un simple robot, mais bien comme un combattant motivé pouvant faire preuve, dans la sphère qui lui est dévolue, d'une part d'initiative et de jugement propre. Les progrès tactiques, qui reposent notamment sur une meilleure adaptation de l'artillerie aux mouvements de l'infanterie et de la cavalerie, permettent de diviser l'armée en divisions et en corps sans crainte de les voir détruits individuellement, ainsi que des manœuvres d'ensemble sur des étendues plus vastes avec des effectifs décuplés. L'adaptation des états-majors et des structures des armées devient, dès lors, une nécessité qui s'impose très rapidement, y compris aux puissances qui s'opposent à la Révolution et à ses valeurs.

Accepter le caractère chaotique de la guerre et l'impossibilité de rationaliser pleinement une réalité improbable et inquiétante – dans une vision proche des conceptions des romantiques – suppose de trouver un moyen d'opérer dans un environnement à la fois probabiliste et imprévisible. Est dès lors valorisé le sentiment, c'est-à-dire la capacité à interpréter toutes les informations, même indirectes, provenant de l'adversaire, à évaluer voire à deviner plutôt qu'à connaître les intentions adverses : le moral, l'intuition prennent ici une importance majeure. Pour parler simplement, il ne s'agit plus de mener une partie d'échecs, mais plutôt de jouer au poker, jeu où le bluff, impossible aux échecs, est l'un des maîtres mots.

Techniquement, cela revient à considérer que la connaissance de la situation est toujours partielle et inexacte, que l'ensemble des activités militaires est soumis aux frictions qui provoquent désordre et incertitude, y compris s'agissant du contrôle exercé sur les actions de ses propres forces.

Les principes généraux sont : intention du chef, exprimée de manière concise et précise, information du subordonné sur la situation générale afin qu'il puisse intégrer sa propre action dans un ensemble plus important. Parallèlement, ce dernier engage sa responsabilité personnelle en concevant la manœuvre et en assurant la coordination des moyens qui lui sont attribués pour atteindre les objectifs assignés. Un ordre reçu ne décharge pas de la responsabilité vis-à-vis de la mission.

L'esprit d'initiative à tous les niveaux est fondamental, ce qui a pour corollaire la délégation de l'autorité, du commandement et de la responsabilité, mais aussi une certaine acceptation de l'échec dès le moment où celui-ci est le fruit des circonstances et non de l'incompétence caractérisée[10].

La réalité du commandement et du contrôle exercé par Napoléon

S'agissant des missions de longue durée, qui se situent très rapidement hors de portée des communications directes, l'exemple fourni par les ordres transmis aux officiers de la marine à l'occasion des opérations lancées en 1805 permet de comprendre la différence de nature des instructions selon les niveaux de conception et de conduite concernés. Le 1er vendémiaire an XIV (25 septembre 1805), Napoléon écrit au capitaine de vaisseau Lhermitte : « ... ayant résolu de détruire le commerce ennemi sur tous les points et particulièrement sur la côte d'Afrique, nous vous confions à cet effet le commandant d'une division de nos forces navales... » C'est l'intention

10. Ce mode de commandement a été particulièrement développé dans les armées allemandes depuis le XIXe siècle et est encore un principe de la culture militaire germanique, passant simplement d'une doctrine partagée sans fondement réglementaire réel, l'*Auftragstaktik*, à celui inscrit dans les directives, *Führen durch Auftrag*. Cependant, contrairement à ce que pourraient laisser penser certains auteurs, il ne s'agit pas d'une panacée, sinon essentiellement tactique : les armées allemandes ont gagné de nombreuses batailles et perdu deux guerres mondiales.

générale. Le courrier comprend ensuite une description très précise des opérations à mener dans un premier temps le long des côtes africaines. Puis, il indique qu'en « quittant la côte d'Afrique, vous vous porterez sur d'autres points de croisière à votre choix et calculés sur les vivres qui vous resteront ». À partir de ce moment, toute latitude est laissée au commandant Lhermitte sur le choix de ses croisières et de ses opérations. Les directives se concluent sur un paragraphe qui donne la teneur et l'esprit général des ordres donnés : « Nous comptons sur votre dévouement, votre activité, vos talents et votre courage dans l'importante mission que nous vous confions ; et nous nous en rapportons à vous sur les modifications que pourraient exiger les présentes instructions, dans le plus grand intérêt de votre service, vous donnant pleine et entière liberté de diriger toutes vos opérations comme les circonstances vous paraîtront l'exiger pour faire le plus grand mal à l'ennemi et rentrer le plus tard possible dans nos ports[11]. » Les ordres transmis à d'autres amiraux ou officiers supérieurs sont du même style et décrivent les mêmes intentions. En réalité, lorsque le contrôle devient quasiment inexistant, c'est-à-dire dès l'appareillage des navires, seules les intentions restent. Les ordres donnés s'apparentent alors au modèle du commandement par objectif qui laisse une très forte initiative au subordonné qui doit adapter sa conduite en fonction de sa connaissance directe de la situation tout en respectant l'esprit de la mission. On le voit à travers cet exemple : les ordres de Napoléon, loin

11. Lettre n° 10864, *Correspondance générale de Napoléon Bonaparte*, Paris, Fayard, 2008.

de chercher le contrôle absolu, tiennent compte de son impossibilité.

Pour ce qui est des opérations à terre, deux principaux cas de figure se présentent : soit l'Empereur se trouve en position de commandement direct, soit il s'adresse au commandant d'une force détachée, de la taille d'un corps d'armée la plupart du temps, notamment sur des théâtres secondaires : l'Italie ou l'Espagne essentiellement.

La campagne de 1805 fournit un cas d'école de ces deux modes de commandement. Ainsi, par exemple, le 27 septembre, Napoléon commence par décrire au maréchal Bernadotte, commandant le 1er corps d'armée, la situation d'ensemble : « … L'empereur d'Allemagne n'a fait aucun détachement sur la droite du Danube, et les Russes ne sont pas arrivés. Je suis en mesure de faire face à tout. J'ai passé le Rhin à Mannheim, à Spire et vis-à-vis de Durlach. Quand vous recevrez cette lettre, mon armée sera sur le Neckar, forte, nombreuse et dans le cas de parer à tout. »

Suivent les ordres particuliers, toujours inscrits dans la manœuvre générale : « De Würzburg, vous vous dirigerez sur le Danube, conformément à l'instruction que le ministre de la Guerre vous adressera ce soir [Berthier est major général et ministre de la Guerre]. Vous tiendrez le général Marmont sur votre droite et les Bavarois sur votre gauche. Je me lierai au général Marmont avec toute mon armée, et si j'ai le bonheur que l'armée autrichienne s'endorme encore trois ou quatre jours sur l'Iller et dans la Forêt-Noire, je l'aurai tournée, et j'espère qu'il ne s'en échappera que des débris. »

Enfin, Napoléon revient sur le contexte général, dont les aspects politiques qui sous-tendent ses décisions militaires, et donne les éléments d'appréciation quant à une manœuvre qu'il juge fausse : « J'ai fait un traité d'alliance offensive et défensive avec l'électeur de Bavière. Son armée est pour moi. La copie ci-jointe d'une lettre qu'il vient d'écrire ici vous fera connaître comme il est fâcheux que vous ne vous soyez pas dirigé sur Würzburg par la ligne la plus droite, et il était naturel de penser que si j'avais voulu que vous passassiez à Francfort, je n'aurais pas manqué de vous en faire instruire. La lettre de l'Électeur vous donne un aperçu du danger de la marche que vous avez suivie. Il n'est plus question en ce moment que de porter remède à tout. Vous êtes, à l'heure qu'il est, à Würzburg ; ainsi toutes les inquiétudes de l'Électeur doivent être terminées. » En fait, Napoléon n'a pas pu contrôler les opérations. La manœuvre effectuée par Bernadotte ne correspondait pas à ses intentions. Mais plutôt que de simplement blâmer le commandant du 1er corps d'armée, il tente, dans un certain effort de pédagogie, de lui montrer les raisons politiques de sa faute militaire.

Le 29 septembre, l'Empereur écrit à Eugène, son beau-fils, qui est vice-roi d'Italie et qui, à ce titre, joue un rôle politique majeur sur ce théâtre secondaire. Le début de la lettre commence, à nouveau, par une présentation détaillée du contexte général, d'abord militaire puis politique. Ensuite, il entre dans des détails d'organisation des forces stationnées en Italie. Le même jour, un autre courrier est adressé à Masséna, commandant en chef de l'armée d'Italie. À nouveau, sont donnés des détails sur les opérations militaires en cours, moins fournis il est vrai mais informant tout de même le maréchal de points qui peuvent l'intéresser dans son commandement. Il reçoit aussi communication d'informations sur la coordination entre les opérations conduites en Allemagne et celles à venir en Italie, mais qui ne développent pas les aspects politiques. S'agissant des opérations dans la péninsule, mentionnons quelques conseils, dont celui de ne surtout pas diviser ses forces qui sont estimées moins nombreuses que celles des Autrichiens. Mais, la correspondance ne va pas au-delà et se conclut d'un sibyllin : « Au reste, j'ai bonne confiance en vous. »

L'analyse pourrait se poursuivre sur l'ensemble des correspondances de cette campagne comme des suivantes. La forme apparaît comme assez constante. Un contexte général est toujours fourni en ouverture, précédant des instructions politiques et stratégiques plus détaillées car appartenant au domaine « réservé » de l'Empereur, chef d'État et généralissime. Les instructions du niveau de la « grande tactique » – nous dirions aujourd'hui « opératif » – sont moins nombreuses, plus générales ; les éléments strictement tactiques quasiment absents, sauf lorsqu'un engagement se prépare sous le commandement direct de Napoléon. Or ces instructions écrites ne sont pas toujours suivies à la lettre, comme le démontrent les différences entre les correspondances connues[12] ayant précédé la bataille d'Austerlitz et les dispositions de troupes réellement mises en œuvre sur le terrain, notamment par le 2e corps de Soult.

Le contrôle des opérations en cours est donc tout à fait relatif et sans commune mesure avec celui qui est

12. Tous ces ordres sont souvent complétés ou amendés oralement au cours des différentes opérations et selon l'évolution de la situation et de sa perception. Non retranscrits par écrit, ces éléments demeurent à tout jamais inconnus, ou à peine vérifiables, s'ils sont rapportés par des témoignages très souvent postérieurs.

appliqué depuis le XIXe siècle et le développement des techniques de communication, d'information et de renseignement. Il a pour objet avant tout de dresser une image globale de la situation, amie comme ennemie, de façon à concevoir, planifier et conduire les opérations. Pourtant, il apparaît que le contrôle très direct, dans le détail tactique, est quasiment inexistant, en premier lieu parce que les conditions techniques permettant de le réaliser n'existent pas. Cela explique en partie les déconvenues, les incertitudes et les erreurs dues à ce que Clausewitz appelle les « frictions », et qui n'ont jamais cessé de survenir dans toutes les campagnes depuis la première campagne d'Italie jusqu'à Waterloo[13].

Que le contrôle opéré par Napoléon, en employant efficacement et de manière innovante les moyens techniques et les outils administratifs à sa disposition, ait pu paraître excessif à ses contemporains est largement compréhensible. Surtout pour des subordonnés qui n'y étaient pas habitués, ou d'autres qui avaient des ambitions personnelles peu compatibles avec cette manière très centralisée de conduire les affaires. La tendance à la personnalisation du pouvoir et à l'accentuation de ce contrôle, au fur et à mesure des années, n'est pas contestable. Seulement, si nous nous mettons à la place

13. Le corps de Mortier isolé à Dürenstein en 1805 ; Davout sans l'appui de Bernadotte à Auerstaedt en 1806 ; les opérations conduites à l'échelon armées en 1812 qui n'arrivent pas à être coordonnées au bon niveau pour manœuvrer les armées russes ; l'écrasement du corps de Vandamme à Kulm en 1813 à cause d'un manque de soutien ; les défaites des maréchaux pour des raisons essentiellement tactiques et non à cause de leur manque de formation à des responsabilités de niveau plus élevé, comme cela est si souvent écrit ; la campagne de 1815 en Belgique dans son ensemble…

de Napoléon et de ses capacités hors du commun, il apparaît vite que les insuffisances de certains responsables civils et militaires ont pu servir de catalyseur à cette propension naturelle. Défaut qui a pu jouer un rôle important dans des décisions politiquement et même moralement contestables, mais aussi et surtout dans celles qui ont conduit à des défaites. Car, si le général reçoit les lauriers de la victoire, il est aussi responsable des déconvenues, tandis que ses subordonnés, qui, du soldat au maréchal, ont aussi leur part de l'une et de l'autre, sont plus communément négligés par la postérité. Un général seul n'est rien sans son armée, et une armée mal commandée, même de qualité, a toutes les chances d'être battue…

En dernière analyse, c'est la faculté de Napoléon de pouvoir beaucoup travailler et de contrôler qui a permis ses succès éclatants dans de nombreux domaines, y compris civils. Mais plus le temps passe et plus la tentation d'un contrôle et d'un commandement très centralisés s'impose, moins le système répond efficacement, du fait de l'épuisement progressif de l'Empereur et de l'ampleur de la tâche, du fait de l'importance du territoire à gouverner et de l'accroissement des questions à traiter comme des effectifs à commander.

Bibliographie sélective

Béraud Stéphane, *La Révolution militaire napoléonienne. Les manœuvres*, Paris, Perrin, 2021.

Boudon Jacques-Olivier, *Napoléon, le dernier Romain*, Paris, Les Belles Lettres, 2021.

Camon général, *Génie et métier chez Napoléon*, Paris, Berger-Levrault, 1930.

Creveld Martin van, *Command in War* (Le Commandement dans la guerre), Cambridge, Harvard University Press, 2003.

Erminger Stefan, *Auftragstaktik. Eine militärische Führungskonzeption in der Entwicklung deutscher Militärgeschichte vom 18. Jahrhundert bis unsere Zeit* (Le Commandement par objectif. Une conception du commandement dans le cadre de l'évolution de l'histoire militaire allemande du XVIIIe siècle à nos jours), Norderstedt, Grin, 2010.

Philipp lieutenant-colonel de, *Le Service d'état-major pendant les guerres du Premier Empire*, Paris, Teissèdre, 2002 (réédition de l'édition originale datant de 1900).

Tulard Jean, *Napoléon ou le mythe du sauveur*, Paris, Fayard, 1977. Plusieurs rééditions, revues et augmentées.

8

Napoléon était un dieu pour ses grognards

par Stéphane CALVET

En 1833, Balzac publie *Le Médecin de campagne.* Une scène tirée du chapitre « Le Napoléon du peuple » est devenue l'une des plus célèbres de son œuvre, celle où un vétéran de la Grande Armée, Goguelat, devant une assistance composée de paysans du Dauphiné, évoque religieusement ses campagnes militaires dans lesquelles son Empereur, son Dieu, tient une place centrale. Pour de nombreux historiens et pour le grand public, ce passage a fréquemment servi de référence pour témoigner de la popularité de Napoléon dans les rangs des rescapés de l'épopée. Renforcée par une iconographie foisonnante, qui fait du grognard un vecteur de la légende napoléonienne, cette image a traversé les siècles. Par le biais du cinéma et de la télévision, elle s'est ancrée dans le champ mémoriel des Français et des Européens. Récemment, l'historien Sudhir Hazareesing, dans son livre sur la légende de Napoléon, accorde un rôle prépondérant aux demi-solde qui se seraient faits les chantres du bonapartisme.

Pourtant, depuis les années 1950, une série de travaux ont quelque peu remis en question cette idolâtrie, notamment ceux de Jean Vidalenc et de Natalie Petiteau. Mesurer l'engouement des grognards pour l'Empereur se présente ainsi comme une entreprise délicate qui oblige l'historien à une relecture des sources classiques (les mémoires), tout en analysant une série de documents jusqu'alors négligés par l'historiographie. Vénéré, l'Empereur le fut sans aucun doute. Mais à des degrés variables qui se mesurent en fonction du contexte politique et militaire, de l'environnement socioculturel, mais aussi du grade et du rang dans l'armée. Une popularité indéniable qui ne doit pas cependant occulter l'indifférence, voire le rejet, dont il fut l'objet de la part des « grognards » qui sont loin de constituer un bloc homogène, pendant et après le règne de l'Empereur.

Les soldats de l'Empereur

Pour une grande partie des Français, deux figures centrales représentent le soldat de la Grande Armée. Le grenadier grisonnant d'abord, surmonté de son bonnet d'ourson, qui, le fusil dans une main et une pipe dans l'autre, protège le « petit caporal » depuis Arcole jusqu'à Waterloo. Le célèbre Marie-Louise ensuite, d'aspect juvénile et qui, imberbe, a défendu l'Empire mourant dans les années 1813-1814. En somme, deux générations de soldats qui auraient crié « Vive l'Empereur » en bravant avec superbe la mitraille ennemie. Colportées pendant deux siècles par la légende, ces deux images du guerrier impérial ont largement contribué au développement de l'idée selon laquelle un lien indéfectible a uni Napoléon à ses soldats. Mais d'abord, qui sont ces centaines de milliers d'hommes qui ont endossé les uniformes de la Grande Armée ? La question est essentielle avant de mesurer leur degré d'adhésion à la personne de leur chef.

Selon les enquêtes les plus récentes, ce sont près de 2 millions d'hommes qui auraient servi dans les armées du Consulat et de l'Empire. Simples soldats pour l'extrême majorité d'entre eux, ils ont été encadrés par plus de 70000 officiers. La consultation des registres matricules fait apparaître qu'un bon tiers a servi dans les armées de la Révolution et de l'Ancien Régime. Ce sont ces derniers que le général Bonaparte commande en Italie et en Égypte, des volontaires de 1791-1793, mais aussi des requis du mois d'août amalgamés avec des anciens soldats du roi[1]. Des milliers d'hommes imprégnés d'une forte culture républicaine devenus par la force des choses des guerriers avides de gloire et de respect pour le jeune conquérant de l'Italie puis de l'Égypte. Devenu Premier consul, puis empereur, Napoléon devient le chef de plusieurs armées qui ne sont plus celles de la République mais celles des généraux qui les commandent. L'armée du Rhin appartient à Moreau, comme celle d'Italie obéit à Bonaparte. À partir des années 1800, une nouvelle génération de soldats est recrutée en vertu de la loi Jourdan-Delbrel de septembre 1798, qui instaure la conscription en France (dix-sept levées entre 1800 et 1814).

Dès lors, à mesure que l'Empire se prolonge en se développant, la proportion des « soldats de l'an II »

1. Il s'agit du fameux décret du 23 août 1793 de la Convention stipulant que tous les jeunes gens âgés de 18 à 25 ans et non mariés sont « réquisitionnés » pour le service armé. C'est la première fois qu'une telle obligation militaire est instituée en France, préfigurant le service militaire universel.

diminue fortement. En 1811, ces derniers représentent à peine 10 % des effectifs, leur part restant assez forte dans les unités de la Vieille Garde impériale (17 % de la troupe et un peu plus de 36 % des officiers). Toutefois, en raison du désastre russe et des multiples mises à la retraite pour cause d'infirmité et de blessure, cette catégorie chute drastiquement au profit des conscrits levés à la hâte entre 1813 et 1814. Ainsi, un peu moins de la moitié des hommes de la Grande Armée est constituée des classes d'âge de 1803-1814 incorporées durant les deux dernières années de l'Empire. La ponction opérée s'élève à 8 % de la population française (contre 21 % pour la Grande Guerre, à titre de comparaison). Alors que la loi Jourdan-Delbrel impose un service théorique de cinq ans, il apparaît que le temps moyen de service s'élève à six ans pour les hommes de troupe et à plus de huit ans pour les officiers. Pour les soldats incorporés après 1810, le temps du service tombe à trois ans. L'étude des dossiers de Vincennes a le mérite de montrer que l'image traditionnelle du grognard sous les armes depuis Arcole jusqu'à Waterloo est loin de correspondre à la réalité telle que nous la livre la vulgate héroïque. Napoléon n'a pas eu sous ses ordres, tout au long de sa carrière, les mêmes soldats. Il faut ici distinguer l'image positive, assez homogène, perçue par les « Italiens » et les « Égyptiens » de celle, plus variée, construite au gré des circonstances par la masse des conscrits et des soldats issus des autres armées.

Très hétérogène sur un plan générationnel, la Grande Armée l'est moins socialement, puisque 70 % de ses soldats sont des ruraux, principalement des paysans illettrés. Le monde de l'artisanat urbain ainsi que les notables de l'ancienne et de la nouvelle élite sont, quant à eux, majoritaires parmi les officiers, dont 80 % sont issus du rang. Le cliché de l'officier parti de rien, à l'exemple du colonel Chabert sorti de l'Assistance publique, vole en éclats à la lecture des dossiers du château de Vincennes.

Enfin, il est bon de rappeler que des dizaines de milliers d'hommes de la Grande Armée n'ont jamais servi sous les ordres directs de l'Empereur. La légende a soigneusement omis de rappeler que les guerres du Consulat et de l'Empire avaient concerné l'espace des Caraïbes, l'océan Indien, mais aussi des théâtres périphériques comme la Calabre, la Dalmatie et l'Espagne, où Napoléon n'est resté que quatre mois sur les sept années du conflit. Ainsi, la remise de la médaille de Sainte-Hélène en 1857[2] dans les départements de la Charente et de la Vienne montre que 18 % des récipiendaires (conscrits levés entre 1812 et 1814 et envoyés en Espagne) n'ont jamais vu l'« Aigle » sur un champ de bataille. Ces remarques étant faites, il semble opportun maintenant de savoir si l'Empereur a été admiré et vénéré par cet ensemble hétéroclite de soldats aux profils très variés et surtout assez éloignés des images d'Épinal.

Un noyau dur de fidèles

C'est incontestablement pendant la campagne d'Italie de 1796-1797 que le général Bonaparte suscite l'admiration de l'ensemble de ses soldats et de ses officiers. Son

2. Médaille attribuée par Napoléon III à tous les survivants des guerres de la Révolution et de l'Empire en 1857-1858. Pour nos deux départements, cela représente environ plus de 6 000 individus.

génie militaire, la simplicité de son attitude, qui lui vaut le surnom de « petit caporal », sa politique de promotions et ses proclamations constituent les principales raisons de cette popularité. Est-il besoin de rappeler que c'est entre Nice et Venise que de futurs grands acteurs militaires de l'Empire émergent, comme Lannes, Berthier, Clarke ou Bessières ? Fort d'un ascendant naturel qu'il exploite habilement, le protégé de Barras parvient d'emblée à séduire ses 30 000 soldats dépourvus d'équipement et de vivres au moment où ils entrent en campagne. Les victoires, nombreuses, couvrent de gloire le général en chef, mais celle-ci retombe aussi sur les épaules de ses hommes surpris par la rapidité d'exécution des manœuvres. En quelques mois, l'armée d'Italie n'est plus celle du printemps 1796. Disciplinée, malgré quelques actes de pillage commis autant par les troupiers que par les officiers, elle entre à Milan, renverse les Autrichiens à Lodi et à Rivoli pour atteindre la cité des doges.

Outre les futures grandes personnalités impériales, surgissent également de cette campagne des militaires subalternes hors du commun qui, jusqu'à la fin de leurs jours, demeureront des inconditionnels de leur général en chef. Ces fidèles parmi les fidèles se retrouvent notamment au sein des guides de l'armée d'Italie. Des gardes du corps dont les effectifs grossissent pour atteindre les deux cents hommes en 1797. On y retrouve la fine fleur de la future cavalerie de la Garde consulaire. Ce sont de véritables têtes brûlées que Napoléon canalise tout en exploitant leur formidable valeur combative. Daumesnil, Barbanègre et Lallemand appartiennent à cette élite première que l'on retrouve ensuite en Égypte en compagnie des demi-brigades auxquelles le sultan Kébir tient personnellement. Cette campagne, malgré son échec et le retour précipité de Napoléon en France en 1799, consolide les liens. À la veille du coup d'État, sa popularité est indéniable. Mais elle se limite strictement aux hommes qu'il commande directement depuis trois ans. Il le sait et en joue avec maestria. Aussi, au lendemain de Brumaire, il s'attelle à constituer une Garde consulaire dans laquelle il intègre au premier chef ses « Italiens » et ses « Égyptiens ».

Cette unité d'élite, qui compte 7000 hommes en 1804 pour culminer à plus de 100000 en 1814, est incontestablement le corps d'armée au sein duquel Napoléon jouit d'une admiration sans bornes. La Vieille Garde, qui n'excédera jamais les 20000 hommes au maximum, est constituée d'un noyau dur totalement acquis à sa personne. À Dresde, quelques mois après la désastreuse campagne de Russie, le sous-lieutenant François Franconin des grenadiers à pied témoigne de cette vénération dans une lettre écrite à son père le 17 septembre 1813 :

> Les armées coalisées attaquaient depuis deux heures avec toutes leurs forces les faibles ouvrages qui défendaient Dresde lorsque le génie tutélaire de la France, le grand Napoléon, arrive couvert de sueur, de poussière, change la chance des combats et rappelle sous nos aigles la victoire qui était prête à nous échapper. Placés à la tête d'un pont du côté de la ville, il donnait ses ordres aux officiers généraux et d'ordonnance et désignait à chaque régiment de jeune garde à mesure qu'ils arrivaient le poste qu'ils devaient occuper, avec un sang-froid et une présence d'esprit admirable[3].

Il faut dire aussi que Napoléon a œuvré dans ce sens. Privilégiés, les soldats et les officiers de la Garde

3. Archives privées.

jouissaient d'un traitement très avantageux. Il était le double de celui de la ligne, y compris pour les troupiers. Les rations d'eau-de-vie et le ravitaillement en général étaient avant tout réservés à ses chers prétoriens. Quant aux récompenses (médailles, dotations et anoblissement pour les officiers), elles étaient deux fois plus attribuées à ses troupes d'élite qu'au reste de l'armée, ce qui n'était pas sans provoquer des jalousies et des mécontentements. Car Napoléon a eu aussi ses détracteurs au sein même de sa Grande Armée. Sa personne a été loin de faire l'unanimité, y compris sous l'Empire. Une réalité longtemps négligée par l'hagiographie dominante.

Rejets et résistances

Comme tout grand personnage de l'Histoire, Napoléon a aussi des ennemis. Et ces derniers ne viennent pas exclusivement de la société civile et d'un quarteron de royalistes à la retraite. Lors de sa prise du pouvoir en novembre 1799, il sait que de nombreux généraux lui sont hostiles. Les complots ourdis par les militaires sont nombreux pendant le Consulat. Les plus connus ont été abondamment traités et commentés. On sait que Richepanse, Bernadotte, Lecourbe et, bien entendu, Moreau rassemblent autour d'eux un groupe de mécontents, tout aussi jaloux de l'ascension du général corse que nostalgiques de la République. On connaît la fin de l'histoire avec la mise au pas pour certains et surtout l'éloignement ou l'exil pour les autres (Moreau). Toutefois, la consultation des inspections des années 1802-1804 montre qu'une sévère épuration se produit aussi dans l'armée au sein des officiers subalternes qui n'ont pas laissé leurs noms dans les études consacrées à cette période. Contrairement à ce que peut dire la légende, il existe bien une opposition militaire au Premier consul, plus profonde celle-là et paradoxalement moins décelable. Des milliers d'officiers sont ainsi rayés des cadres actifs avant la proclamation de l'Empire. Ils deviennent pour le régime des demi-solde bien avant ceux des années 1815-1820. L'historiographie traditionnelle, fortement imprégnée de la légende, les a totalement oubliés. Pourtant, ils apparaissent bien dans les enquêtes administratives des corps. Discrédités par des qualificatifs humiliants – « violents », « alcooliques » – propres à ternir leur moralité, ces officiers, et parfois leurs soldats, regagnent leurs foyers. Ils ne seront jamais, on s'en doute, les propagateurs de la légende napoléonienne tant leur aversion pour le régime est grande. Cette mise au pas, assez conséquente, n'empêche pas certains de comploter. En mai 1802, l'affaire dite des « pots de beurre » révèle la force de l'opposition républicaine dans les armées. Découvert, le complot, dirigé par Bernadotte, implique des régiments, des officiers supérieurs et subalternes, dont le colonel Pinoteau qui ne retrouvera un service actif en Espagne qu'en 1808. Car c'est en effet dans la Péninsule, en Calabre ou en Dalmatie, voire dans les colonies, que sont envoyés les officiers frondeurs désireux de reprendre du service. Peu glorieux, ces théâtres d'opérations sont un moyen pour le régime napoléonien d'utiliser des cadres compétents qui, avec la multiplication des campagnes coûteuses, finissent par manquer. Les royalistes, ralliés par la force des choses au régime, ne semblent n'avoir jamais comploté, même si en 1813 une note interne dans les cartons de la Garde impériale souligne que des gardes d'honneur[4] ont tenté de tremper dans une conspiration qui a vite avorté[5].

Moins politisés que les officiers, les soldats peuvent exprimer autrement que par des complots leur refus d'un Empire qui prend peu à peu la caractéristique d'un régime autoritaire et guerrier. Le rêve de gloire militaire n'est pas partagé par l'ensemble des conscrits appelés au tirage au sort. Chaque année des dizaines de milliers de jeunes gens refusent de se présenter pour cette opération traumatisante. De nombreux départements deviennent des bastions de l'insoumission, preuve que le chef de guerre invincible qu'est devenu Napoléon est loin de soulever un enthousiasme populaire. Le Sud-Ouest, l'Auvergne, les Pyrénées, les Alpes, la Normandie et la Belgique annexée se distinguent par leur taux élevé de réfractaires et de déserteurs. Malgré tout, l'Empire parvient à enrayer ce phénomène en alternant les amnisties et les mesures de rétorsion. En 1810, le taux est passé à 9 %, contre 38 % en 1799. Une fois incorporées, les recrues subissent la dure loi militaire. Une nouvelle étape traumatique pour ces ruraux qui, pour la plupart, n'ont jamais quitté leur commune natale. Arrachés à la cellule familiale, soumis aux ordres, à une nouvelle culture, faite de violences et de brimades, ils périssent en grand nombre dans les dépôts. Pendant cette phase « initiatique » durant laquelle disparaissent 3 à 6 % des effectifs pour cause de « nostalgie », la popularité de Napoléon est, on l'aura compris, loin de faire l'unanimité.

---

4. Napoléon forme quatre régiments de gardes d'honneur au printemps 1813. Intégrés à la cavalerie de la Garde, ils étaient constitués des jeunes gens issus du monde des notables.

5. AN, AF/IV/1171 (rapports du ministre de la Guerre).

Le génie militaire de l'Empereur et la victoire : des critères fédérateurs

Entre ces deux extrêmes, composés, d'une part, des plus fervents admirateurs et, d'autre part, des récalcitrants de toute nature, comment le reste de la Grande Armée a-t-il perçu son empereur ? La réponse est complexe et varie souvent en fonction de la séquence chronologique et des unités. Signalons tout d'abord que Napoléon n'a jamais bénéficié d'une grande popularité parmi les officiers et surtout les conscrits envoyés en Espagne. Pour eux, il n'y a pas de gloire à faire la guerre contre des brigands fanatisés qui ne sont même pas des militaires. La guérilla inquiète autant qu'elle répugne. De rares mémorialistes, horrifiés par les massacres, n'hésitent pas à critiquer la politique du conquérant insatiable. Le lieutenant de Gonneville, alors en Espagne, rapporte que des soldats ont souhaité la mort de l'Empereur, tandis que le colonel Noël parle d'une irritation générale à son encontre. C'est d'ailleurs sur ce théâtre sordide que les taux de désertion sont les plus élevés et les démissions les plus fréquentes. Une étude des origines géographiques des troupes impériales dans la Péninsule montre, en outre, qu'elles sont composées essentiellement de recrues venues du Sud-Ouest, région, comme il a été dit plus haut, où les réfractaires face à la conscription sont particulièrement nombreux. Le constat est à peu près similaire pour les unités étrangères et alliées, à l'exception notable des Italiens et des Polonais, qui demeurent les troupes allogènes les plus fidèles à l'Empire.

En revanche, pour les autres corps, l'Empereur est assurément apprécié. Ce maître de la communication utilise les ressorts propres à construire une image héroïque de ses soldats qui paient en regard volontiers l'impôt du sang qu'il leur réclame. Les bulletins de la Grande Armée ainsi que les peintures et les sculptures placent les militaires au cœur de la Nation. Il en résulte une fierté de servir sous les armes. Auréolés de gloire par leurs victoires, les militaires apprécient ces discours qui font d'eux les glaives de l'Empire. Héroïsés, ils peuvent comprendre le sens de leurs combats, surtout lorsqu'ils sont placés sous les ordres directs de leur chef charismatique. Avoir servi à Austerlitz et à Iéna n'a pas la même portée symbolique que survivre à la bataille de Fuentès de Onoro. Malgré les vicissitudes de la vie militaire, la plupart acceptent les sacrifices et ont entièrement confiance en Napoléon, notamment entre 1805 et 1812. En février 1813, l'officier Feydeau de Saint-Christophe, dont la sympathie pour la cause royaliste est prégnante dans sa correspondance, a toutefois hâte d'être passé en revue par le vainqueur de Wagram et de Friedland. Le 10 mai, il écrit par exemple à son oncle :

> Les gazettes vous auront sans doute appris les détails de la bataille de Lützen qui a eu lieu le 2 mai dans la plaine de Leipzig. Les Russes et les Prussiens ont été battus par nos conscrits. Ils s'étaient vantés de venir droit à Paris sans coup férir. C'étaient eux qui avaient choisi le champ de bataille. Ayant beaucoup de cavalerie, ils avaient choisi la plus grande plaine de toute la Saxe. Mais notre infanterie, toujours prête à former le carré, ne les craignait point. Ils ont fait plusieurs charges qui ont toutes tourné à leur désavantage. Ne pouvant réussir de cette manière, ils ont voulu nous épouvanter par le canon, ce qui n'a pas mieux réussi. Nos troupes se sont toutes distinguées et ont chargé l'ennemi au cri de « Vive l'Empereur ». Sa présence nous valait plus

de 50000 hommes. Il s'est même trop exposé car il a eu plusieurs personnes de son escorte blessées à ses côtés[6].

L'examen des correspondances échangées entre les militaires et leurs familles s'avère particulièrement riche d'informations. Si Napoléon est aimé, c'est aussi parce que les soldats et les officiers sont longtemps persuadés que son génie militaire va leur apporter la paix dans la gloire. Les lettres sont quasi unanimes sur ce point. On donne tout pour l'Empereur, on se jette dans la mêlée, car on reste persuadé à cette époque que la bataille décisive doit contraindre les adversaires. Mettre pour de bon fin aux hostilités. Pour une partie de ces soldats, dont le régiment devient presque la nouvelle famille, la patrie n'est pas un vain mot, même si cette valeur s'effrite peu à peu sous l'Empire. Mais le « maître des batailles » fascine. Les mémorialistes s'en font fréquemment l'écho dans leurs souvenirs publiés après 1815. Les assauts, aux cris de « Vive l'Empereur », font l'objet d'innombrables commentaires. Faut-il interpréter ces exclamations comme une preuve de vénération ? La légende a tenté de le faire croire. Mais aujourd'hui, les historiens l'assimilent davantage à un cri de guerre qui permet de donner du courage et de l'élan à la veille de l'attaque. À Waterloo, alors que les Français sont épuisés par plus de vingt années de conflits, les combattants croient encore à la victoire et placent tous leurs espoirs en Napoléon malgré les défaites des années 1812-1814. Mobiliser autant d'hommes en si peu de temps, en dépit d'une baisse certaine de l'enthousiasme et du risque

6. Archives privées, lettre de Feydeau de Saint-Christophe écrite à Dresde.

d'une nouvelle guerre civile, témoigne de l'ascendant que le revenant de l'île d'Elbe exerce encore sur ses soldats, qui meurent par milliers à Ligny et dans la « morne plaine ».

Les soldats et la légende après 1815

Dès le moment où l'Empereur vogue vers Sainte-Hélène pour y finir ses jours, on observe de nombreuses manifestations réclamant son retour. Pour beaucoup d'historiens, elles sont le point de départ de la diffusion de la légende napoléonienne dont les anciens soldats auraient été les vecteurs principaux. Précisons d'emblée que nous ne sommes pas à l'amorce d'un processus. Ce dernier a débuté bien plus tôt, lorsque Bonaparte devint, en génial propagandiste qu'il était, l'artisan de sa propre légende à partir de la campagne d'Italie. Dès lors, en 1815, nous assistons à une nouvelle phase de ce phénomène qui se poursuit au premier chef *via* l'empereur déchu par le biais de la publication du *Mémorial de Sainte-Hélène*[7]. Mais l'essentiel du mécanisme se fait désormais sans lui, sa disparition mettant naturellement un terme à cette autopropagande dans laquelle il était passé maître. Au cœur de ces années décisives, où semblent se développer en réalité deux légendes, l'une populaire l'autre plus élitiste, les deux se nourrissant mutuellement, les vétérans de la Grande Armée y tiendraient une place centrale. Les artistes, influencés par le romantisme, sont hantés par la gloire de l'Empire.

7. Emmanuel de Las Cases, *Le Mémorial de Sainte-Hélène. Le manuscrit retrouvé*, Paris, Perrin, 2018.

Outre Balzac, cité plus haut, nous pouvons également évoquer Hugo, Stendhal, mais aussi le chansonnier Béranger et les peintres (Géricault, Langlois, Charlet), sans parler des mémorialistes qui se multiplient à partir de la Restauration. L'image du grognard nostalgique de son Empereur fait lentement son chemin, ce que Louis-Philippe (avec le retour des cendres) et Napoléon III vont à leur tour exploiter à des fins politiques.

Ce cliché mérite aujourd'hui d'être fortement nuancé. Après 1815, si effectivement des demi-solde intègrent des sociétés secrètes au sein desquelles ils complotent pour renverser les Bourbons, la très grande majorité des vétérans se tiennent tranquilles, pour ne pas dire dociles et légalistes. Faut-il en conclure à une prudence de mise face à un pouvoir qui les tient pour des « partisans de l'usurpateur », pour reprendre une expression à la mode qui circule dans tous les rapports préfectoraux de la Restauration ? Là encore, un examen attentif des sources nous incite à relativiser. Car le souci principal des vétérans après Waterloo n'est pas de vouer un culte à l'Empereur, mais plutôt de faire valoir leurs droits comme anciens combattants dans une société devenue pacifique dominée par une aristocratie censitaire jusqu'en 1848.

Il est nécessaire de rappeler que les guerres de l'Empire ont amputé la France d'environ 650000 personnes (950000 avec les étrangers morts sous les aigles impériales). Depuis l'enquête pionnière de Jacques Houdaille, on sait que les deux tiers d'entre eux ont été emportés par les maladies dues à l'affaiblissement général des corps et au choc microbien (le typhus majoritairement). Une proportion difficile à évaluer a probablement succombé à des infections liées aux blessures de guerre. Les

« morts au champ d'honneur » n'excèdent probablement pas le seuil des 200000 (un taux largement inférieur à celui de la Première Guerre mondiale). Une observation qui a le mérite de corriger vertement la légende noire de l'Empereur (l'ogre corse) colportée par les royalistes et les Anglais. Notons enfin qu'une frange assez importante de ces soldats n'ont laissé aucune trace. Sont-ils morts sur le bord d'une route sans que l'on prenne soin de noter leur décès ? Ont-ils profité de l'opportunité d'endosser l'uniforme pour entamer une autre vie dans un pays étranger ? Ces questions sont légitimes et montrent que les destins des soldats de la Grande Armée sont largement méconnus. Le poids de la conscription ayant été inégal selon les régions, il apparaît que les taux varient d'un département à un autre. En Charente, sur 19000 conscrits levés entre 1800 et 1814, 11000 disparaissent à jamais.

C'est avec plus de certitude, en revanche, que l'on peut affirmer que les rescapés peuvent être évalués à environ un million d'individus sur l'ensemble du territoire français. Un groupe suffisamment important pour peser sur la globalité d'une société. Les vicissitudes de la vie militaire ont atteint leur intégrité physique. Si les archives militaires montrent qu'une extrême minorité ont été blessés au combat, le suivi des trajectoires par une approche micro-historique révèle les nombreux handicaps résultant des campagnes menées. Les traumatismes, liés à la captivité (plus de 200000 soldats ont été faits prisonniers), à la violence extrême de certaines campagnes (Espagne, Calabre, Russie), sont difficiles à évaluer, mais bien présents dans les réclamations rédigées après 1815. Les infirmités multiples et les maladies chroniques provoquées par les marches, les maladies et la dureté de la vie en campagne affectent une part non négligeable de ces rescapés.

Obtenir une pension décente, faire valoir ses droits, trouver un emploi, se réinsérer dans la société civile, importe ainsi davantage que le retour au pouvoir bien hypothétique de Napoléon ou de son fils pour la très grande partie des vétérans. L'étude des correspondances adressées au ministère de la Guerre rend compte de toutes les démarches qui occupaient une grande partie du temps libre de ces hommes, dont plus des deux tiers, ne l'oublions pas, servaient depuis 1813. Si le mariage permet à une majorité d'entre eux d'échapper à une condition misérable, il n'est pas un critère suffisant pour les officiers réduits à l'état de demi-solde.

Une dépréciation *a priori* suffisante pour alimenter une rancœur à l'encontre des Bourbons, qui persistent à voir dans les anciens officiers de la Grande Armée des bonapartistes convaincus. Mais sont-ils à ce point aigris et gangrenés par un esprit de vengeance ? Là encore, il est temps de clarifier l'état d'esprit de ces milliers de sous-officiers et de cadres qui, dans 75 % des cas, ont obtenu leur grade et l'épaulette par le sang versé sur les champs de bataille. Une analyse approfondie des trajectoires d'après-guerre réalisée dans plusieurs départements montre que l'activisme politique contre les Bourbons est très rare. Certes, des officiers sont souvent mal notés par les autorités en raison des opinions de leurs parents ou de leurs proches. Ils sont, en revanche, plus de 85 % à jurer fidélité au roi, une attitude compréhensible pour ces militaires professionnels avant tout soucieux de réintégrer l'armée. Il est certain que, parmi eux, se cachent bien des nostalgiques de l'Empire, un régime sous lequel le rythme d'avancement a été relativement rapide, notamment à partir de 1813. Des enquêtes minutieuses ont ainsi permis de dégager plusieurs profils de vétérans sous la Restauration. L'immense majorité des sans-grade ne semblent pas exprimer d'opinions particulières. Restés à l'écart des conspirations et des sociétés secrètes, ces ruraux ne peuvent pas être considérés comme les vecteurs principaux de la légende. En revanche, il est certain que les partisans de Napoléon sont plus nombreux parmi les officiers subalternes, alors que les plus hauts gradés songent avant tout à conserver leur rang acquis sous l'Empire. Certes, une minorité a bien tenté de conspirer contre le drapeau blanc. Leurs actions – on pense, au premier chef, aux quatre sergents de La Rochelle – ont marqué les mémoires, mais ont aussi affolé les autorités, qui ont exagéré à dessein leurs actions au point de rédiger souvent des rapports biaisés. Une nouvelle fois, la réalité est tout autre. La très grande majorité des vétérans se sont tenus tranquilles et ont apprécié le retour au foyer, un retour impensable sous le règne de l'Empereur. Toutefois, les Trois Glorieuses bouleversent leurs attentes.

Les années 1830-1831 constituent, en effet, un réel tournant dans le processus de diffusion de la légende dorée. C'est le moment précis où, en fait, la fragile monarchie de Juillet tente d'instrumentaliser celle-ci à des fins purement politiques. On ne peut pas comprendre le succès de la légende sans la prise en compte des revendications des vétérans, qui voient dans cette inflexion politique majeure, incarnée par le retour du drapeau tricolore, le moyen d'effacer quinze années de marginalisation au cours desquelles leurs démarches administratives n'ont pas abouti. Les réformes de Louis-Philippe et sa politique de réintégration des anciens cadres valides de Napoléon à sa cour et dans son armée[8] (les « retours à la bouillotte », comme on les appelait alors) donnent une impulsion nouvelle à des centaines de milliers d'hommes en quête de reconnaissance et dont la santé ne cesse de se détériorer. Durant cette période s'opère ainsi un double processus d'instrumentalisation de la légende : d'abord par les autorités en quête de légitimité populaire, ensuite par les vétérans qui tentent aussi de la récupérer à des fins matérielles, sociales et culturelles. Faire valoir ses services sous l'Empire, rappeler que l'on a servi le grand homme, est une réelle opportunité pour une très grande majorité d'entre eux, soucieux que leurs sacrifices soient enfin reconnus par l'État et la société pour lesquels ils ont combattu. Cette conjonction d'intérêts, privés et publics, ravive assurément la légende et conforte l'image de vétérans unanimement nostalgiques de l'Empire que renforce en 1840 le retour des Cendres.

Sous le Second Empire, Napoléon III multiplie naturellement les hommages, offrant une image sociale, libérale et « pacifique » de son oncle largement empruntée aux « rêveries » du *Mémorial* tout en payant son écot à la gloire immortelle des fidèles grognards. L'attribution de la médaille de Sainte-Hélène en 1857 offre le moyen de saluer la mémoire de ces « vieux débris de l'ancienne armée », comme on aime maintenant à les appeler dans la presse et dans les discours. Le succès est à la hauteur des espérances. Des dizaines de milliers d'hommes la

8. Rappelons, par exemple, que le maréchal Soult est nommé ministre de la Guerre de 1830 à 1834. Il est aussi président du Conseil de 1840 à 1847. Gourgaud est nommé aide de camp du roi en 1832.

réclament et l'obtiennent. Certains y ont vu les marques du bonapartisme intégral des vétérans de la Grande Armée. Mais pourquoi ne pas l'interpréter plutôt comme une marque de « légitimité sociale », ou un soulagement, certes tardif, pour ce groupe qui, pour la première fois depuis 1815, est enfin rassemblé et célébré ? Certains, d'ailleurs, n'ont pas attendu 1857 pour rappeler leur passé militaire. Si une extrême minorité prend la plume pour rappeler leurs exploits sous les ordres d'un empereur admiré, d'autres, plus nombreux, donnent des instructions précises à la famille à l'approche de leur décès. Les sondages effectués dans les cimetières sont à ce titre très révélateurs de leurs sentiments à une époque où l'enceinte des morts, sous l'effet du romantisme, se transforme en lieu de recueillement et de promenade. Or la lecture des épitaphes fait très rarement référence à l'Empereur, qui apparaît seulement sur 6 % des stèles funéraires. Le commanditaire tient d'abord à rappeler son rang, ses campagnes, ses décorations et parfois ses misères. Plus frappants encore : les inventaires après décès dressés par les notaires et dans lesquels, de 1830 à 1880, les objets (à la gloire de l'Empereur) sont minoritaires. Bien plus qu'une image ou une médaille représentant Napoléon, les vétérans ont conservé des pièces d'uniforme, un shako, une décoration souvent placés dans l'armoire de la chambre à coucher, des reliques d'un passé qui a bouleversé leur vie.

Ainsi, l'image du grognard fidèle à l'Empereur jusqu'à la fin de ses jours relève strictement de la légende. Napoléon a incontestablement fasciné des centaines de milliers d'hommes qui ont servi sous ses ordres. La propagande impulsée par l'Empereur lui-même mais aussi son génie militaire ont été les éléments déterminants d'une popularité qui, en dépit de ce qui a été souvent écrit, n'a pas été unanime. Peu importe, les lendemains de Waterloo ont dessiné les contours d'une légende multiple qui a rapidement colonisé l'historiographie. Le travail des historiens a cependant largement remis en question tous les clichés colportés depuis deux siècles sur ces hommes qui auraient été les chantres de l'épopée au plus profond des campagnes. La reconstitution de leurs parcours d'après-guerre prouve à quel point le culte de Napoléon n'a pas été le point central de leurs revendications. Marginalisés, récupérés, instrumentalisés, ces soutiers de la gloire ont cru toute leur vie que leur courage leur garantirait un rang honorable dans la société et une reconnaissance légitime. En cette année suivant le bicentenaire de la mort de Napoléon, alors que l'on commémore les sacrifiés de la Grande Guerre et de la Seconde Guerre mondiale, l'hommage national qu'il mérite n'est toujours pas à l'ordre du jour !

BIBLIOGRAPHIE SÉLECTIVE

BERGÈS Louis, *Résister à la conscription (1798-1814). Le cas des départements aquitains*, Paris, Éditions du Comité des travaux historiques et scientifiques, 2002.

BERTAUD Jean-Paul, SERMAN William, *Nouvelle histoire militaire de la France (1789-1918)*, Paris, Fayard, 1998.

BLAUFARB Rafe, *The French Army (1750-1820). Careers, Talent, Merit*, Manchester University Press, 2002.

BRUYÈRE-OSTELLS Walter, *La Grande Armée de la liberté*, Paris, Tallandier, 2010.

CALVET Stéphane, *Les Officiers charentais de Napoléon au XIXe siècle. Destins de braves*, Paris, Les Indes savantes, coll. « La Boutique de l'Histoire », avec la collaboration des Presses universitaires d'Avignon, 2010.

CAUCANAS Sylvie, PETITEAU Natalie, OLIVIER Jean-Marc (dir.), *Les Européens dans les guerres napoléoniennes*, Actes du colloque international organisé à Carcassonne les 4-5 juin 2010 (université de Toulouse-Le Mirail et association Les Audois), Toulouse, Privat, 2012.

DRÉVILLON Hervé, FONCK Bertrand, ROUCAUD Michel (dir.), *Guerres et armées napoléoniennes. Nouveaux regards*, Paris, Nouveau Monde éditions, 2013.

FORREST Alan, *Déserteurs et insoumis sous la Révolution et l'Empire*, Paris, Perrin, 1988.

—, *Au service de l'Empereur*, Paris, Vendémiaire, 2014.

HAZAREESINGH Sudir, *La Légende de Napoléon,* Paris, Tallandier, 2005.

HOUDAILLE Jacques, « Pertes de l'armée de terre sous le Premier Empire d'après les registres matricules », *Population,* volume 27, 1972, p. 27-50.

LACHOUQUE commandant Henry, *Napoléon et la Garde impériale*, Paris, Bloud et Gay, 1970.

LIGNEREUX Aurélien, *L'Empire des Français, 1799-1815,* Paris, Le Seuil, 2012.

PETITEAU Natalie, *Lendemains d'Empire. Les soldats de Napoléon dans la France du XIXe siècle*, Paris, Les Indes savantes, coll. « La Boutique de l'Histoire », 2003.

—, *Guerriers du Premier Empire. Expériences et mémoires*, Paris, Les Indes savantes, coll. « La Boutique de l'Histoire », 2011.

VIDALENC Jean, *Les Demi-solde. Étude d'une catégorie sociale*, Paris, Librairie Marcel Rivière, 1955.

9

Chaque soldat a un bâton de maréchal dans sa giberne

par Stéphane CALVET

Première remarque. Cette phrase n'a jamais été prononcée par Napoléon, mais bien par Louis XVIII lorsqu'en août 1819, il s'adresse aux élèves de l'École polytechnique et à leur commandant le maréchal Oudinot, surnommé par Napoléon « le Bayard de la Grande Armée » : « Rappelez-vous qu'il n'est aucun de vous qui n'ait dans sa giberne le bâton de maréchal du duc de Reggio ; c'est à vous de l'en faire sortir[1]. » Sans aucun doute, un vibrant hommage rendu à l'un des maréchaux du Premier Empire. Mais aussi des paroles rassurantes dans une France encore fortement divisée avec, d'un côté, les ultras, attachés aux valeurs de l'Ancien Régime, et, de l'autre, les libéraux acquis aux principes de 1789, lesquels ne manquent pas une occasion pour remettre en cause la politique du roi. Conscient de ces défis difficiles à relever, le monarque veut rappeler à sa manière que certaines conquêtes de la Révolution, entérinées par l'Empire, ne sauraient

1. Gilles Henry, *Petit dictionnaire des expressions nées de l'Histoire*, Paris, Tallandier, 2019.

être remises en question. Cette volonté conforte ainsi l'idée selon laquelle le régime précédent a permis à de nombreux roturiers d'accéder à l'épaulette.

Cette vulgate méritocratique se renforce par la suite. Les romanciers, comme Stendhal ou Balzac, mais aussi les libéraux ont largement entretenu le mythe selon lequel l'Empire avait facilité l'ascension sociale des plus humbles au nom du courage et de la gloire. Fortement ancré dans les mentalités, il est pourtant partiellement battu en brèche par les historiens qui, depuis les années 1980, ont montré que les promotions dans la Grande Armée n'avaient pas toujours été activées selon les règles mises en place pendant la Révolution[2]. Héritier de l'armée des années 1792-1799, Napoléon l'est sans aucun doute, mais l'étude de l'avancement sous l'Empire souligne qu'il existe bien une résurgence progressive de la culture militaire d'Ancien Régime, privilégiant le nom et le rang. Les guerres perpétuelles, et donc le remplacement des pertes occasionnées par celles-ci, ont toutefois largement perturbé les objectifs fixés par l'Empereur, qui voulait faire des officiers l'un des piliers de son régime.

La diversité du recrutement

L'Histoire a retenu les noms de Coignet, de Bourgogne, de Masséna, d'Augereau, de Murat ou de Lannes. Des braves partis de rien et qui, selon leurs états de service, se sont couverts de gloire sur les différents champs de

---

2. Jean-Paul Bertaud, Jacques Houdaille, « Les officiers de la Grande Armée (an XII à 1814) », *Revue de l'Institut Napoléon,* 1968, p. 108-123.

bataille de l'Empire. Ces figures légendaires ont servi d'exemples aux très nombreuses études consacrées à la Grande Armée et à ses officiers. L'étude des dossiers et des registres de contrôle conservés à Vincennes montre toutefois que les profils de carrière sont d'une extrême variété. En fait, les officiers de la Grande Armée ne constituent guère un bloc homogène. Les anciens de l'armée royale côtoient les soldats de l'an II et les personnels incorporés sous le Consulat et l'Empire. Au sein de chacune de ces trois générations de militaires, une extrême diversité également. Certains ont été soldats du rang dans l'armée royale alors que d'autres portaient déjà l'épaulette en raison de leurs origines aristocratiques. Parmi les « révolutionnaires », beaucoup proviennent des bataillons de volontaires levés entre 1791 et 1793. Promus officiers par l'élection, ils ont connu une prodigieuse ascension dans la carrière durant les années 1794-1796. D'autres, plus rares (10 % des effectifs), sont des « réquisitionnaires » incorporés au cours de l'automne 1793. Lorsque Bonaparte prend le pouvoir en 1799, le corps des officiers est ainsi composé essentiellement de cadres issus du rang, en très grande partie des volontaires levés dans les bataillons de la Révolution. Peu à peu, les règles de l'avancement évoluent et tiennent compte de l'ancienneté. Le 5 mai 1805, il faut désormais quatre ans d'ancienneté dans son grade pour devenir sous-officier et six ans pour obtenir l'épaulette. En 1811, cela se durcit. On exige désormais huit ans de service pour devenir sous-lieutenant. Quant à la Garde impériale, Napoléon se réserve exclusivement la nomination des officiers supérieurs et généraux. Mais il surveille étroitement les propositions émises par ses généraux, y compris pour les grades subalternes. Toutefois, le mode de désignation par l'élection existe encore pour les lieutenants et les capitaines mais seulement pour une moitié d'entre eux, les autres étant choisis par le pouvoir. On retrouve encore des officiers élus dans les années 1805-1810, mais ce mode de désignation disparaît assez rapidement quand les chefs de corps et le gouvernement reprennent en main l'ensemble des nominations.

Soucieux d'améliorer la qualité de ses cadres, Napoléon favorise les nominations des élèves issus des différentes écoles militaires (Polytechnique, Fontainebleau qui devient Saint-Cyr en 1808, Saint-Germain pour la cavalerie, sans parler des différentes écoles d'artillerie et du génie) et du corps des vélites. Malgré les efforts constants de l'Empereur qui veut construire une élite militaire instruite, les officiers du rang restent largement majoritaires. Beaucoup de conscrits, après plusieurs années de service, peuvent ainsi devenir officiers à l'image du célèbre Coignet, simple soldat en 1800 et capitaine à Waterloo. En 1812, à la veille de la campagne de Russie, les officiers de la Grande Armée sont encore majoritairement des anciens soldats de la Révolution, suivis de peu par la nouvelle génération appelée depuis 1798 dans le cadre de la conscription. Cette dernière occupe néanmoins 57 % des places en 1814. Parmi les officiers supérieurs et généraux, la part des militaires de l'Ancien Régime continue de tenir une place assez honorable (20 %), mais ils sont largement dominés par les « révolutionnaires ». Un an plus tard, les besoins immenses de l'armée obligent l'Empereur à puiser parmi ses réserves au détriment de l'instruction qu'il appelle pourtant de ses vœux depuis son couronnement. Les officiers sortis des écoles ne représentent plus que 6 % des officiers contre 15 % en 1811. Ces différents modes d'accès à l'épaulette, plus ou moins dépendants de la conjoncture militaire, peuvent laisser entendre que le régime impérial a été souple dans sa politique de nomination. Pourtant, les rythmes d'avancement montrent une tout autre réalité.

À lire les états de service, il est étonnant de constater combien la carrière militaire est largement guidée par le mode d'entrée dans l'armée. Alors qu'une recrue mobilisée dans le cadre de la réquisition sert en moyenne dix-sept ans avant de devenir capitaine, un élève de Saint-Cyr met seulement quatre ans et deux mois pour obtenir le même grade. Un ancien volontaire de 1792 doit, quant à lui, patienter treize ans. Plus frappant encore, l'officier élu en septembre 1792 devient capitaine après six ans de service. Pour le même grade, un conscrit levé en 1800 doit produire sur ses états de service dix ans de campagne, et un vélite sept années. Pour accéder au généralat, il faut compter en moyenne deux décennies de service. Mais certains – des enrôlés volontaires pour l'essentiel – mettent moins de douze ans, comme le général Garnier de la Boissière, tué en 1813 et engagé sous le Consulat comme simple soldat et dont l'ascension s'explique autant par son instruction que par ses protections, dont celle de son cousin le comte Garnier de la Boissière, chambellan de l'Empereur. Le mérite n'est donc pas la condition principale pour accéder à l'épaulette. L'aide de quelqu'un de haut placé, la naissance et la courtisanerie constituent autant de puissants facteurs d'ascension.

Le privilège de la naissance et des protections

Alors que la légende a insisté sur les ascensions fulgurantes induites par l'héroïsme sur le champ de bataille, l'étude des états de service sur plusieurs échantillons représentatifs souligne que l'élévation militaire sous l'Empire dépend aussi des réseaux et du milieu social d'origine. De nombreux officiers se sont mis ainsi sous la protection d'un supérieur en espérant de l'avancement. Pour une grande partie d'entre eux, l'ambition est un moteur puissant, même s'ils s'en défendent dans leurs mémoires. Le chef d'escadron Dupuy, dont les *Souvenirs militaires* ont été publiés pour la première fois en 1897, ne cache pas ses sentiments dans sa correspondance personnelle. Voici ce qu'il écrit à l'aube de sa carrière en 1798 : « Je pourrai avec de l'exactitude monter à quelque grade de fourrier ou autre. Au bout de mes 4 ans il n'y aura rien d'étonnant que je sois capitaine [...]. Tu conserveras ainsi que moi l'espérance de me voir devenir officier général[3]. » Aussi sa déception est-elle immense quand il s'aperçoit sous le Consulat que des privilégiés passent avant lui : « Nous avons dans notre régiment des cousins des protégés de M. Bonaparte qui au bout de 2 ou 3 mois passent maréchal des logis et de là officier, ce qui est réellement dégoûtant pour un jeune homme qui désire tant faire son état de service[4]. » Le jeune saint-cyrien Feydeau de Saint-Christophe le confirme en 1810 : « Depuis que je suis au régiment, je me suis aperçu que l'avancement

3. Archives privées, lettre du 21 octobre 1798.
4. Archives privées, lettre du 27 mai 1802.

n'était point l'effet du mérite mais bien celui des protections et de l'ancienneté de service, encore après bien des peines et des fatigues et qu'il fallait de puissantes protections pour parvenir à celui de commandant[5]. » Précieux, ces témoignages confirmés par de nombreux contemporains permettent de mesurer la rancœur des officiers subalternes devant la résurgence de pratiques qui rappellent à bien des égards celles de l'Ancien Régime. Ce favoritisme s'accentue sous l'Empire. Plus des deux tiers des enrôlés volontaires s'engagent dans un régiment commandé par un chef de corps qui les prend sous sa protection. Si ce dernier est appelé à monter en grade, il favorise assurément leurs carrières. La fonction d'aide de camp constitue le tremplin idéal pour une ascension rapide. Plus le rang du protecteur est élevé, plus la carrière de l'aide de camp est favorisée. Il suffit de consulter les états de service des subordonnés des maréchaux et des généraux de division pour constater la rapidité de leurs promotions.

Formées dans 70 % des cas sous le Consulat ou dans les premières années de l'Empire, ces clientèles ne disparaissent jamais, malgré les efforts de Napoléon pour tenter de limiter leur importance. Plus des deux tiers des officiers bénéficiant de la protection d'un officier supérieur poursuivent, en effet, leur carrière au sein de la même unité dont le commandement reste confié au même chef de corps influent. Parce que le ministère de la Guerre reçoit l'ordre de reconstituer une nouvelle armée en 1812-1813, certains colonels profitent de cette situation pour étoffer leur réseau en multipliant les promesses d'avancement. Pierre Ganivet-Desgraviers, alors

5. Archives privées, lettre du 6 mars 1810.

en mission de recrutement dans le département de la Charente, parvient ainsi à attirer au 86e régiment d'infanterie de ligne dont il est le commandant en second, dix-huit individus de la classe 1813 qui proviennent tous des communes proches de son domicile[6].

L'étude des origines sociales et du milieu familial remet aussi en question la sempiternelle ascension par le mérite sur le champ de bataille. Les jeunes gens issus de la noblesse ancienne ainsi que les membres des professions libérales servent dans les filières où l'avancement est le plus rapide. Plus de la moitié des officiers issus des catégories aisées ou très aisées ont entamé leur carrière à Saint-Cyr, à Saint-Germain ou à Polytechnique. Ces militaires sont également surreprésentés parmi les officiers du rang qui choisissent de se mettre sous la protection d'un puissant. Les fils de médecins, d'avocats et de notaires ont mis en moyenne moins de cinq ans pour obtenir le capitanat. En étudiant leur grade en fin de carrière, on s'aperçoit, de surcroît, que ces individus, après dix ans de carrière, sont pour la moitié d'entre eux devenus officiers supérieurs ou généraux, ce qui n'est pas le cas des fils de laboureurs ou d'artisans, dont à peine 10 % parviennent à ces grades prestigieux. Dans la cavalerie et parmi les officiers généraux de la Garde impériale, ces inégalités sont encore plus frappantes. Eu égard à toutes ces données, on n'est guère surpris de constater que les officiers sont en grande partie issus du même milieu notabiliaire et urbain.

6. Archives départementales de la Charente, 1 Rprov 423 (registre de conscription de la classe 1813).

Quelle place pour le mérite ?

Faible, pour ne pas dire très faible, le niveau d'instruction des officiers de la Grande Armée n'a pas été un critère déterminant pour l'accès à l'épaulette. Pour les grades subalternes tout au moins. Car, pour devenir officier supérieur, l'Empereur exige un minimum de compétences, sans que celles-ci soient non plus exceptionnelles. Rappelons que Cambronne, quand il est nommé colonel du 3e régiment de voltigeurs de la Jeune Garde, ne savait pas lire une carte. L'officier de la Grande Armée est avant tout un meneur d'hommes dont le courage et la bravoure constituent les valeurs premières. Est-il nécessaire de rappeler que Ney, le brave des braves, est un piètre tacticien et que c'est d'abord et avant tout sa fougue devant le feu ennemi qui séduit Napoléon ?

Dans ce contexte, on comprend que le comportement au feu doit être normalement un critère décisif. Mise en scène sur de nombreux tableaux, saluée dans les bulletins de la Grande armée et dans *Le Moniteur*, la bravoure, par laquelle une nation entière construit sa propre gloire, aurait eu un rôle d'entraînement pour tous les soldats du Premier Empire. Considérée par Jean-Paul Bertaud et Laurence Montroussier comme l'un des trois grands critères facilitant l'accès à un grade supérieur, elle apparaît régulièrement sous la plume des mémorialistes militaires, qui semblent avoir été, selon la légende napoléonienne, ivres de gloire et d'exploits. Relayées dans la presse, ou mieux sublimées dans les *Bulletins* lorsqu'elles sont jugées exceptionnelles, les actions d'éclat s'adressent en priorité à la troupe. Portés immédiatement à la connaissance de la compagnie ou du régiment, ces hauts faits d'armes doivent aussitôt exciter l'ardeur guerrière des soldats rassemblés. En récompensant l'auteur du coup d'éclat par l'obtention de la croix ou d'un grade supérieur, Napoléon cherche à montrer que le courage demeure la valeur cardinale du régime. Selon Hervé Drévillon, il s'agit même d'un « système de motivation » autrement plus efficace que la contrainte. Il remplit les conditions optimales qui permettent de mieux confronter le soldat à la mort.

Or le relevé des faits d'armes dans les dossiers personnels semble montrer là encore qu'il y a loin du discours officiel à la réalité. Si l'on en croit les états de service, 13 % des officiers ont été auteurs d'un acte individuel de bravoure. La répartition chronologique montre, en outre, que plus de la moitié des actions d'éclat ont été réalisées entre 1792 et 1795, et moins de 30 % entre 1800 et 1815. Ainsi, le nombre d'exploits individuels, si souvent mis en valeur par la légende, diminue très nettement sous l'Empire. Surprenante, cette première observation doit néanmoins être tempérée par les lacunes constatées dans certains dossiers, mais aussi par le fait que ne sont pas comptabilisés les officiers qui, sous le Consulat et l'Empire, ont trouvé la mort au combat en accomplissant un coup d'éclat. Dans la très grande majorité des cas observés, l'acte héroïque fatal n'est pas évoqué dans les états de service. Enfin, il est bon de rappeler que les hauts faits d'armes sont le reflet d'une culture militaire en pleine mutation sous l'Empire. Les représentations de l'héroïsme répondent désormais à une idéologie politique où l'honneur prend une place centrale, ce qui n'est pas sans rappeler l'Ancien Régime. Ainsi, l'étude même des exploits militaires montre que de nouveaux paramètres entrent en ligne de compte au détriment de ceux qui ont prévalu sous la Révolution. La prise de risque extrême au cœur de l'action, la capture d'un drapeau ennemi, le combat individuel à l'arme blanche, sont systématiquement mis en valeur. Individualisée, la bravoure doit rejaillir sur l'ensemble du régiment, voire du bataillon, et ne s'accomplit plus au nom de la Nation.

Ne tombons pas cependant d'un extrême à l'autre. De façon indéniable, le courage au feu a permis d'avancer dans la carrière. Il faut, pour s'en convaincre, relever les grades et le rang au moment où les exploits ont été accomplis et le grade final atteint par l'officier distingué. Sur les cent trois faits d'armes recensés pour un échantillon départemental (la Charente), 22 % ont ainsi été accomplis par des hommes qui étaient alors militaires du rang et/ou sous-officiers, tandis que 66 % l'ont été par ceux qui étaient déjà officiers subalternes. À la fin de l'Empire, la moitié des auteurs d'une action d'éclat sont au moins devenus officiers supérieurs ou même officiers généraux. Critère d'avancement, l'action d'éclat permet surtout d'entrer dans l'ordre de la Légion d'honneur. Dans un cas sur quatre, l'élévation au grade supérieur ou l'obtention de la croix intervient le jour même de l'exploit ou quelques semaines après. Mais ces exemples ne doivent pas faire oublier qu'ils sont nombreux, malgré leur héroïsme avéré, à patienter longuement avant de grimper dans la hiérarchie militaire. On les évalue à environ 16 %. Dans la Garde impériale, l'exploit est, en revanche, salué et récompensé dans 95 % des cas recensés.

Symbole du mérite, la blessure de l'officier a souvent été considérée comme une garantie d'avancement par la plupart des études consacrées à la Grande Armée.

À première vue, elle semble en effet favoriser très nettement la carrière de ceux dont le sang inonde le champ de bataille. Plus de 40 % des officiers dont le dossier mentionne une seule blessure deviennent en effet capitaines, grade subalterne qu'atteignent seulement 25 % des effectifs. Ils sont, en outre, 20 % à accéder, dans cette même catégorie, à un rang plus prestigieux. Ces premiers sondages montrent que plus le nombre de blessures est élevé, plus l'officier semble avoir des chances de devenir officier supérieur ou général. Le tiers des militaires qui ont été touchés au moins trois fois deviennent en effet chefs de bataillon, colonels ou généraux. À l'inverse, ceux qui ont été épargnés par la mitraille ennemie ne semblent pas dépasser, dans plus de 74 % des cas, le grade de lieutenant.

Cependant, une analyse approfondie des dossiers des officiers blessés en fonction du grade occupé montre que l'exposition sur le champ de bataille est loin de constituer l'atout majeur pour grimper dans la hiérarchie. Ce sondage montre en effet que plus de 59 % des officiers blessés (dont la blessure n'entraîne pas une mise à la retraite immédiate) ne montent jamais en grade par la suite. L'avancement par le mérite ne serait-il pas bloqué alors par des impératifs financiers ? Il est légitime de le supposer, notamment au regard des travaux d'Isser Woloch qui, tout en constatant la baisse relativement importante du nombre de pensionnés à partir de 1812, révèle aussi le coût croissant de cette armée morte qui s'élève à plus de 35 millions de francs en 1815. Cela peut expliquer pourquoi seulement 34 % des officiers blessés obtiennent une promotion dans les mois suivant leur sacrifice sur le champ de bataille et que la plupart d'entre eux ne franchissent pas le grade de capitaine. De surcroît, un relevé chronologique des blessures reçues fait apparaître la violence croissante des combats. Après 1812, le nombre d'officiers subalternes blessés augmente de manière significative. Plus de 40 % des sous-lieutenants et des lieutenants sont touchés sans être récompensés par une promotion ou une décoration.

Nombreux, ces exemples accréditent bien la thèse selon laquelle l'attitude au combat n'est pas déterminante pour se hisser dans la hiérarchie militaire. Ils révèlent aussi les profondes inégalités entre les officiers subalternes et les hauts gradés. Car si les deux tiers des officiers supérieurs et généraux sont touchés en raison de leurs épaulettes prestigieuses, la plupart jouissent en effet, peu de temps après, de promotions avantageuses qui se manifestent par l'élévation à un grade supérieur ou par l'obtention d'une nouvelle décoration, voire par l'intégration dans la noblesse d'Empire. Dans les trois quarts des cas, un officier supérieur peut effectivement espérer une récompense qui ne tarde pas, généralement, à se manifester. Si chaque goutte de sang versé permet ainsi aux hauts gradés de se hisser socialement, elle garantit à peine au tiers des officiers subalternes blessés de porter la croix. Destinée à récompenser le militaire qui s'est distingué par sa tenue sur le champ de bataille, la Légion d'honneur n'est remise spontanément que dans un cas sur cinq. Une analyse complète des dates de remise de décorations montre en outre que 50 % des titrés portent la croix bien avant d'avoir reçu une blessure.

Les entraves à l'avancement

Si de nombreux critères facilitent les promotions, d'autres peuvent se révéler comme de sérieux handicaps. Les opinions politiques sont, en particulier, très surveillées par l'Empereur, qui opère sous le Consulat une vaste épuration des cadres en renvoyant plusieurs milliers d'officiers subalternes dans leurs foyers[7]. Contraint au silence, le porteur d'épaulette est invité à respecter un code de conduite qui place l'honnêteté, l'élégance et l'honneur au-dessus de tout. Dès sa prise de pouvoir, Napoléon souhaite effectivement améliorer socialement et moralement le corps des officiers en le rapprochant de ces fondamentaux. Conscient que la République a promu massivement des hommes du rang, il entend bien recomposer ce corps dont l'image a été parfois entachée par les comportements détestables de certains officiers issus des milieux populaires. C'est, par conséquent, munis de consignes strictes et sévères que les inspecteurs généraux ont sillonné la France pour éloigner ces contre-modèles. Parmi eux, un petit nombre font l'objet d'amples rapports dans lesquels sont précisément exposés les griefs qui leur sont reprochés. On entrave à l'unisson les officiers dont les dettes entachent leur réputation et celle de leur régiment. Le chef de bataillon Jacques Poutier est averti personnellement par le ministre de la Guerre en 1808 : « L'Empereur est informé, Monsieur, que vous manquez de connaissance

7. Natalie Petiteau, « Les fidélités républicaines sous la Révolution et l'Empire », *Annales historiques de la Révolution française*, n° 346, octobre/décembre 2006.

nécessaire à votre état et que votre conduite vous attire souvent des punitions. Un officier doit se montrer jaloux d'obtenir l'estime de ses chefs et la considération de ses subordonnés et il en veut y prétendre que par son attitude à ses devoirs et la régularité de sa conduite[8]. »

Les lettres et les rapports nous renseignent beaucoup plus sur la perception et les attentes du pouvoir à leur encontre que sur le véritable portrait de ces hommes. Par les défauts et les qualités remarqués par les autorités, il est possible alors de relever les critères fondamentaux qui répondent à l'idéal napoléonien de l'officier. Plus de 87 % des rapports insistent, en effet, sur une « bonne conduite », terme assez vague qui semble désigner, outre la position politique, le comportement « civil » en société. Le tiers d'entre eux font également état des militaires élégants qui présentent une « belle tenue ». Le zèle pendant le temps de service s'avère en outre régulièrement signalé, notamment pour les officiers qui attendent depuis longtemps de l'avancement. Cependant, il semble bien que la moralité soit, au même titre que l'instruction, un critère indispensable pour espérer monter en grade. L'éthylisme récurrent ainsi que les rixes (les duels) font sans surprise partie des actes condamnés. François Louis Ferrand, lieutenant d'infanterie, a ainsi fait l'objet de nombreux rapports défavorables. En 1813, son chef de bataillon le présente comme un « officier très raisonneur, insubordonné et très violent lorsqu'il a bu », précisant en outre que ses débordements dus à une consommation exagérée d'alcool se reproduisent fréquemment. Nuisible pour l'armée, il apparaît dans un autre document comme

8. Service historique de la Défense, 2 Yc (dossier personnel de Jacques Poutier).

un individu dont le comportement est « inadmissible pour le corps des officiers ». Un commissaire de police de la ville de Texel précise en effet que Ferrand, « dans un état d'ivresse très avancé », a frappé avec une extrême violence quatre simples soldats qui le ramenaient vers la caserne[9]. C'est bien parce qu'il est dépositaire d'une image particulière que l'officier doit se montrer exemplaire. Entraîneur d'hommes sur les champs de bataille, il est aussi un modèle pour ceux qui le fréquentent au dépôt ou dans les cantonnements à l'étranger. Sa tenue, ses paroles et son attitude en général participent pleinement à la réputation du corps qu'il représente. Une lecture attentive souligne que les inspecteurs généraux prennent surtout en compte les mœurs de ces individus. Dans son étude sur l'avancement et la carrière militaire des officiers de la Révolution et de l'Empire, Rafe Blaufarb montre bien comment ce paramètre devient déterminant à partir du Consulat.

Comme on peut s'en douter, les mauvais rapports empêchent la majorité de ces officiers « dénoncés » de jouir d'une belle carrière. Sur une centaine de dossiers consultés à Vincennes, on note que 60 % d'entre eux sont renvoyés dans leurs foyers et que 35 % n'accèdent pas à un grade supérieur. Toutefois, lorsque l'impétrant fait preuve de bravoure sur le champ de bataille, ces tares peuvent être vite oubliées. Le général Lassalle, connu pour ses frasques et son goût immodéré pour le jeu, en est la plus parfaite illustration. Comment aussi ne pas évoquer le général Cambronne, dont les écarts de conduite à l'île d'Elbe soulèvent l'ire de Bertrand

9. Service historique de la Défense, 2 Ye 1368 (dossier personnel du lieutenant Louis François Ferrand).

et de Drouot ? Napoléon ne l'ignore pas. Mais il sait aussi que les guerres se gagnent souvent avec des braves capables de se sacrifier dans le dernier carré. La civilité et l'héroïsme ne font pas toujours bon ménage.

Fort d'une armée construite en grande partie par les guerres de la Révolution, Napoléon a remarquablement su utiliser les ressources léguées par les soldats de l'an II. Toutefois, dans son ambition de réaliser la fusion de l'ancienne et de la nouvelle élite, il a modifié en profondeur cet outil qui lui a permis de conquérir l'Europe. Certes, il serait fortement exagéré d'affirmer qu'il a favorisé le retour des règles et surtout de l'esprit de l'Ancien Régime. Le mérite est resté une valeur cardinale qui a permis à des milliers de soldats d'accéder à l'épaulette. Mais affirmer que ceux-ci avaient un bâton de maréchal dans la giberne relève totalement du mythe, un mythe soigneusement entretenu ensuite par les chantres de l'épopée frustrés de ne pas avoir poursuivi leur carrière militaire sous Louis XVIII qui est, paradoxalement, l'auteur de cette fameuse phrase qui s'est retournée contre lui.

Bibliographie sélective

Bertaud Jean-Paul, Serman William, *Nouvelle histoire militaire de la France (1789-1918)*, Paris, Fayard, 1998.

Bertaud Jean-Paul, *Quand les enfants parlaient de gloire*, Paris, Aubier, 2006.

Blaufarb Rafe, *The French Army (1750-1820). Careers, Talent, Merit*, Manchester University Press, 2002.

Bodinier Gilbert, *Les Officiers du Consulat et de l'Empire*, Paris, Soteca, 2014.

Calvet Stéphane, *Les Officiers charentais de Napoléon au XIXe siècle. Destins de braves*, Paris, Les Indes Savantes, coll. « La Boutique de l'Histoire », avec la collaboration des Presses universitaires d'Avignon, 2010.

—, *Cambronne*, Paris, Vendémiaire, 2016.

Corvisier André (dir.), *Histoire militaire de la France,* Paris, Presses universitaires de France, 1992, tome II (de 1715 à 1871).

Croubois Claude (dir.), *Histoire de l'officier français des origines à nos jours*, Saint-Jean-d'Angély, Bordessoules, 1987.

Drévillon Hervé, Wieviorka Olivier (dir.), *Histoire militaire de la France*, tome 1 : *Des Mérovingiens au Second Empire*, Paris, Perrin/Ministère des Armées, 2018.

Drévillon Hervé, *Batailles. Scènes de guerre de la Table ronde aux tranchées*, Paris, Seuil, 2007.

Montroussier Laurence, *Éthique et commandement*, Paris, Economica, 2005.

Rolin Vincent, *Les Aides de camp de Napoléon et des maréchaux*, Paris, Napoléon Ier éditions, 2005.

Six Georges, *Les Généraux de la Révolution et de l'Empire,* Paris, Bernard Giovanangeli, 2002 (1re édition : Bordas, 1947).

Woloch Isser, *The French Veteran from the Revolution to the Restoration*, The University of North Carolina Press, Chapell Hill, 1979.

10

Davout, le meilleur des maréchaux ?

par Frédéric Bey

La question des qualités militaires réelles du maréchal Louis-Nicolas Davout est largement parasitée, qu'on le veuille ou non, par celle des relations qu'il a entretenues avec Napoléon. Leur entente a oscillé entre confiance, jalousie, admiration, voire trahison, et elle a indéniablement pesé sur le jugement des historiens. Pour le *Dictionnaire Napoléon*, Davout est le « seul maréchal de l'Empire qui n'ait jamais été vaincu[1] », argument probablement le plus utilisé à son sujet. Les Anglo-Saxons ne dérogent pas à la règle en affirmant que « Louis Davout était sans aucun doute le plus capable des maréchaux de Napoléon » (Philip Haythornthwaite). Dès qu'il est question d'Auerstaedt, Davout est paré de toutes les qualités, comme celles d'un « guerrier pensant, positif, déductif et tenace » (Jean Tranié). Les récits de la bataille placent « Davout au sommet » et décrivent un Empereur envieux du succès de son maréchal à Auerstaedt : « Pourtant il faut bien se rendre à

1. Article « Davout » signé Napoléon Suchet d'Albufera dans le *Dictionnaire Napoléon*, sous la direction de Jean Tulard.

l'évidence. C'est bien Davout qui a battu l'armée prussienne. Étonné un moment, déçu peut-être, Napoléon est malgré tout admiratif », écrit Arnaud Blin. Davout jouit, militairement parlant, d'une véritable aura, au point qu'il est rarement envisagé de lui préférer qui que ce soit d'autre, en termes de « résultats ». On ne peut se contenter de cette hagiographie. Comparer les « performances » des maréchaux du Premier Empire nécessite de tenter d'évaluer toute une série de critères : l'habileté tactique au plus fort des batailles, la capacité à conduire des opérations de manière autonome, l'intégrité et les qualités politiques et administratives. À ce jeu, Davout demeure-t-il intouchable ?

Louis-Nicolas est d'abord un officier de métier formé, et bien formé, sous l'Ancien Régime. Né en 1770, il est issu d'une famille bourguignonne de petite noblesse d'épée : les d'Avout. Son grand-père et son père ont été officiers au Royal-Champagne-Cavalerie. Cadet gentilhomme à l'école royale militaire d'Auxerre à partir de 1780, il est ensuite admis pour deux années à l'École militaire de Paris et intègre à son tour le régiment de ses aïeux en 1788, avec un brevet de sous-lieutenant provisoire. La Révolution, dont il est un partisan enthousiaste, l'amène à changer son nom en Davout. Elle accélère aussi son avancement, comme celui de nombreux militaires de sa génération : chef de bataillon en 1791, il est déjà général de brigade provisoire en 1793 après s'être opposé au *pronunciamiento* du général Dumouriez. Mis à l'écart du fait de ses origines aristocratiques, il démissionne de l'armée en août 1793 avant d'y être réintégré en septembre 1794, après l'élimination de Robespierre. Au cours des campagnes de la Révolution qui le conduisent en Vendée, en Belgique et sur le Rhin, il sert principalement sous les ordres de Pichegru et de Moreau, dont il n'est ni un admirateur ni un proche. Davout apprécie bien plus Marceau, et se lie d'amitié avec Desaix et Oudinot, un des seuls officiers qui le tutoient. Il rencontre pour la première fois Bonaparte le 23 mars 1798, par l'intermédiaire de Desaix. Davout participe à l'expédition d'Égypte, d'abord comme officier d'état-major puis comme commandant de la cavalerie de la division Desaix. En désaccord avec Kléber, il quitte l'Égypte et regagne Toulon le 24 avril 1800. Promu général de division, il va désormais devenir un compagnon de route du Premier consul, puis de l'Empereur : commandant de la cavalerie dans l'armée d'Italie en 1800, il est promu inspecteur général de la cavalerie en 1801, puis commandant des grenadiers à pied de la Garde consulaire. Le 19 mai 1804, il est nommé maréchal. Si l'on ne peut déjà savoir s'il est le meilleur d'entre eux, Davout est, en tout cas, à 34 ans, le plus jeune de cette première promotion.

Les principes de Davout

Avec l'Empire, Davout ne va pas manquer d'occasions pour se mettre en évidence. Le maréchal est déjà un homme d'une sobre prestance, très éloignée par exemple de celle, fantasque, de Murat, comme le constate Jean Linden :

> Grand, bien proportionné, un visage blanc que ses campagnes n'étaient pas parvenues à colorer, une calvitie qu'encadraient des cheveux bouclés, une myopie prononcée corrigée par le port de lunettes d'or, des mains longues

et fines, tel est le seul portrait physique certain que nous puissions tracer du maréchal Davout. Moralement, l'homme est complexe, difficile à définir. Pour le connaître, il faut le regarder vivre, agir, le saisir dans sa correspondance, tant privée qu'officielle et, surtout, se garder des jugements des mémorialistes et des historiens, dithyrambiques chez les uns, passionnément critiques chez les autres, rarement objectifs.

Davout se distingue rapidement des autres maréchaux par des méthodes et des principes qui lui sont propres. En août 1803, il reçoit le commandement des 25 000 hommes du camp de Bruges (sous-ensemble du « camp de Boulogne »), qui vont bientôt constituer le IIIe corps de la Grande Armée. Il commande ses troupes avec la rigueur d'un véritable militaire de métier, éduqué comme tel. Pendant ces deux années d'entraînement intensif, dans la perspective de la « descente en Angleterre », Davout applique des recettes simples mais efficaces : il insiste sur la discipline, les exercices physiques et le sang-froid nécessaire à la troupe. Il passe son temps en inspections surprises et acquiert la réputation d'être un chef implacable et sans détour. Il impose de très longues marches d'entraînement. Il veille aussi à répéter les manœuvres en formation pour que ses hommes acquièrent des automatismes qui leur permettront d'évoluer plus sereinement sous le feu de l'ennemi. Davout pense aussi à l'équipement. Il effectue des achats non réglementaires, comme ceux de sabots et de chaussons pour économiser, au cantonnement ou au bivouac, les souliers destinés à la marche. Son attention se porte aussi sur l'alimentation de la troupe et le respect des règles d'hygiène. Ces mesures et ces exigences ne sont pas son apanage, mais il les pousse à leur maximum, dans l'objectif de faire de son IIIe corps une unité d'élite, reconnue comme telle par Napoléon. Il profite aussi de cette période pour constituer son équipe de divisionnaires. Il dispose sur place de trois divisions confiées à l'origine à Oudinot, Friant et Durutte. En août 1804, Gudin remplace Durutte et, à la fin de la même année, Bisson prend la place d'Oudinot. La brigade de cavalerie du IIIe corps est initialement confiée à Vialannes. Avec cette grande unité sous ses ordres, le maréchal peut aborder avec confiance les campagnes qui s'annoncent.

Le temps des victoires :
Davout, un chef de corps comme les autres ?

Lors des premières campagnes de l'Empire (1805, 1806 et 1807), Napoléon répartit les forces principales de son armée de manœuvre entre ses maréchaux de confiance, placés sous son autorité directe : Ier corps pour Bernadotte, IIIe corps pour Davout, IVe pour Soult, V[e] pour Lannes et VIe pour Ney. La réserve de cavalerie va à Murat, la cavalerie de la Garde à Bessières. Berthier dirige le Grand Quartier Général. Seul Masséna en Italie est doté d'un commandement plus autonome à la tête des armées du royaume allié. C'est sans aucun doute parmi ces hommes qu'il faudra aller chercher le meilleur des maréchaux. En 1805, Davout se distingue par l'exceptionnelle marche forcée de 225 kilomètres qu'il impose à la division Friant et qui lui permet d'arriver sur le champ de bataille d'Austerlitz à temps pour défendre les villages sur lesquels s'appuie l'aile droite « refusée » de la Grande Armée.

L'année 1806 est celle de sa victoire en solitaire à Auerstaedt, le même jour que celle de Napoléon à Iéna. Cette bataille, de l'avis de tous les historiens militaires qui l'ont étudiée, constitue le plus formidable succès de Davout et de son IIIe corps. Opposés à la principale armée prussienne, ses hommes remportent ce jour-là une victoire complète à un contre trois. En 1807, Davout joue un rôle important sur l'aile droite au cours de la bataille d'Eylau. Il s'empare ensuite de Königsberg, mais ne participe pas la victoire de Friedland. Démontre-t-il pendant ces trois années brillantes des qualités que ne possèdent pas ses collègues ? Joue-t-il dans les schémas élaborés par Napoléon un rôle spécifique, lié à ses aptitudes particulières ? À Austerlitz, le rôle défensif confié à Davout est exécuté à la perfection. Il trouve son pendant dans la mission offensive confiée à Soult, qui s'en charge d'une manière tout aussi brillante. Dans la tourmente d'Eylau, Davout est plusieurs fois en difficulté avant d'être soulagé par l'arrivée en renfort de Ney. C'est finalement la charge conduite par Murat à la tête de quatre-vingts escadrons qui s'avère le fait d'armes le plus remarquable de la journée.

Le cas le plus compliqué à analyser est celui d'Auerstaedt. En ce 14 octobre 1806, comme à Iéna, mais dans des conditions plus extrêmes, Davout parvient à engager efficacement et de façon cohérente ses trois divisions d'infanterie et sa brigade de cavalerie, alors que son adversaire ne lui oppose que des attaques parcellaires, par paquets de régiments au fur et à mesure qu'ils débouchent sur le champ de bataille. La division Gudin, formée en carré, résiste aux salves et aux charges ennemies jusqu'à ce que Friant débouche sur le champ de bataille et contre-attaque sur sa droite, comme le fera plus tard Morand sur sa gauche. Mais avant d'en arriver là, c'est bien Napoléon qui décide de détacher quelques jours auparavant les corps de Davout et de Bernadotte en direction de Naumbourg et du défilé de Kösen, pour y bloquer la route de Leipzig aux Prussiens. Envoyer en avant le IIIe corps n'est pas le fruit du hasard, mais plutôt un moyen de limiter ses risques, sachant que cette grande unité d'élite sera capable de résister, le temps de lui envoyer du soutien, à n'importe quelle force adverse. Cela est d'autant plus vrai que le soutien de Bernadotte n'aurait normalement pas dû lui faire défaut. C'est bien Bernadotte qui jalouse Davout et qui, en jouant sa carte personnelle avec une certaine mesquinerie, lui rend plus difficile la tâche que l'Empereur lui a confiée. Napoléon a simplement choisi d'envoyer le bon général au bon endroit et au bon moment. Si Davout avait échoué, il aurait fallu blâmer également son maître... Davout ne bénéficie pendant cette période d'aucun traitement de faveur. Si l'Empereur apprécie en lui un officier intelligent et tenace, il le traite néanmoins comme un simple subordonné devant se plier sans discuter aux instructions impériales. Par exemple, lorsque Davout entre dans Vienne le 15 novembre 1805, « la surprise qui l'y attendait était désagréable. Napoléon lui-même lui enlevait une division d'infanterie pour la confier momentanément à Lannes », écrit Frédéric Hulot. Malgré l'ampleur des succès de la Grande Armée, ces trois campagnes sont en effet le théâtre de nombreuses jalousies et algarades entre les maréchaux. Davout sort de cette période avec une inimitié et une défiance promises à durer tant avec Bernadotte qu'avec Berthier. Il reproche notamment au premier son inaction au cours de la journée d'Auerstaedt et critique le second pour un manque de clarté et une mauvaise interprétation de certains des ordres de Napoléon.

Davout à la tête d'un corps d'armée renforcé

Après le traité de Tilsit qui scelle la paix avec la Russie, Davout devient gouverneur général du grand-duché de Varsovie, avant l'attribution de celui-ci au roi de Saxe. Il prend ensuite le commandement des troupes françaises en Allemagne (armée du Rhin). Alors que la guerre napoléonienne change d'ampleur avec les campagnes de 1809 sur le Danube et surtout de 1812 en Russie, Davout se voit confier tout d'abord un corps d'armée renforcé, avec quatre divisions d'infanterie au lieu de trois, et une brigade de cavalerie. Pour la campagne de Russie, la grande unité dont il prend la tête change de nom. Le maréchal commande en effet à cette occasion le Ier corps d'armée, la formation principale de la Grande Armée, avec cette fois cinq divisions d'infanterie et une division de cavalerie légère. Ses divisions comptent trois brigades au lieu de deux pour les campagnes précédentes, la 5e en comprend même quatre. Avec 67 000 hommes, le seul corps de Davout est de la taille de toute l'armée française présente à Austerlitz. Commander une formation de cette importance est plus qu'un symbole. Les autres corps de l'armée, comme le IIIe corps désormais attribué à Ney, ne comptent que trois divisions et ne dépassent que rarement les 40 000 hommes. Pour autant, et contrairement à Soult et Masséna envoyés en Espagne avec *de facto* une plus grande autonomie sur leur théâtre d'opérations, Davout demeure sous le contrôle direct de Napoléon. Par ailleurs, alors que la Grande Armée s'internationalise, il ne commande que des troupes françaises, recrutées parmi les plus aguerries. Son trio de généraux de division de 1805 reste au cœur de son dispositif : Friant, Morand et Gudin le servent avec excellence jusqu'à la mort du dernier, le 22 août 1812 à Smolensk. De 1809 à 1812, Napoléon lui confie donc le meilleur des outils.

Reprenons maintenant le fil des opérations. En 1809, Davout démontre son autorité avant même que ne commence la campagne. De son propre chef, il dirige le IIIe corps vers le Danube, affirmant dans son ordre du jour que « la guerre n'était pas déclarée, mais la campagne ouverte ». Commandant en chef des troupes françaises en Allemagne depuis octobre 1808, il se voit pourtant retirer cette responsabilité. Il est contraint de céder sa place à Berthier, chargé par Napoléon de le remplacer jusqu'à son arrivée sur le théâtre d'opérations. Néanmoins, Davout fait de nouveau la démonstration de ses talents tactiques et de son courage le 22 avril à Eckmühl. Dans la matinée, il attaque de front avec ses seules forces deux corps d'armée autrichiens, tout en sachant qu'il ne recevra pas de renforts avant midi. Avec 47 000 hommes, il fixe ainsi 77 000 Autrichiens, qui sont finalement débordés par Lannes dans l'après-midi et doivent, vaincus, amorcer une pénible retraite. Héros d'Eckmühl, Davout opère efficacement sur l'aile droite de la Grande Armée à Wagram, même si c'est la contre-offensive de Macdonald au centre qui se révèle décisive. Il est récompensé pour son rôle de premier plan pendant toute la campagne : Napoléon le fait prince d'Eckmühl, lui qui était déjà duc d'Auerstaedt depuis mars 1808. Ce nouvel honneur, si vite conféré, témoigne de l'importance donnée à ses faits d'armes.

Avec la paix, Davout redevient commandant de l'armée en Allemagne, puis du corps d'observation de l'Elbe.

La Russie comme révélateur des limites de Davout

Par son ampleur démesurée et son caractère dramatique, la campagne de Russie permet d'apprendre beaucoup sur l'art de la guerre tel que Davout le conçoit et le pratique. Nous l'avons vu, pour ces opérations qui débutent par la traversée du Niémen, les 23 et 24 juin, il est à la tête du corps principal de la Grande Armée. Pourtant, dès la prise de Vilna le 28 juin, Napoléon lui retire les divisions Morand, Friant et Gudin pour les placer sous ses ordres directs et les lancer à la poursuite de Bagration. Pour renforcer le Ier corps ainsi décapité, l'Empereur y rattache de la cavalerie : la division de cuirassiers de Valence et les corps de Grouchy et de Nansouty. Le maréchal n'apprécie guère ces réaffectations, lui qui mise depuis toujours sur la cohésion des unités placées sous ses ordres. La marche en avant des Français, à la poursuite des Russes qui se dérobent, est le théâtre de querelles incessantes entre Davout et Murat, à qui Napoléon a confié l'avant-garde. Davout fait néanmoins preuve de sa connaissance du métier de soldat. Économe du sang de ses hommes, sévère et inflexible, soucieux de l'approvisionnement, il s'oppose au roi de Naples, brave, téméraire, adulé par ses soldats, mais ne ménageant sans doute pas assez sa cavalerie au regard de l'immensité du théâtre d'opérations. Le 11 août, Napoléon lui rend enfin les divisions Friant, Gudin et Morand. Dans Smolensk conquise, Napoléon consulte ses maréchaux. Davout fait partie de ceux, majoritaires, qui conseillent de se contenter d'objectifs limités et d'organiser une seconde campagne au printemps suivant. L'Empereur passe outre, et préfère écouter la musique offensive de Murat.

Le 6 septembre, l'armée russe et l'armée française se font enfin face près du village de Borodino. La grande bataille, tant souhaitée par l'Empereur, est prévue pour le lendemain. Napoléon expose son plan qui repose sur une attaque frontale dans le but de fixer et de saigner à blanc l'armée ennemie pourtant solidement retranchée. Davout, déployé sur l'aile droite dont il a reconnu le terrain, propose, au contraire, de lancer un mouvement tournant pour envelopper l'aile gauche russe. Ce plan n'a rien d'original, il constitue même un des schémas classiques de la bataille napoléonienne. Napoléon ne change pourtant pas d'avis et lance sèchement à Davout : « Vous êtes toujours pour tourner l'ennemi. » On ne saura jamais si le plan de ce dernier – attaque de front combinée au mouvement tournant d'un corps placé en crochet sur la droite – aurait pu réussir ou bien s'il aurait précipité une nouvelle fois la retraite de l'armée russe. Quoi qu'il en soit, le vainqueur d'Auerstaedt apparaît en Russie comme plus prudent qu'il ne l'a jamais été. Napoléon pense d'ailleurs qu'il n'est plus l'homme qu'il a été et lui retire à nouveau deux divisions, celles de Morand et de Gérard, juste avant la bataille du 7 septembre qui tournera à la boucherie. Dès les premiers combats, Davout a un cheval tué sous lui, provoquant une chute très violente. La commotion lui fait sans doute perdre une partie de sa lucidité pour le reste de la journée.

Plus tard à Moscou, les soldats du Ier corps s'adonnent comme les autres au pillage, malgré les ordres d'un chef qui s'efforce, par ailleurs, de les équiper pour l'hiver qui approche. Au cours de la retraite, Davout fait preuve de courage et d'abnégation, mais il semble parfois dépassé par les événements effroyables et chaotiques qui engloutissent peu à peu la Grande Armée. Chargé d'assurer l'arrière-garde à partir du 31 octobre 1812, il doit livrer des combats terribles à Viazma le 3 novembre. Il est un moment coupé du reste de l'armée, mais sait profiter de la prudence excessive de Koutouzov, qui ne soutient pas son avant-garde, pour finalement s'échapper. Pourtant, comme l'explique Marie-Pierre Rey, « au lendemain de Viazma, loin de le féliciter pour le courage montré par ses troupes, Napoléon incrimine la "lenteur" de Davout et lui retire le commandement de l'arrière-garde pour le confier à Ney, sanction injuste qui le laisse profondément meurtri ». Le 5 décembre, quand Napoléon quitte l'armée pour regagner Paris, il laisse le commandement à Murat, ce qui désespère à nouveau Davout. Ce dernier ne reverra l'Empereur qu'en mars 1815… La Russie marque pour le prince maréchal la fin des illusions. Du premier rôle qui lui était promis, il est rentré dans le rang, en étant confronté à une campagne dont la démesure le dépassait. Davout n'a pu que constater son incapacité à peser sur les décisions de Napoléon et sur le cours de la campagne.

Davout, livré à lui-même sur un front secondaire

Pour diverses raisons, Davout ne participe pas aux campagnes qui mènent l'Empire vers sa chute. Après le désastre de Russie, il est nommé au commandement de la 32e division militaire, tout en retrouvant celui de son Ier corps. À la reprise des opérations, il réoccupe

Hambourg le 30 mai 1813. L'Empereur lui donne des consignes extrêmement rigoureuses, comme de procéder à des arrestations, et même à des exécutions, dans le but de ramener l'Allemagne du Nord dans le giron impérial. Le gouverneur à poigne se montre néanmoins plus mesuré en se contentant de prélever d'importantes contributions. Cela n'empêche pas la population de le surnommer le « terrible Davout » au regard de son administration rigoureuse et de son attitude envers les alliés allemands de la France qu'il traite plutôt durement. Le maréchal entreprend également de nombreux travaux de fortification pour défendre le port. Il se retrouve rapidement coupé de l'armée principale de Napoléon, qui combat en Saxe, et livré à lui-même. Le Ier corps devient le XIIIe corps, un changement symbolique de numérotation qui est loin d'être anodin, parce qu'il matérialise l'affectation de ses troupes à un théâtre d'opérations très secondaire. Renforcé par une division danoise, Davout manœuvre dans la région de la basse Elbe, mais les défaites françaises de Gross Beeren le 23 août et de Dennewitz le 6 septembre scellent l'échec des opérations visant à reconquérir Berlin et le condamnent à se replier dans la ville de Hambourg. Il dirige une défense héroïque de la place, qu'il n'évacuera que le 27 mai 1814, sur ordre formel de Louis XVIII, plus de deux mois après l'abdication de Napoléon. Il n'a donc participé ni à la campagne d'Allemagne de 1813 ni à celle de France en 1814.

Pendant les Cent-Jours, Davout se rallie sans hésiter à Napoléon, qui le nomme ministre de la Guerre. Il refuse le poste, estimant être plus à sa place à la tête d'un ou de plusieurs corps d'armée. L'Empereur insiste et justifie sa décision, tablant sur sa droiture et sur son expérience d'organisateur. Le maréchal s'acquitte efficacement de cette tâche titanesque, remettant sur pied un outil acceptable entre les mains de l'Empereur. Il ne pèse guère, en revanche, sur les opérations qui conduisent à Waterloo, si ce n'est dans le choix, qu'il appuie, de Soult pour diriger l'état-major. Ses préconisations – adopter une attitude défensive et reproduire avec plus de moyens la campagne de 1814 – ne sont pas adoptées par Napoléon. Le maréchal devient commandant en chef de l'armée française après la seconde abdication, le 22 juin 1815. Il dirige avec prudence les derniers combats de l'épopée impériale qui ont lieu du 30 juin au 3 juillet autour de Paris. S'il obtient le 1er juillet un beau succès à Rocquencourt, grâce aux cavaliers d'Exelmans, il manque sans doute une belle occasion en ne jetant pas toutes ses forces contre Blücher alors que ce dernier est séparé de Wellington par le cours de la Seine. Sans crier à la trahison, comme certains l'ont fait[2], il est clair que Davout considère alors la poursuite de la guerre comme sans objet. Il entreprend d'ailleurs rapidement les négociations qui aboutissent à l'arrêt des hostilités. Sa dernière responsabilité est d'organiser le repli de l'armée sur la Loire. Politiquement, il se fait berner par Fouché qui le pousse à convaincre Napoléon de quitter Paris, et il assiste impuissant au retour des Bourbons qu'il voulait pourtant empêcher à tout prix.

---

2. Jean Galtier-Boissière, dans *Tradition de la trahison chez les maréchaux*, l'accuse d'une « duplicité extrême » et affirme qu'« il livra la France, non pas aux Bourbons, mais aux Anglais et aux Prussiens ».

Le plus irréprochable des maréchaux

Davout n'est pas LE meilleur des vingt-six maréchaux du Premier Empire. D'abord, parce qu'il n'a jamais exercé de grand commandement indépendant, à la différence de Masséna et de Soult, en Italie, en Espagne ou au Portugal. Ce qui ne signifie pas qu'il soit dénué d'initiative, sa défense solitaire de Hambourg, en 1813, en fait foi. Son excellente réputation, il l'a gagnée durant les campagnes victorieuses des années 1805-1809. Aurait-elle résisté aux trois campagnes de la défaite (1813, 1814, 1815) auxquelles, rappelons-le, il n'a pas participé – du moins pas au cœur de l'action ? Napoléon, dont le jugement militaire vaut quelque chose, faisait de Soult, et non de Davout, le « plus grand manœuvrier d'Europe ». Pour autant, le Corse appréciait la sécurité qu'il lui apportait : c'est pourquoi, souvent, il le gardait près de lui avec de gros bataillons qui pouvaient, le moment venu, faire la différence. Davout apportait à l'Empereur un professionnalisme impeccable, la garantie que ses ordres seraient exécutés avec rigueur et vigueur. Il n'a jamais déçu. Même en infériorité numérique, Auerstaedt et Eckmühl sont là pour le rappeler avec éclat. On peut également mettre au crédit de Davout son choix de remarquables divisionnaires, avec qui il a su établir une précieuse relation de confiance, et son attention au maintien de l'excellence de sa troupe. Avec cet outil qu'il a forgé en bonne part, quand survient l'imprévu, il est toujours capable de « tenir » et d'offrir à Napoléon le temps dont il a besoin pour réagir.

Dans l'absolu, s'il est possible, sans grand risque, de déterminer le quatuor des meilleurs maréchaux de la

Grande Armée[3] – auquel il appartient, quelle que soit la mesure choisie –, il ne serait pas objectif de le « promouvoir » seul au sommet. Les contextes et les circonstances dans lesquels ces hommes ont combattu sont trop différents pour établir entre eux une hiérarchie de valeur incontestable. Dans le chaos des batailles impériales, Davout et ses hommes ont souvent été éclipsés par les charges folles de Murat, par le courage hors du commun de Ney ou par le panache de Lannes, qui s'est fait tuer au milieu de ses hommes. Ce vainqueur, efficace et déterminé, était un homme constant, discret, prudent : a-t-il jamais pensé qu'il était inégalable ?

Bibliographie sélective

Blin Arnaud, *Iéna, octobre 1806*, Paris, Perrin, 2003.
Haythornthwaite Philip, *Napoleon's Commanders*, Osprey, 2001.
Hulot Frédéric, *Le Maréchal Davout*, Paris, Pygmalion, 2003.
Linden Jean, « Davout, homme de devoir », *Revue du Souvenir napoléonien*, n° 303, 1979.
Reichel Daniel, *Davout et l'art de la guerre*, Centre d'Histoire, 1975.
Rey Marie-Pierre, *L'Effroyable Tragédie. Une nouvelle histoire de la campagne de Russie*, Paris, Flammarion, 2012.

3. Dans la plupart des jeux de guerre (*wargames*) qui englobent les guerres napoléoniennes dans leur ensemble, les maréchaux sont classés par groupes de valeur, sans qu'aucun ne se détache individuellement. Dans le jeu *War and Peace* (Avalon Hill Game) par exemple, Davout, Lannes, Masséna et Soult forment le groupe des quatre meilleurs maréchaux, dont sont exclus Murat et Ney, jugés moins complets dans leurs aptitudes.

11

La cavalerie charge au galop, sabre au clair !

par Patrick BOUHET

La charge de cavalerie est sûrement le geste tactique le plus représenté dans la peinture d'histoire et au cinéma[1]. L'image la plus commune est celle d'une troupe lancée au grand galop sur une longue distance, ventre à terre, armes brandies avant d'arriver au contact pour entrer dans une mêlée désordonnée, somme de combats individuels souvent tournoyants. Bien plus, le corps de cavalerie semble, dans cette imagerie héroïque

---

1. En la matière, le meilleur, très rare, et l'acceptable côtoient le pire, plus fréquent. La quantité ne faisant rien à l'affaire, la charge de hussards de la série de la BBC *Guerre et paix* diffusée à partir de 2016, réalisée par Tom Harper, montre ce que peut un minimum de soin apporté à la réalisation de ce type de scènes. La charge de la cavalerie française dans le film de Sergueï Bondartchouk (1970) *Waterloo* impressionne par l'importance des moyens mis en œuvre et le souci de réalisme malgré des erreurs et une charge au galop particulièrement longue. Enfin, dans la série de documentaires *Les Grandes Batailles du passé* par Henri de Turenne et Daniel Costelle, l'épisode consacré à Austerlitz (diffusé le 12 décembre 1974 à la télévision française) se conclut par une charge très instructive menée selon le règlement par un escadron de la Garde républicaine. Le seul regret est l'ajout fantaisiste, à la fin, de la sonnerie de la charge de la cavalerie américaine…

et conventionnelle, passer d'une formation de route à la charge sur un simple coup de trompette, c'est-à-dire sans aucune transition, sans reconnaissance ni mesure préparatoire. La réalité s'avère bien éloignée de cette représentation populaire : elle est plus procédurale, beaucoup plus lente ; elle laisse toute sa part à l'efficacité du groupe et la portion congrue à l'exploit individuel.

La charge selon le règlement

S'agissant de la période impériale, deux sources principales peuvent être utilisées pour avoir une idée plus précise du déroulement d'une charge ainsi que de l'ensemble des manœuvres d'une unité de cavalerie. La source officielle est l'ordonnance provisoire du 24 septembre 1803[2], basée sur le règlement de 1788 maintenu en vigueur pendant les guerres de la Révolution. L'autre est un ouvrage de souvenirs qui, en réalité, est bien plus que cela. En effet, le général de Brack[3], officier de cavalerie légère de la Garde, y livre en détail ses expériences pendant les guerres de l'Empire sous une forme didactique traitant de l'ensemble des opérations de la cavalerie, dont bien entendu la charge.

---

2. Ministère de la Guerre, « Ordonnance provisoire sur l'exercice et les manœuvres de la cavalerie ». La charge est particulièrement traitée dans la partie portant sur l'école du cavalier – article 315 –, le titre XI de trois pages de l'école de l'escadron, puis les six pages de l'article IV portant sur les manœuvres, et enfin au titre V sur les évolutions de ligne.

3. Brack, Antoine Fortuné de, général, *Avant-postes de cavalerie légère*. Le chapitre traitant des charges occupe les pages 252 à 267 de l'édition de 1831.

Les principaux éléments conditionnant l'efficacité de la charge sont, au moment attendu du choc, la cohésion de l'unité, ensuite seulement la vitesse : est donc d'emblée affirmée la primauté de l'action d'ensemble sur l'action individuelle. Cette supériorité acquise par la tactique sur la valeur du combattant est bien mise en avant par deux citations. La première est de l'Empereur, qui la formule ainsi en faisant référence à la campagne d'Égypte : « Deux mamelucks tenaient tête à trois Français… Mais cent cavaliers français ne craignaient pas cent mamelucks, trois cents étaient vainqueurs d'un pareil nombre ; mille en battaient quinze cents : tant est grande l'influence de la tactique, de l'ordre et des évolutions ! Les généraux de cavalerie, Murat, Leclerc, Lasalle, se présentaient aux mamelucks sur plusieurs lignes : lorsque ceux-ci étaient sur le point de déborder la première, la seconde se portait à son secours par la droite et par la gauche ; les mamelucks s'arrêtaient alors et convergeaient pour tourner les ailes de cette nouvelle ligne : c'était le moment qu'on saisissait pour les charger, ils étaient toujours rompus[4]. » La seconde citation vient de Wellington, le grand ennemi : « Je considérais qu'un escadron était égal à deux Français, je n'aimais pas voir quatre Britanniques opposés à quatre Français : et à mesure que le nombre augmentait et que l'ordre, bien sûr, devenait plus nécessaire, je n'étais pas disposé à risquer nos hommes sans avoir une supériorité en nombre[5]. »

---

4. Napoléon, *Mémoires*, *in* Bibliothèque historique et militaire, Paris, 1840, tome 6.

5. Cité *in* George Nafziger, *Imperial Bayonets* (voir bibliographie en fin d'article).

La charge représente en fait l'aboutissement d'une expertise technique et tactique plus globale. L'organisation des unités, les dispositions et les manœuvres doivent conduire aux configurations qui permettront de la mener dans des conditions favorables. L'ordonnance provisoire décrit dix-sept de ces manœuvres pour un régiment et autant d'évolutions de ligne pour plusieurs régiments, qui permettent de passer d'une formation à une autre : différents types de colonnes, de lignes, de passages de lignes… Si certaines manœuvres prévues restent trop complexes pour être réellement exécutées sur le terrain en situation de combat, la cavalerie a néanmoins augmenté par cette codification ses aptitudes à s'adapter aux circonstances.

La colonne est la formation de déplacement et d'attente. Plusieurs types de colonnes coexistent, dont l'emploi est conditionné soit par la situation tactique, soit par le terrain. Le régiment dispose ses quatre escadrons – environ 200 cavaliers chaque – les uns derrière les autres. Ils peuvent présenter un front plus ou moins large, donc être plus ou moins profonds. Les intervalles qui les séparent peuvent être aussi adaptés aux circonstances. Cette formation serrée permet à la cavalerie de traverser les lignes d'infanterie ou d'autres unités de cavalerie dans les intervalles prévus, sans désorganiser celles-ci. La formation en colonne peut également être utilisée pour charger l'infanterie quand le terrain ne permet pas le déploiement en ligne.

La ligne est le mode d'attaque par excellence. Les quatre escadrons du régiment (toujours sur deux rangs) sont alors alignés ou placés en échelons refusés. La charge se fait par lignes successives, soit pour prolonger le choc assené par la première ligne soit pour attaquer l'ennemi sur un flanc en le débordant. Durant la charge, l'objectif premier est le maintien de la cohésion : elle s'obtient à force d'entraînement et de discipline. Il n'est, bien entendu, pas possible d'imposer aux chevaux le pas cadencé de l'infanterie. L'ordonnance provisoire indique ainsi : « La charge étant à la guerre le mouvement décisif, et par conséquent le plus important, on ne peut trop y exercer les cavaliers. » Elle prescrit aussi de bien faire respecter chaque allure à tous les cavaliers et qu'ils ne passent au dernier degré de vitesse qu'au commandement « Chargez », toutefois sans laisser les chevaux « s'abandonner ». Le contrôle est fondamental et passe notamment, si cela est possible, par une reconnaissance préalable du terrain et la définition de points de direction pour orienter chaque unité pendant la charge. Puis l'on effectue une vérification des équipements, en particulier du harnachement : une selle qui se retourne peut être fatale à un cavalier. Tout cela ne plaide pas, bien entendu, pour une action immédiate et un passage sans transition du dispositif de marche à celui de combat sans impératif absolu.

La distance sur laquelle l'escadron est entraîné est de 360 pas. Les distances de charge sont les suivantes : après 50 premiers pas, les cavaliers font les 150 suivants au trot, puis 80 au galop avant que la charge ne soit sonnée. Ce n'est qu'à ce moment précis – il reste 80 pas avant le contact – que les cavaliers, qui ont déjà leur sabre en main, le dos de la lame posé contre l'épaule droite, le brandissent. Le premier rang le pointe vers l'ennemi, le second le tient bras tendu au-dessus de l'épaule. Sur ce point particulier, le général de Brack est en désaccord avec l'ordonnance de 1803. Il considère, en effet, que plus tard le sabre est pointé ou brandi, plus grand est l'effet sur l'adversaire, et plus grande la confiance du cavalier. Enfin, et peut-être surtout, ce dernier se fatigue moins avant le combat[6].

Au niveau du régiment, il n'est admis que trois manières de charger : perpendiculairement ou obliquement par rapport à la ligne ennemie, par échelons ou en colonnes. Dans tous ces cas, les distances de charge sont les mêmes, à peu de chose près. Le souci de la cohésion, de l'alignement et du contrôle est à nouveau réaffirmé. La distance à laquelle la charge débute est laissée à l'appréciation du commandant du régiment. Elle doit répondre à deux critères : éviter de trop fatiguer les chevaux tout en permettant de gagner l'impulsion nécessaire au choc. Donc, ni trop loin ni trop près. On s'efforce d'économiser la force musculaire, du cheval comme du cavalier, le tout au détriment de la recherche de la seule vitesse.

La partie consacrée à l'évolution dans l'ordonnance provisoire traite des mouvements, y compris de la charge de plusieurs régiments. Les fondements de ces manœuvres sont les mêmes que ceux décrits pour le régiment. Contre l'infanterie, ce sont plusieurs colonnes parallèles qui sont recommandées. Si deux lignes de cavalerie se soutiennent, la deuxième doit être suffisamment à l'écart pour pouvoir agir sans être gênée, y compris par un mouvement rétrograde désordonné de la première. Si l'on dispose de la supériorité numérique, c'est l'occasion de réserver des troupes pour attaquer l'adversaire de flanc, l'envelopper ou le poursuivre en cas de succès. Dans tous les cas, il est toujours rappelé

---

6. Des exemplaires de sabres de cavalerie légère du modèle an IX ou an XI de la collection de l'auteur affichent des poids situés entre 1 kg et 1,2 kg, sans le fourreau bien entendu.

que « les commandants des corps, les chefs et commandants d'escadron ne doivent jamais perdre de vue qu'un des avantages les plus réels dans un jour d'affaire est celui de maintenir l'ensemble des régiments et escadrons, et de les rallier au besoin le plus promptement possible, pour être toujours en état de faire face à l'ennemi, ou de combattre les nouvelles lignes qui pourraient se présenter ». Dans la doctrine française, conserver la cohérence des unités prime sur toute autre considération. D'ailleurs, une comparaison avec l'organisation des principales cavaleries de l'époque montre qu'elle compte parmi celles qui portent le plus fort intérêt au placement des officiers et sous-officiers, de façon à assurer un contrôle maximum de l'escadron sur son front mais aussi sur ses flancs et sur son arrière.

Un autre détail d'importance va à l'encontre de nombreuses représentations picturales ou cinématographiques : à la sonnerie de la charge, les officiers ralentissent pour que la croupe de leur cheval rentre dans le rang, faisant de ce fait reculer une file de la ligne. Dans le même ordre d'idées, les trompettes ne sont pas en première ligne, mais en arrière du centre de l'unité. Dans les deux cas, se placer en avant de la ligne aurait été suicidaire et n'aurait permis ni à l'officier ni au trompette de remplir leur rôle, de contrôle de l'unité pour le premier, de transmission des ordres pour le second, y compris après le contact avec les forces ennemies.

La cavalerie au combat

Un exemple souvent cité est celui du combat de Zehdenick, le 26 octobre 1806. La brigade de hussards

(5e et 7e régiments de hussards) du général Lasalle se retrouve face à des éléments de la cavalerie prussienne. L'action commence vers midi lorsque le chef d'escadron Méda, commandant l'avant-garde de la brigade, envoie soixante-quinze cavaliers à la poursuite d'éléments ennemis rencontrés dans sa progression. Le petit parti français est ramené par dix escadrons de hussards et de dragons prussiens (hussards de Schimmelpfenning et dragons de la Reine). Lasalle arrive alors avec le gros de ses forces et reprend l'avantage. Il ordonne de prendre la ville de Zehdenick et débouche dans une plaine sur laquelle se situe la route de Templin. Cette route est à ce moment-là empruntée par les troupes prussiennes en retraite après leurs défaites à Iéna et Auerstaedt, douze jours plus tôt. Les Français sont alors rejoints, il est 3 heures environ, par la division de dragons de Grouchy.

Lasalle décide de former ses deux régiments – à peine 300 sabres – en une ligne (escadrons sur deux rangs, soit une ligne d'environ 150 à 200 m de long pour les deux régiments) pour poursuivre sa progression. Les dragons de Grouchy servent de deuxième ligne et de réserve. Les cavaliers prussiens entendent continuer à retraiter. D'après les sources, ils sont environ 600. Ils peuvent donc déborder la première ligne française, dans les limites que leur offre le terrain qui forme un défilé. Dans son rapport daté du 27, Lasalle décrit la scène ainsi : « À 10 pas de l'ennemi sur lequel j'arrivais au pas avec 300 hussards au plus, je m'aperçus que l'ennemi faisait un mouvement pour charger ma troupe sur son flanc gauche ; je profitai de cet instant et ordonnai la charge de pied ferme. L'ennemi culbuté sur ses deux ailes se pressa pour rentrer dans le défilé et fut chargé pendant une lieue. » Les 5e et 7e hussards infligent de fortes pertes à la cavalerie prussienne. Mais à la sortie du bois où ils ont mené la poursuite, les hussards français, qui sont en désordre, sont à leur tour ramenés en arrière par de nouvelles troupes prussiennes et les restes des éléments rencontrés précédemment qui se sont réorganisés. La deuxième ligne française et la réserve, les dragons de Grouchy, rétablissent alors le combat au bénéfice de la cavalerie française.

Au moment de la charge, c'est la forte cohésion des deux régiments français de hussards qui a eu raison de leurs adversaires, pourtant plus nombreux. C'est justement parce que dans une charge lancée de près, à la française, l'impact psychologique est presque plus important que l'impact physique. Cependant, le terme « renverser », comme de nombreux autres termes qui ponctuent les récits de charges à toutes les époques, ne doit pas tromper sur la nature profonde du combat de cavalerie, surtout lorsqu'elle est opposée à une autre cavalerie. Comme le notent de nombreux témoins de l'époque puis le confirment les travaux d'Ardant du Picq par exemple, il est très rare que deux troupes s'abordent réellement et que se produise la mêlée désordonnée, longue et violente, que nous montrent les films. En réalité, l'unité prise en défaut, sur un flanc ou par surprise, fatiguée par des combats précédents ou encore moins solide moralement au moment de la charge, refuse le combat dans la majorité des cas. Et c'est souvent à l'occasion de son repli qu'elle subit le plus de pertes en tués, blessés et prisonniers[7].

---

7. Voir à ce sujet, par exemple, la description du combat de Liebertwolkwitz, livré le 14 octobre 1813, décrit en détail par Bruno Colson dans son ouvrage majeur sur la bataille de Leipzig.

Lorsqu'il s'agit d'attaquer de l'infanterie, c'est la charge par échelons qui est préconisée, car des « attaques menaçantes et successives inquiètent le soldat, et le conduiront même souvent à se dégarnir trop précipitamment de son feu ». Dans le cas où l'infanterie se forme en carré, c'est la colonne qui charge, chaque escadron suivant un autre escadron. L'espace entre eux doit être suffisamment important pour permettre des actions successives. Si la charge de l'escadron de tête ne permet pas de briser le carré, il se replie par la droite et la gauche afin de laisser la place au suivant. Si l'attaque est couronnée de succès, les escadrons exploitent la percée en se jetant sur leur droite et leur gauche pour achever la destruction de l'ennemi. Lorsque les angles des carrés ne sont pas couverts par de l'artillerie, c'est cet objectif qui est visé, car c'est là que le feu défensif s'avère le moins efficace.

Rompre un carré n'est pas une affaire facile. Chaque cavalier s'oppose à six fantassins, à leur feu et à leurs baïonnettes. Tant que cette ligne n'est pas rompue, le cavalier, à moins d'être équipé d'une lance ou de longer la ligne adverse par la gauche, ne peut faire usage de son sabre efficacement : c'est une question d'allonge. C'est le poitrail du cheval qui doit servir de bélier pour renverser les rangs ennemis. Mais l'animal ne s'empale pas docilement sur le mur de baïonnettes : il se cabre et s'arrête, sûrement retenu par son cavalier si celui-ci sent que les fantassins sont résolus à ne pas céder le passage. Car la première arme de la cavalerie reste le cheval[8] : c'est lui

8. Les chevaux destinés à la cavalerie sont âgés de 5 à 9 ans. Ce sont principalement des hongres et un tiers de juments au maximum. Ils mesurent entre 1,50 m au garrot pour la cavalerie légère

qui donne la vitesse d'impact, c'est lui qui impressionne, c'est sa masse multipliée par sa vitesse qui bouscule le groupe adverse s'il va jusqu'au bout de son mouvement de charge. Quelques secondes de plus ou de moins déterminent le succès ou l'échec.

Pour arrêter l'élan de la cavalerie, l'infanterie fait usage de son feu. Mais elle doit tirer d'assez près pour qu'un maximum de balles frappent les cibles avec une puissance d'arrêt suffisante. Les cavaliers et surtout les chevaux abattus formeront alors un nouvel obstacle pour les charges suivantes. Naturellement, un officier de cavalerie peut sacrifier une première ligne pour absorber le feu, tandis qu'une seconde va charger les fantassins occupés à recharger leurs armes : il faut pour cela vingt à trente secondes, pendant lesquelles les chevaux au galop parcourent 100 à 150 mètres.

Les exemples de carrés qui résistent à des charges de cavalerie, y compris en nette infériorité numérique, sont nombreux. À commencer par la campagne d'Égypte (1798-1799), au cours de laquelle les carrés français ont toujours tenu face aux charges des mamelucks. C'est aussi le cas à Auerstaedt en 1806, où les fantassins français restent fermes face à la cavalerie prussienne, ou encore à Wagram en 1809, lorsque l'infanterie autrichienne résiste aux attaques de la cavalerie lourde française en formant des colonnes « en masse ». C'est enfin Waterloo, où les carrés de l'armée alliée résistent

---

(chasseurs et hussards) et 1,56 m et plus pour la cavalerie lourde (cuirassiers et carabiniers). Les chevaux de selle français pour la cavalerie légère proviennent des Pyrénées, d'Auvergne, du Limousin, du Morvan, de Bretagne et des Ardennes. Ceux des dragons, de Normandie et de Lorraine, et enfin ceux de la cavalerie lourde d'Allemagne parce que aucune race nationale ne leur convient.

aux charges réitérées de la cavalerie de ligne et de la Garde.

Mais il suffit que les troupes soient moins bien entraînées, que leur moral soit bas ou encore que leur tir intervienne trop tôt ou trop tard pour que la charge réussisse à briser le carré. C'est ce qui arrive aux Français dans un exemple fameux, à Garcia Hernandès (ou Garcihernández), le lendemain de la bataille des Arapiles, en Espagne, le 23 juillet 1812. La division Foy assure la couverture de la retraite. La poursuite est assurée du côté britannique par les 1er et 2e régiments de dragons lourds d'origine allemande (principalement du Hanovre) de la *King's German Legion* (KGL). Les Français se forment en carré lorsque la cavalerie britannique arrive au contact et alors qu'ils sont privés de leur propre cavalerie, qui a été débordée. Le premier carré est formé par un bataillon du 76e de ligne. Un escadron de la KGL le charge afin d'éviter de recevoir son feu de flanc. Le tir de l'infanterie provoque des pertes dans les rangs de la cavalerie britannique. Néanmoins, celle-ci poursuit sa charge et reçoit une volée à bout portant. L'un des chevaux poursuit sa course bien qu'il ait été touché. Lui et son cavalier s'écrasent dans les rangs du carré français, ouvrant une brèche par laquelle s'engouffre le reste de l'unité. À cause d'un seul animal, une centaine de cavaliers réussissent à mettre en déroute plus de six cents fantassins. Malheureusement pour eux, les Français ont peut-être tiré quelques secondes trop tard, avec un résultat catastrophique. La suite des combats voit les formations du 6e léger être aussi malmenées, jusqu'à ce que les cavaliers britanniques, épuisés, soient arrêtés par la contenance et le feu d'un nouveau carré français du 69e de ligne. Les pertes françaises excèdent les 1 000 hommes tués, blessés ou prisonniers, celles des Britanniques ne dépassent pas 150. L'exploit des dragons de la KGL est plus l'exception que la règle : il est rare de voir un carré solide être ainsi anéanti.

Car la charge de cavalerie doit être comprise dans un ensemble beaucoup plus complexe que le simple duel entre deux unités, qu'elles soient de même nature (cavalerie contre cavalerie) ou de natures différentes (cavalerie contre infanterie ou artillerie). Le combat de l'époque napoléonienne est le plus souvent interarmes, surtout les jours de grande bataille. Ainsi, l'appui fourni par l'artillerie aux deux autres armes permet de créer un dilemme pour l'adversaire : si la formation massive de l'infanterie permet de résister à la cavalerie, elle peut devenir suicidaire quand l'artillerie s'en mêle. La coopération entre l'infanterie et la cavalerie est également améliorée grâce à un ordre de bataille qui ne répartit plus les deux armes de façon immuable, mais permet leur emploi concomitant ou simultané dans la même zone de combat. L'infanterie peut être soutenue par la cavalerie, puis ses succès immédiatement exploités. La cavalerie peut se réfugier à l'abri des feux de l'infanterie en cas de revers momentané.

Pour l'adversaire, cela implique de nouveaux dilemmes tactiques. La répartition des armes sur le terrain n'ayant plus pour effet de les opposer à leur *alter ego*, chacune doit s'adapter à l'ensemble des menaces représentées par les combinaisons possibles de la cavalerie, de l'infanterie et de l'artillerie adverses. Elles ont des capacités et des caractéristiques différentes, dont l'agencement permet d'obtenir une efficacité supérieure selon ce principe : le tout est supérieur à la somme de ses éléments. L'infanterie est l'arme la plus polyvalente, elle peut combattre sur tous les terrains, par le feu et le choc. Elle s'avère tout aussi efficace dans l'offensive que dans la défense. Elle peut se défendre seule, on l'a dit, contre les attaques d'une puissante cavalerie. Cette même infanterie se trouve, en revanche, sans défense face à une attaque mêlant deux armes ou, pire, les trois. La cavalerie est l'arme offensive par excellence qui n'agit que par le choc et par sa grande mobilité. Son feu est inefficace ou inexistant, et tous les terrains ne lui sont pas favorables. L'artillerie, enfin, n'agit que par le feu, sa capacité à mener le combat de mêlée étant nulle.

En fait, si la cavalerie française des guerres napoléoniennes n'est, et de loin, ni la mieux montée ni la plus douée pour l'art équestre, elle est souvent mieux conduite et manœuvre mieux (au moins jusqu'en 1813), y compris et surtout dans un environnement interarmes. Par ailleurs, sa capacité à conserver une réserve et à mieux contrôler son action – pour garder sa cohésion – lui offre souvent le succès contre des cavaleries de meilleure qualité technique, comme la cavalerie britannique. Ce monde de règlements, de mouvements lents, très techniques et très précis, est donc fort éloigné des charges effrénées et des mêlées chaotiques représentées dans les œuvres de fiction.

Bibliographie sélective

Ardant du Picq Charles, *Études sur le combat*, Paris, Hachette, 1880. Nombreuses rééditions depuis.

Brack général Antoine Fortuné de, *Avant-postes de cavalerie légère*, Paris, Anselin, 1831. Multiples rééditions depuis et jusqu'à nos jours.

Colson Bruno, *Leipzig, la bataille des nations (16-19 octobre 1813)*, Paris, Perrin, 2013.

Ministère de la Guerre, *Ordonnance provisoire sur l'exercice et les manœuvres de la cavalerie*, Paris, Magimel, 1804, 2 volumes (textes et planches).

Muir Rory, *Tactics and the Experience of Battle in the Age of Napoleon* (Tactiques et expérience de la bataille à l'époque de Napoléon), Londres, Yale University Press, 1998.

Nafziger George, *Imperial Bayonets. Tactics of the Napoleonic Battery, Battalion and Brigade as Found in Contemporary Regulations* (Tactiques napoléoniennes de la batterie, du bataillon et de la brigade telles que décrites dans les règlements contemporains), Londres, Greenhill Books, 1966.

Nosworthy Brent, *Battle Tactics of Napoleon and his Enemies* (Tactiques de combat de Napoléon et de ses ennemis), Londres, Constable, 1995.

Picard commandant L., *La Cavalerie dans les guerres de la Révolution et de l'Empire*, Paris, Teissèdre, 2000.

Smith Digby, *Charge! – Great Cavalry Charges of the Napoleonic Wars* (Chargez ! – Grandes charges de cavalerie des guerres napoléoniennes), Londres, Greenhill Books, 2003.

12

Napoléon recherche la bataille décisive

par Patrick BOUHET

Toute la stratégie de Napoléon aurait tendu à rechercher la bataille décisive. C'est ce que Clausewitz et quelques théoriciens soviétiques après lui ont semblé penser. Le fait que l'Empereur ait poursuivi ce type d'affrontement comme un Graal peut être parfaitement contesté du fait de la nature même du concept. Lui-même indiquait à Las Cases que ses batailles « ne pouvaient être jugées isolément. Elles n'avaient point unité de lieu, d'action, d'intention. Elles n'étaient jamais qu'une partie de très vastes combinaisons. Elles ne devraient donc être jugées que par leur résultat ».

Avant toute chose, donc, il est nécessaire de définir ce qu'est une bataille décisive. Dans la compréhension commune, elle est celle qui conclut une guerre en désignant un vainqueur incontestable en un moment unique et un lieu unique. C'est dans cet esprit que le stratégiste soviétique Isserson[1], dans les années 1930, décrit les opérations pendant la période napoléonienne :

---

1. Georgii Samoilovitch Isserson (1898-1976), général et stratégiste soviétique. Il a notamment écrit sur l'art opératif et les opérations dans la profondeur.

> La conduite de la guerre… consistait schématiquement en deux étapes fondamentales qui étaient loin d'être égales en portée et en durée. Ces étapes comprenaient une longue marche le long d'une ligne d'opération étendue, puis une courte bataille dans un lieu à l'étendue limitée à la fin de cette marche… [la] bataille à l'époque napoléonienne n'était qu'un seul point dans l'espace et un seul instant dans le temps. Cette époque de l'art militaire mérite d'être appelée « l'époque de la stratégie du point unique », car la tâche principale d'un commandant était de se concentrer avec toutes ses forces au bon moment et au bon endroit pour les engager dans une bataille qui équivalait à un phénomène tactique en un acte.

La bataille décisive : une construction intellectuelle ?

Cette vision est en lien direct avec certains écrits de Clausewitz qui, par exemple dans le livre IV de *De la guerre*, considère que « la destruction des forces armées de l'ennemi est le principe suprême de la guerre, et la voie principale vers le but pour tout ce qui concerne l'action positive; cette destruction des forces armées s'effectue principalement par l'engagement; seuls de grands engagements généraux produisent de grands résultats; c'est la fusion des engagements en une seule grande bataille qui donne les plus grands résultats; seules les batailles principales sont commandées par le général en chef, et il est naturel qu'il préfère en assumer la direction lui-même ». À qui pensait Clausewitz en écrivant ces lignes ? Sans aucun doute au Corse, tant Napoléon est derrière toutes les idées de Clausewitz, pour reprendre le jugement de Bruno Colson, un des biographes du général prussien.

Cette lecture *a posteriori* de la guerre napoléonienne nous semble imparfaite. Dans le cas d'Isserson, elle a été construite pour soutenir un argumentaire ayant pour principal objet de présenter une nouvelle théorie des opérations adaptée aux années qui suivent la Première Guerre mondiale; et certainement pas pour décrire la réalité historique des opérations militaires telles que les concevait Napoléon. Néanmoins, elle est symptomatique de la vision encore largement partagée d'une guerre centrée sur une seule bataille, dite décisive. L'analyse de Clausewitz, bien qu'incontestablement rationnelle et utile, ne peut être elle aussi qu'imparfaite. Ne disposant pas de l'ensemble des sources auxquelles nous pouvons aujourd'hui nous référer, il a principalement construit sa réflexion sur les apparences fournies par l'action elle-même, pas sur l'étude des intentions des acteurs et de Napoléon en particulier.

Or savoir si l'Empereur cherche la bataille décisive implique d'essayer de déterminer ce que ce concept peut représenter pour un militaire de son époque. La notion de bataille décisive est déjà présente, le plus souvent par défaut, dans les écrits du XVIIIe siècle. Comme l'indique et le regrette le maréchal de camp et théoricien François-Jean de Mesnil-Durand, par exemple, « l'on peut appeler décision la fin du tapage entre deux armées, qui se font grand mal réciproquement, et se retrouveront en présence deux jours après. [...] Lors même que la bataille a été plus décidée, souvent une des deux armées n'a eu d'autres marques de la victoire, sinon que l'ennemi lui a laissé le champ de bataille[2] ». Des auteurs antérieurs, comme le lieutenant général Antoine de Pas de Feuquière, écrivent que la bataille « décidant souvent du succès de toute la guerre, au moins et presque toujours de la campagne, elles ne doivent être données qu'avec nécessité et pour des raisons importantes ».

Ces citations portent essentiellement sur les aspects tactiques de la bataille, car le premier souci des penseurs militaires de la fin du XVIIIe siècle est de mettre fin au « blocage tactique », conséquence du privilège accordé à l'action par le feu au détriment du choc et de la manœuvre. L'accroissement de la force de destruction des armes à feu, qui sont devenues le moyen d'action de la majorité des troupes, à l'exception notable de la cavalerie, a conduit à limiter la forme des engagements. En effet, la ligne est favorisée parce qu'elle permet d'engager le maximum de moyens simultanément. Mais sa mobilité est limitée, elle conduit à préférer des terrains dégagés et surtout à opposer parallèlement des forces équivalentes qui se fusillent à courtes distances. C'est ce qui conduit aux résultats limités des engagements ou batailles majeures, malgré des pertes importantes dans les deux camps. La « décision » recherchée est, dans ce cas, essentiellement d'ordre opérationnel, nullement politique. Elle doit s'exprimer à travers des symboles de la victoire, au-delà du seul contrôle du champ de bataille. C'est ce que Clausewitz énumère dans son étude sur le combat en indiquant que « l'envergure d'une victoire dépend de la quantité de troupes contre

2. *Projet d'un ordre français en tactique, ou la Phalange coupée et doublée, soutenue par le mélange des armes, proposée comme système général...*, Paris, Boudet, 1755.

laquelle elle a été remportée, ainsi que de la grandeur des trophées, c'est-à-dire des canons capturés, des prisonniers, des bagages confisqués, des morts et des blessés. On ne peut donc pas remporter une grande victoire contre une petite unité[3] ».

À ces indices, il faut ajouter les drapeaux pris à l'ennemi qui, au-delà de leur valeur symbolique, démontrent le niveau de désorganisation voire de déliquescence de ses forces. Mais décisive au niveau tactique, une victoire sur le terrain peut n'avoir que peu de conséquences au niveau stratégique ou politique. Tout dépend de l'utilisation qui en est faite, et des effets réels produits sur l'adversaire.

La première conséquence d'une victoire est donc d'ordre purement militaire ; ensuite seulement, elle peut produire des résultats ou des potentialités dans d'autres domaines. C'est ce que Clausewitz a bien décrit s'agissant de l'importance de la bataille et de son caractère potentiellement critique. Car la taille des effectifs en jeu à l'époque, la capacité autant que la nécessité de les concentrer, peuvent rendre le résultat d'un unique engagement réellement décisif. Mais contrairement à ce qu'écrit Isserson, il ne s'agit souvent pas du seul engagement, même majeur, d'une campagne. Ce n'est pas au niveau d'un unique champ de bataille de quelques kilomètres de côté, mais bien au niveau global du théâtre, sur des distances de plusieurs centaines de kilomètres, que les Français prouvent sans cesse leur supériorité de 1805 à 1812 lorsqu'ils sont commandés directement par Napoléon. Ce changement d'échelle, qui est la vraie clé de la domination française, lui est fondamentalement dû,

3. *Théorie du combat*, Paris, Economica, 1998.

car il n'est plus un simple général mais simultanément un commandant en chef et un homme d'État. Son élévation permet *a priori* d'assurer une grande cohérence entre les aspects politiques et militaires de la conduite de la guerre, et donc de maximiser les effets de la bataille.

La bataille, outil de la stratégie napoléonienne

Pour Napoléon, la victoire ne dépend plus simplement du fait de savoir comment mener les troupes dans une bataille déclenchée au hasard des rencontres ou selon le bon vouloir des deux adversaires, comme c'était souvent le cas au XVIIIe siècle. Il s'agit d'obtenir la bataille dans les meilleures conditions et selon un plan construit à grande échelle. Il est terminé, le temps du questionnement tactique : les guerres de l'Empire ouvrent l'ère de l'« opératique », c'est-à-dire de l'art de conduire des opérations concomitantes ou successives cohérentes sur un théâtre donné en fonction des objectifs politiques définis selon une perception du conflit dans sa globalité. La bataille n'est plus qu'un écrou dans un Meccano gigantesque, ce qui n'empêche pas certains écrous d'être plus importants que d'autres.

L'élargissement de l'espace n'est pas tout : Napoléon contracte aussi le temps. Pour lui, la bataille n'est plus considérée comme une fin en soi, mais comme un moyen de raccourcir la durée d'une campagne et d'en tirer au plus vite un avantage stratégique ou politique. Pour obtenir ce résultat, il fait précéder les opérations par une reconnaissance minutieuse du théâtre jugé décisif, menée par des officiers ou par ses principaux collaborateurs sous anonymat. Il recueille d'autres renseignements grâce au travail des ambassades et des espions, de la lecture de la presse… Une « manœuvre » diplomatique est parallèlement mise en œuvre afin de reconnaître les amis des ennemis et de s'assurer des alliances ou neutralités éventuelles. Vient alors le temps des opérations elles-mêmes. Napoléon choisit souvent d'atteindre, par l'offensive, la capitale ou un point sensible des lignes de communication adverses. Il sait alors qu'en tenant ce point, il obtient un résultat politique et opérationnel majeur sinon décisif au sens strict du terme. Il provoque également un mouvement de l'ennemi pour lui barrer la route, ce qui lui évite de le chercher. Ce résultat est d'autant plus bénéfique s'il réussit à le surprendre par la vitesse et la profondeur de ses manœuvres. Il le déstabilise alors non seulement physiquement, mais aussi moralement avant même le début du combat principal. La bataille gagnée, la poursuite contribue à la destruction de la cohésion du reste des forces ennemies et à la prise de la capitale devenue sans défense. Pour autant, cela n'assure ni de la fin de la campagne, ni de celle de la guerre, comme le prouvent les prises de Vienne en 1805 et 1809, celle de Berlin en 1806, ou encore celle de Madrid à plusieurs reprises entre 1808 et 1813.

Pour conduire ce type d'opérations, Napoléon dispose, avec l'armée française appuyée par ses alliés, de l'outil indispensable qu'il a construit à partir non seulement des acquis de l'Ancien Régime et de la période révolutionnaire, mais aussi des améliorations et innovations qu'il favorise ou provoque[4]. L'outil disponible et

4. Création du corps d'armée pion tactique, opératif voire stratégique, amélioration des capacités de combat interarmes, amélioration

les conceptions de l'Empereur permettent d'obtenir des résultats décisifs lors de la bataille elle-même. Sans épouser totalement la description de la bataille type donnée par le général Camon, certains principes se dégagent pourtant. N'est engagé de prime abord que le nombre de corps d'armée strictement suffisant. Il s'agit avant tout d'un combat d'infanterie soutenu par de l'artillerie, où le feu prédomine, qui « use » les armées aux prises et les oblige à engager, au fur et à mesure, leurs réserves. Ce n'est plus une affaire de lignes parallèles comme au XVIIIe siècle : la bataille se livre dans la profondeur du dispositif des deux armées. La décision est emportée en deux temps. Par l'usure ou la manœuvre menaçante d'un corps détaché, on obtient d'abord un flottement dans les lignes adverses. Le secteur le plus vulnérable est alors choisi pour l'acte principal : l'artillerie des corps d'armée, renforcée de la réserve de l'armée, est organisée en une grande batterie qui prépare l'attaque principale, l'infanterie mène l'assaut et occupe le terrain, la cavalerie exploite la victoire et en amplifie le résultat en assurant la poursuite.

Le schéma qui précède n'est pas une panacée : Napoléon ne cherche pas à appliquer une recette. Il utilise plutôt un système complet, adaptable à toutes les situations et capable de répondre aux attaques tout en imposant son rythme et en créant la surprise. Le corps d'armée est idéal pour y parvenir. En copier le principe, comme l'Autriche, la Russie et la Prusse le feront respectivement en 1809, 1812 et 1812-1813, ne suffit cependant pas. Le secret de l'efficacité tactique du corps

---

du système d'état-major, spécialisation des unités de cavalerie entre bataille et renseignement et reconnaissance dans la profondeur.

repose dans son organisation, mais aussi dans la qualité de la coopération interarmes. Or les Français excellent dans ce domaine, ce qui leur permet de déstabiliser l'ennemi en lui posant toute une série de dilemmes tactiques. C'est ce qui explique pourquoi l'armée française, malgré son déclin qualitatif après 1812, reste jusqu'à Waterloo un adversaire redoutable et redouté.

1805-1815 : de la rareté de la bataille décisive

C'est ainsi que, si nous revenons à ce qui est communément appelé la « campagne de 1805 », l'objectif désigné à la Grande Armée n'est pas l'une des armées autrichiennes voire russes sur le théâtre principal mais Vienne. Le 23 août 1805, Napoléon écrit à ce sujet à Talleyrand : « … je cours au plus pressé : je lève le camp et je me retrouve avec 200 000 hommes en Allemagne et 25 000 dans le royaume de Naples. Je marche sur Vienne et ne pose les armes que je n'aie Naples et Venise et augmenter tellement les États de Bavière que je n'aie plus rien à craindre de l'Autriche. » Les opérations se déroulent du 29 août au 26 décembre 1805 et elles se concluent par la paix de Presbourg (Bratislava) signée entre la France et l'Autriche.

La première phase, du passage du Rhin par la Grande Armée, le 26 septembre, à la capitulation d'Ulm, le 20 octobre 1805, voit neuf engagements importants, qui provoquent l'attrition préalable de l'armée autrichienne[5]. La seconde phase, qui passe par la prise de

5. Donauwörth, Wertingen, Gunzburg, Haslach-Jungingen, Memmingen, Elchingen, Michelsberg, Nerenstetten, Neresheim.

Vienne, le 13 novembre, et se conclut par la bataille d'Austerlitz, le 2 décembre, compte dix rencontres supplémentaires[6]. C'est cet enchaînement qui conduit Napoléon à écrire que « la bataille d'Austerlitz n'est que le résultat du plan de campagne de Moravie. Dans un art aussi difficile que celui de la guerre, c'est souvent dans le *système de campagne* qu'on connaît le système d'une bataille[7] ». Bref, pas d'Austerlitz sans les dix-neuf rencontres et engagements qui précèdent. À cela, il faudrait même ajouter les opérations qui se déroulent parallèlement en Italie[8] ainsi que les opérations navales qui ne se limitent pas à la seule bataille de Trafalgar. Napoléon a tout cela en tête : il ne peut être obnubilé *ab initio* par la recherche d'une seule bataille décisive.

En fin de compte, l'analyse des événements de 1805 ne peut se limiter à cette seule victoire d'Austerlitz, qui ne constitue en rien un événement unique sur un lieu unique qui contiendrait à lui seul l'ensemble des opérations militaires et de leurs conséquences. Par ailleurs, nous l'avons dit, au début de la campagne, Napoléon ne vise pas principalement une ou plusieurs armées ennemies ; il veut prendre Vienne, qui conjugue un objectif politique et symbolique, tout en empêchant le regroupement des forces coalisées encore divisées. Ce n'est qu'après la prise de la ville qu'il est conduit à poursuivre

6. Reid, Lambach, Bodenbiehls, Amstetten, Steyer, Saint-Pölten, Mariazell, Dürnstein, Hollabrunn, Wischau.

7. *Relation officielle de la bataille d'Austerlitz présentée à l'Empereur Alexandre par le général Kutusow et observations d'un officier français*, s.l., s.d., 1806. Les observations sont considérées comme étant de Napoléon en personne.

8. Combats de Vérone, Caldiero, Castelfranco et du Tagliamento.

les opérations, parce que les Autrichiens et les Russes ne s'avouent toujours pas vaincus. Il faut alors Austerlitz pour amener l'Autriche à signer la paix. Cependant, si la bataille a un effet tactique et opérationnel indiscutable, ainsi que des conséquences politiques majeures en faisant sortir l'Autriche de la Coalition et en évitant l'entrée en guerre de la Prusse, elle n'est aucunement décisive en ce qui concerne la guerre dans sa globalité, notamment vis-à-vis du Royaume-Uni et de la Russie qui continuent le combat.

La campagne de 1809, bien que déclenchée dans les mêmes conditions générales, c'est-à-dire une offensive autrichienne menée notamment en Bavière, débute dans des conditions très différentes et plus difficiles. En 1805, Napoléon avait réussi à prendre très vite l'initiative des opérations grâce à la passivité de ses adversaires, qui étaient allés jusqu'à se laisser enfermer dans Ulm. En 1809, c'est une tout autre affaire, car il doit conquérir cette initiative de haute lutte en stoppant l'offensive conduite par l'archiduc Charles. Dès lors, le premier objectif ne peut plus être Vienne, mais les forces armées agissantes de l'ennemi. Néanmoins, en dépit des premiers succès de Landshut (21 avril) et d'Eckmühl (22 avril), l'armée autrichienne réussit à s'échapper. Napoléon décide alors de ne pas la poursuivre parce qu'il a deux marches de retard sur Charles et que la prise de Vienne (13 mai) présente plus d'avantages militaires et politiques : elle permet aussi de desserrer l'étau sur l'armée d'Italie, qui peut faire sa jonction avec l'armée d'Allemagne. Napoléon a donc à ce moment privilégié une option différente de celle de la recherche de la bataille décisive à tout prix.

Ensuite, à Essling (21-22 mai) puis à Wagram (6 juillet), les deux adversaires concentrent le maximum de forces disponibles sur le théâtre des opérations. Ni l'une ni l'autre des deux batailles n'est à nouveau décisive. À Essling, les Autrichiens ne parviennent pas à écraser l'armée française et l'inverse est aussi vrai à Wagram. Il faut le début de la poursuite et le combat de Znaïm (10-11 juillet)[9], ainsi que son isolement diplomatique et militaire pour amener l'Autriche à demander la paix.

De la même façon que pour la campagne de 1805, celle de 1809 ne s'est donc pas limitée à une unique grande rencontre : elle compte dix engagements d'importance, dont trois pour l'armée d'Italie et un en Pologne[10], tandis que les opérations se poursuivent notamment en Espagne et que le Royaume-Uni en lance une, amphibie, contre Walcheren en pensant profiter de la concentration des forces françaises face à l'Autriche. On le voit une fois de plus : non seulement il n'y a pas de bataille décisive véritable, mais il faut quantité de batailles et de combats pour arriver à un résultat qui n'est pas toujours… décisif.

Les campagnes menées de 1805 à 1813 se ressemblent à cet égard. Aucune bataille ne conduit à la fin de la guerre, mais plutôt à la fin d'une phase de celle-ci. Et c'est là qu'il faut chercher un caractère décisif au sens tactique et proprement militaire : l'un des belligérants, étant battu et ne pouvant poursuivre le combat, le

---

9. Celui-ci a lieu lorsque le corps de Marmont tente, sans succès, de couper la retraite de l'armée autrichienne après la bataille de Wagram. Rejoint par Napoléon et le corps de Masséna, il poursuit le combat à son avantage. Cela conduit à un armistice signé le 12 juillet 1809, puis au traité de Schönbrunn conclu le 14 octobre.

10. Sacile, Piave et Raab pour l'armée d'Italie, Raszyn pour la Pologne.

quitte momentanément. C'est le cas notamment pour l'Autriche, la Prusse et la Russie. Pour la France, en revanche, la situation est très différente : chaque victoire lui permet seulement de poursuivre le combat et doit être considérée comme un répit avant la prochaine campagne au cours de laquelle tous les acquis précédents peuvent être perdus.

En 1812, en revanche, Napoléon recherche bien une bataille décisive *a priori,* visant à ramener la Russie à la table des négociations, après la destruction d'une majeure partie de ses forces. Il ne s'agit pour lui ni de conquérir des territoires, ni même dans un premier temps de prendre les ou l'une des capitales ennemies[11]. D'ailleurs, Saint-Pétersbourg n'est jamais réellement visé que par des manœuvres secondaires conduites par les seuls corps de Macdonald et Oudinot. C'est le choix russe de ne pas accepter la bataille et d'échanger de l'espace contre du temps, ainsi que l'attrition des troupes de Napoléon, qui amènent l'armée des « vingt nations » à s'enfoncer de plus en plus vers l'est, jusqu'à atteindre Moscou (14 septembre). À cette occasion, la ville joue le même rôle d'aimant des principales forces des protagonistes. Pour des raisons essentiellement politiques et symboliques, Koutouzov, commandant en chef des armées du tsar, est obligé d'accepter la bataille afin de ne pas livrer la capitale historique sans défense préalable.

La Moskowa (Borodino pour les Russes – 7 septembre 1812) est une victoire française parce que l'adversaire abandonne le champ de bataille. Néanmoins, les symboles

11. Moscou est la capitale historique et symbolique; Saint-Pétersbourg, la capitale politique, administrative et économique.

de la victoire décrits par Clausewitz, qui lui-même participe à la bataille dans les rangs russes, sont singulièrement peu nombreux, bien que celle-ci ait été très chèrement acquise : environ 30000 tués et blessés pour l'armée impériale contre près de 45000 pour les Russes. Cette « victoire » se révèle tout aussi peu décisive que la prise de Moscou dans les jours qui suivent. Elle a affaibli la Grande Armée tant physiquement que moralement, et l'a conduite dans ce qui apparaît comme un piège logistique et sanitaire. Cela mènera à sa destruction par des forces russes en fin de compte tout aussi épuisées par les conditions climatiques et la pauvreté des approvisionnements. Néanmoins, la campagne – ne parlons même pas de bataille – de 1812 n'est décisive que rétrospectivement et compte tenu des événements qui surviennent en 1813 et 1814.

Pendant la campagne de 1813 en Allemagne, malgré leur ampleur, les batailles ne s'avèrent pas non plus réellement déterminantes, pas même celle de Leipzig, qui oppose pourtant plus de 500000 hommes, ce qui ne s'était jamais vu en Europe. L'Empereur et ses adversaires ont pourtant tous recherché la bataille décisive durant la campagne d'Allemagne, sans la trouver. Les moyens de l'armée française ne sont plus suffisants, en particulier la cavalerie détruite en Russie. Il ne lui est plus possible de transformer un avantage en action décisive grâce à une poursuite très active et puissante, par exemple à l'issue des batailles de Lützen (2 mai 1813) et Bautzen (20 et 21 mai 1813). À l'inverse, la résilience de Napoléon et de l'armée française ainsi que leurs qualités tactiques ne permettent pas aux coalisés de transformer les succès obtenus en victoire décisive. Car même après

Leipzig il faut une nouvelle campagne pour mettre fin aux combats.

En 1814, c'est la prise de Paris qui provoque la chute du régime et de Napoléon et non une bataille. Pourtant, les combats, aux résultats contrastés, ne manquent pas. Pour le seul théâtre du Nord-Est, celui où Napoléon commande en personne, nous pouvons compter près de trente batailles, combats ou sièges, dont quatorze se concluent par des victoires françaises, surtout tactiques. Si le déséquilibre des forces – plus d'un million de coalisés opposés à 600 000 Français et alliés – paraît insurmontable, en réalité, il n'est pas si différent de celui qui caractérisait déjà les opérations de 1813. La grande différence d'avec les campagnes précédentes tient à la disparition des principaux alliés allemands, mais aussi à la fragilité du « front intérieur ». La première abdication est autant le fruit de l'action des coalisés que de celle de l'opposition intérieure, personnifiée par Talleyrand, et de la perte du soutien de l'opinion publique fatiguée par les guerres incessantes, surtout depuis que les combats se déroulent sur le sol national et que le temps des victoires éclatantes semble être évanoui à jamais.

En 1815, le schéma classique se reproduit. L'objectif de l'offensive napoléonienne est Bruxelles. La prise de la ville doit, selon Napoléon, produire un effet politique suffisant pour déstabiliser la coalition qui s'oppose à lui. Militairement, l'effet recherché est obtenu : les armées alliées de Wellington et de Blücher s'opposent à son avancée sur la route de Bruxelles, ce qui crée les conditions d'une bataille décisive pouvant conduire à la destruction d'une portion significative des forces ennemies sur cette partie du théâtre des opérations, qui en réalité couvre l'ensemble des frontières françaises.

C'est alors qu'a lieu ce qui est sûrement la seule véritable bataille décisive de la période : Waterloo[12].

Dès lors que l'objectif affiché des Alliés devient la chute de Napoléon, avec le recul, seuls deux événements peuvent donc être considérés comme décisifs parce qu'ils ont décidé des deux abdications : la prise de Paris en 1814 et Waterloo en 1815. La mythique bataille décisive ne s'est, en résumé, réalisée que contre la France et jamais à son profit.

Napoléon à la recherche de la bataille décisive ?

Pour autant Napoléon cherche-t-il réellement « la » bataille à chaque fois qu'il entre en campagne ? La réponse est mitigée, car s'il entend obtenir une décision le plus rapidement possible, la victoire décisive est un moyen d'y parvenir, pas une fin en soi. Comme il l'indique dans une note écrite en 1794[13], « chaque armée doit faire un genre de guerre déterminé par : les considérations déduites de l'esprit général de la guerre ; les

---

12. Se pose alors la question des conditions nécessaires à une bataille décisive. Les divisions internes, l'épuisement des ressources, la fragilité du pouvoir politique et la masse des adversaires rendent définitif ce qui peut être vu comme le dernier coup porté à la base d'un géant aux pieds d'argile. La bataille dans ces conditions n'est pas réellement le fait générateur profond de la chute, mais un catalyseur qui exprime un état de fait préexistant.

13. « Note sur la position politique et militaire de nos armées de Piémont et d'Espagne du 19 juillet 1794 », *in* Jean Tulard, édition critique des *Œuvres littéraires et écrits militaires de Napoléon*, Paris, Bibliothèque des Introuvables, 2011.

considérations politiques qui en sont le développement; les considérations militaires ».

Les raisons de Napoléon de chercher à conduire des guerres « vives et courtes » – selon le mot de Frédéric II de Prusse – ne sont donc pas dogmatiques mais pratiques. Il sait qu'une guerre qui dure est coûteuse dans tous les domaines, notamment d'un point de vue humain : ce sont encore et toujours les maladies et les blessures diverses qui tuent plus que les combats eux-mêmes. Financièrement aussi, la France s'avère fragile et, à cet égard, la bataille d'Austerlitz évite sans aucun doute une grave crise dans ce domaine. Par ailleurs, la capacité de l'armée française à conduire deux campagnes majeures simultanément paraît douteuse. Certaines capacités sont en effet chichement comptées, comme la Garde, la cavalerie lourde ou la réserve d'artillerie, que Napoléon conserve dans sa main dans les opérations qu'il conduit, et qui ne seront que peu présentes sur des théâtres devenus secondaires comme l'Espagne ou l'Italie.

En termes de relations extérieures, l'Empereur veut, par des succès foudroyants, empêcher que ses adversaires se regroupent et agissent de conserve. Il y parvient totalement en 1805 et 1806, mais aussi, dans une certaine mesure, en 1807 et 1809. À partir de 1813, les alliances basculent, et les coalisés s'assurent mutuellement d'un soutien sans faille. Les armées françaises se retrouvent dès lors constamment en infériorité, notamment numérique, sur tous les théâtres, ce qui rend la chute inéluctable.

En termes de politique intérieure, Napoléon a bien jugé de la fragilité de son régime dès la campagne de 1800, qui se conclut en sa faveur par la victoire arrachée dans les derniers instants aux Autrichiens à Marengo[14]. Les rumeurs d'une défaite, voire d'une mort au combat, entraînent immanquablement des conséquences politiques et économiques comme on l'observe au moment d'Austerlitz, mais aussi lors de la campagne d'Espagne où il doit revenir d'urgence à Paris pour contrer les menées de Talleyrand et de Fouché tout en prévenant la prochaine offensive de l'Autriche. Même après la naissance de son fils en 1811, le complot manqué du général Malet montre que le régime est toujours aussi précaire. Son éloignement de Paris devient dès lors dangereux et problématique, comme le prouvent assez les conditions de la première abdication. Enfin, Napoléon offre de nombreuses ressemblances symboliques et politiques avec les empereurs romains. L'une d'elles est l'obligation de demeurer un souverain victorieux. Pour asseoir et conserver cette image, il se doit de gagner le plus vite et le plus complètement possible. Rien de tel qu'une victoire présentée comme décisive par la propagande pour couronner le front de l'Empereur des indispensables lauriers. Car, comme le fait dire Bourrienne au Premier consul dans les premières années de son gouvernement : « Mon pouvoir tient ma gloire et ma gloire aux victoires que j'ai remportées. Ma puissance tomberait si je ne lui donnais pas pour base encore de la gloire et des victoires nouvelles… »

---

14. Voir à ce sujet le chef-d'œuvre de Balzac, *Une ténébreuse affaire*, qui décrit cette situation dans un roman qui est à la fois policier et politique.

Bibliographie sélective

Béraud Stéphane, *La Révolution militaire napoléonienne,* tome 2 : *Les batailles*, Paris, Perrin, 2021.

Bonaparte Napoléon, *De la guerre*, Paris, Perrin, 2011. Présenté et annoté par Bruno Colson – citations et analyse de la pensée de Napoléon présentées selon le cadre et le plan de l'ouvrage éponyme de Carl von Clausewitz.

Bouhet Patrick, « Austerlitz en sa campagne », *in* Hervé Drévillon, Bertrand Fonck et Michel Roucaud (dir.), *Guerres et armées napoléoniennes. Nouveaux regards*, Paris, Nouveau Monde éditions, 2013.

Camon Hubert, *La Guerre napoléonienne. Systèmes d'opérations, théorie et technique*, Paris, Economica, 1997. Première édition en 1907.

—, *Quand et comment Napoléon a conçu son système de bataille ?*, Paris, Berger-Levrault, 1935.

Colin Jean, *L'Éducation militaire de Napoléon*, Paris, Teissèdre, 2001. Première édition en 1900.

Colson Bruno, *Clausewitz*, Paris, Perrin, 2016.

Isserson Georgii Samoilovitch, Brigade Commander, *The Evolution of Operational Art* (L'évolution de l'art opératif), Fort Leavenworth, Kansas, 2013. Traduction en anglais de *Evoliutsiia operativnogo iskusstva* paru en 1936 à Moscou.

13

Le Blocus continental ne pouvait pas marcher

par Pierre BRANDA

Les espérances étaient grandes. Avec le Blocus continental, Napoléon pensait tenir là l'arme ultime, celle qui lui permettrait sans combattre de vaincre son ennemi le plus acharné : l'Angleterre. À Eugène de Beauharnais, son beau-fils, vice-roi d'Italie, il donna cette consigne : « Guerre sans relâche aux marchandises anglaises ; c'est le meilleur moyen d'arriver à la paix. » Sur le papier, l'idée d'empêcher les Anglais de vendre sur le continent paraissait fort séduisante. Entraver leur commerce ne pourrait que gêner leurs finances, rendant à terme plus compliquée pour eux la poursuite de la guerre. C'était, semble-t-il, le talon d'Achille d'une puissance qui, malgré une population deux fois moins nombreuse que celle de l'Empire français (18 millions d'habitants contre 40 millions), était capable de dépenser autant et même davantage pour la guerre.

En 1806, les armées napoléoniennes devinrent hégémoniques sur le continent. Après l'Autriche, la Prusse était vaincue, la Russie trop éloignée. Tout le continent ou presque se trouvait sous la domination de l'Empereur.

Le moment semblait venu pour actionner l'arme fatale économique. À Berlin, le 21 novembre, le vainqueur d'Austerlitz signa son fameux décret mettant l'Angleterre en état de blocus. Sa volonté s'exprima à travers onze articles, interdisant tout commerce avec son plus vieil ennemi et surtout s'arrogeant le droit de saisir toute marchandise ou denrée provenant d'outre-Manche : « Le commerce des marchandises anglaises est défendu ; et toute marchandise appartenant à l'Angleterre, ou provenant de ses fabriques ou de ses colonies, est déclarée de bonne prise », disait par exemple l'article 5. D'après l'article suivant, il était dit que « la moitié du produit de la confiscation des marchandises et propriétés déclarées de bonne prise par les articles précédents, sera employée à indemniser les négociants des pertes qu'ils ont éprouvées par la prise des bâtiments de commerce qui ont été enlevés par les croisières anglaises ».

Par ces mesures, l'Empereur entendait cependant, on l'oublie souvent, répondre à une mesure du Cabinet britannique (les « ordres en Conseil ») prise quelques mois plus tôt, censée interdire tout trafic maritime à destination ou en partance des côtes sous autorité française, de l'Elbe à Brest. Pour les Anglais, il s'agissait de réduire les domaines conquis par Napoléon à une sorte de « désert » économique en privant notamment l'Europe des denrées coloniales. En somme, au blocus maritime imposé par la « perfide Albion », Napoléon répliqua par un blocus continental destiné donc à ruiner le commerce, le crédit et, par là, la puissance financière anglaise.

Avec le Blocus continental, l'économie française allait cependant être confrontée à une situation paradoxale. Les industriels avaient une opportunité historique de dominer le marché européen et, en premier lieu, le marché français. En revanche, les matières premières (coton, sucre, café, indigo et tabac) risquaient de cruellement manquer au point de compromettre l'expansion espérée. Cette nouvelle donne allait nécessairement modifier en profondeur les règles du jeu économique. Mais de quelle manière ? La réussite ou l'échec économique du Blocus continental dépendait, d'une part, de la capacité des entreprises françaises à dominer les marchés qui leur étaient promis, et, d'autre part, des réponses trouvées à la pénurie de matières premières.

La quadrature du cercle : se passer des importations extra-européennes

La rupture de la paix d'Amiens et le nouvel arrêt des relations commerciales franco-anglaises ne furent pas un handicap pour l'économie française, bien au contraire : « La France se couvrit d'une foule d'établissements industriels », note Chabert dans son monumental essai sur les revenus et l'activité économique de 1789 à 1820. L'industrialisation profita à plein du protectionnisme gouvernemental et de la reprise de la demande intérieure après les années très faibles de la Révolution. À titre d'exemple, les deux entreprises emblématiques du secteur du coton, Richard Lenoir et Oberkampf, connurent une expansion de l'ordre de 50 à 100 %. La manufacture Oberkampf sortit ainsi de ses ateliers plus de 1,7 million d'aunes[1] de toiles de coton imprimées (les fameuses toiles de Jouy) en 1805 contre à peine plus de 800000 deux ans plus tôt. Le développement économique « dos à la mer » français démarra donc plutôt bien. Le climat des affaires était, en outre, favorisé par un certain nombre d'autres facteurs : le développement des voies de communication, la stabilité politique, l'instauration d'une monnaie solide (le franc germinal), la régulation du crédit commercial grâce à la fondation de la Banque de France et une fiscalité très favorable, puisqu'il n'existait alors aucune contribution assise directement sur les produits de l'industrie. Au total, l'industrie française connut un développement sans précédent, comme en témoigne cette comparaison des chiffres industriels entre 1789 et 1812 :

	1789	**1812**
Production industrielle française (millions de francs)	931	1 820
Nombre de métiers textiles	7 825	17 074
Nombre d'ouvriers dans le textile	76 817	131 409
Nombre de pièces de laine fabriquées	324 440	1 240 971

Face au Blocus de Napoléon, le Cabinet britannique décida, par les ordres en Conseil du 11 novembre 1807, d'interdire à tout navire non britannique d'accoster en Europe. En réponse directe à ces mesures de rétorsion prises par l'Angleterre, Napoléon édicta le décret de Milan du 17 décembre 1807. Désormais, tout bateau ayant souffert la visite d'un bateau britannique ou ayant touché un port britannique est considéré comme

1. Unité de mesure qui équivaut à une longueur de 4 pieds, soit 130 cm environ.

un bateau anglais et donc susceptible d'être confisqué par les Douanes. La mesure fut étendue à tout bateau se réclamant des États-Unis par le décret du 17 avril 1808, ce pays ayant prohibé de son côté tout commerce avec l'Europe. Le Blocus continental fut donc très rapidement fatal au commerce dit « neutre » qui, sous couvert de pavillons des pays restés en dehors du conflit franco-anglais, Washington notamment, approvisionnait l'Europe en produits coloniaux.

Les denrées coloniales avaient fait la fortune des ports français de la façade atlantique (Nantes, Bordeaux, La Rochelle) sous l'Ancien Régime. Les insurrections d'esclaves à partir de 1791 et la guerre avec l'Angleterre mirent à mal ce juteux commerce. Néanmoins, ces villes avaient repris une certaine activité grâce aux échanges économiques avec les pays dits neutres, les États-Unis et le Danemark essentiellement. Avec les décrets de Milan interdisant pratiquement tout trafic maritime avec ces pays, l'activité portuaire s'effondra à nouveau à partir de 1808. On peut estimer que le trafic maritime fut divisé par cinq, ce qui montre l'ampleur du désastre. À la fin de l'Empire, la ville de Bordeaux comptait près de 12 000 indigents sur une population totale de 90 000 habitants. Les négociants ne furent pas les seuls victimes du blocus. L'arrêt du commerce maritime provoqua également de graves crises d'approvisionnement en matières premières. Pour illustrer les nouvelles difficultés de l'industrie française pour s'approvisionner en matières premières, la pénurie de coton brut assortie d'une forte hausse des prix entraîna une crise grave dès 1807. En quelques mois, 40 % des fileurs et tisserands travaillant dans l'industrie parisienne du coton furent mis au chômage.

L'économie devait donc trouver d'urgence des succédanés aux produits coloniaux sous peine d'être sans cesse en proie à des crises d'approvisionnement. En dehors du coton, toutes les denrées coloniales faisaient défaut : le sucre, le café, l'indigo ou le tabac. L'agriculture française pouvait peut-être sauver l'industrie. Pour remplacer le coton, Napoléon s'intéressa de près au développement de la production de laine. Il fallait doubler, tripler ou même décupler le cheptel ovin pour que la laine puisse remplacer le coton. Seulement la France devait aussi développer le nombre des chevaux pour l'armée et il n'était pas possible de réduire les cheptels bovins et porcins en raison de l'augmentation de la consommation de viande dans les villes. Les pâturages n'étant pas extensibles à l'infini, la paysannerie française resta très réticente aux introductions de mérinos en provenance d'Espagne ou d'ailleurs. Néanmoins, par rapport à 1797, leur nombre doubla en 1813, passant de 2 à 4 millions. Dans le même temps, plus de 1,2 million de pièces de tissus en laine sortirent des manufactures françaises en 1812, contre moins de 325 000 en 1789. Du point de vue des teintures, on obtint quelques succès. Grâce aux efforts des chimistes français, Charles de Laysterie notamment, l'introduction du pastel permit d'obtenir des nuances de bleu qui n'avaient rien à envier à l'indigo. On tenta de remplacer le café par la chicorée. Mais à cause du peu de cultures et de l'insuccès commercial de cette nouvelle denrée, l'essai tourna court.

Autre culture promise à un grand avenir : la betterave à sucre. Dès le Consulat, Napoléon se préoccupa de trouver une autre source d'approvisionnement que le sucre de canne, devenu très rare dès 1803 à cause de la perte progressive de nos colonies. Le savant Chaptal[2] lança des études, et Napoléon fit planter des betteraves dans la plaine Saint-Denis avant 1806. Avec le Blocus, la question devint encore plus cruciale. L'État encouragea donc toutes les initiatives. Ce fut l'entrepreneur Delessert qui parvint à raffiner dans son usine de Passy des pains de sucre tout à fait acceptables. Fort heureux de cette nouvelle, Napoléon se déplaça en personne pour lui remettre la Légion d'honneur. Mais, pour qu'il y ait une production suffisante, fallait-il encore que la culture de la betterave connaisse une extension considérable. Un premier décret du 25 mars 1809 avait prescrit de mettre 32 000 hectares en culture de betteraves, puis le décret du 15 janvier 1812 avait porté ce chiffre à 100 000. Là encore, le résultat ne fut pas à la hauteur des espérances : à la fin 1812, à peine 6785 hectares avaient été plantés. Comme pour la laine, la capacité d'adaptation de l'agriculture française était bien trop lente, en dépit des décrets impériaux, par rapport aux nécessités économiques nées du Blocus.

En outre, en voulant dominer l'économie européenne, Napoléon joua avec le feu. Porter atteinte aux circuits économiques ne pouvait qu'entraîner des répercussions néfastes. La crise de 1810-1811 en fut la meilleure illustration. Commencée au printemps 1810, celle-ci déferla sur toute l'Europe comme une lame de fond et connut son apogée début 1811. Cette année-là, on compta rien

2. Jean-Antoine Chaptal (1756-1832), chimiste et ministre de l'Intérieur sous le Consulat, fut à l'origine de plusieurs inventions (fabrication artificielle de salpêtre, nouveaux ciments) ou de perfectionnements, comme le célèbre procédé de vinification qui porte son nom.

qu'à Paris soixante et une faillites en janvier, et le même chiffre le mois suivant. Il n'y eut pas que les grosses entreprises comme celle du négociant textile à Paris Bidermann qui furent touchées. L'artisanat connut également un sévère ralentissement des affaires : à Paris, 1400 entreprises textiles sur 1700 cessèrent le travail, et près de 40 % des ouvriers furent au chômage. La mendicité monta en flèche également en province, où les filatures de coton, les entreprises de soierie ou encore les forges furent durement touchées. Le Blocus continental avait certes éliminé un concurrent pour l'industrie française, mais il avait aussi renchéri le coût des matières premières comme le coton ou des denrées coloniales comme le sucre. Tous les marchands européens étaient obligés pour s'en procurer soit de recourir à une contrebande risquée et coûteuse, soit de les acheter à un prix prohibitif au tarif de Trianon. Ensuite, la plupart d'entre eux se virent fermer l'accès à des marchés habituels comme l'Italie, la Hollande, l'Espagne ou les pays du Levant, au profit de l'industrie française. Les pays du nord de l'Europe furent donc profondément affectés par ces mesures tandis que, dans le même temps, Napoléon pressurait ces pays par des contributions destinées à financer ses armées. Il n'était pas possible d'inonder l'Europe de produits français tout en lui fermant la plupart de ses débouchés, en la privant de ses anciennes sources d'approvisionnement tout en « pompant » son économie pour les besoins des armées napoléoniennes.

Des frontières peu étanches

Tandis que le continent souffrait du manque de denrées coloniales, dans le même temps, chaque mesure édictée par Napoléon pour renforcer le Blocus continental ou pour mieux contrôler les flux de marchandises fut contournée par la contrebande. Dès 1807, les Anglais installèrent aux portes du continent des entrepôts à Malte, pour l'Europe du Sud, et à Helgoland, une petite île en face du Danemark, pour l'Europe du Nord. Les marchandises n'avaient plus qu'à y attendre qu'une frontière de l'Empire devienne plus « perméable » pour s'y introduire. Le développement de ces entrepôts fut considérable : « L'île [d'Helgoland] regorge de denrées, au point qu'on les entrepose en plein air. La spéculation sur les terrains à bâtir n'arrive pas à répondre à la demande, et les loyers montent sans cesse », récapitule l'historienne Silvia Margazalli. Les négociants britanniques firent ainsi preuve d'une incroyable réactivité. Chaque fois que s'entrouvrait une « brèche » dans le système continental, une « armée » de marchands britanniques s'installait à proximité, ouvrant comptoirs, entrepôts, et affrétant des navires. Quand les accès du continent étaient en principe fermés par la douane, de véritables filières spécialisées parvenaient à passer à travers les mailles du filet, bien lâches au demeurant. Il existait ainsi des contrebandiers dont la mission était de franchir les cours d'eau, d'autres qui s'occupaient du transport entre les lignes de douane et d'autres encore qui convoyaient les marchandises jusqu'à l'acheteur final. Pour couronner le tout, ce commerce parallèle possédait même ses « assureurs », dont les commissions variaient de 8 à 25 % selon les années et les destinations. Ce taux de garantie des marchandises en cas de saisie permettait d'ailleurs aux douaniers d'étalonner leur efficacité.

À partir des dépendances anglaises, des quantités de petites embarcations arrivaient à accoster en fraude. Puis, pour acheminer les marchandises en fraude à l'intérieur de l'Empire français, les contrebandiers ne manquaient pas d'imagination. À Hambourg, les voitures qui charriaient le sable pour les routes étaient souvent remplies de sucre. Malgré leurs contrôles, les douaniers n'y voyaient que du feu. Le ministre de France dans cette ville, l'ancien secrétaire de Napoléon Bourrienne, fut témoin de scènes plutôt cocasses : « Voilà qu'on voit passer, plus souvent que de coutume, des corbillards avec les ornements, les décorations, les cérémonies, les chants funèbres et le recueillement d'usage. Étonnés de l'extrême et soudaine mortalité des Hambourgherbers, les douaniers se hasardent enfin à voir de près un des défunts, et ils découvrent sucre, café, vanille, indigo, etc. Ce fut encore un moyen auquel il fallut renoncer mais on en trouva d'autres. »

Après la mort du maréchal Lannes en 1809, un faux convoi funéraire fut également organisé. Les douaniers découvrirent la supercherie seulement au passage du second convoi, le vrai celui-là. Les trafics en tout genre se multiplièrent ainsi aux quatre coins de l'Empire. Un grand nombre de fraudes furent réalisées grâce aux faux papiers. Puisque la prohibition portait, de 1806 à 1810, sur la nationalité de la cargaison, il suffisait d'en masquer l'origine et d'établir de faux certificats. Ainsi, le coton n'était plus anglais mais suédois, danois, russe ou tunisien. La contrebande prospéra à grande échelle grâce à la corruption de l'administration. À commencer, comme il se doit, par les plus hauts niveaux de l'État. Le ministre Bourrienne, par exemple, ne se contenta pas seulement d'observer d'un œil amusé les pratiques de la contrebande, mais la favorisa aussi abondamment. Dès son installation à Hambourg en 1807, il mit en place un « tarif » entre 0,25 et 0,5 % de la valeur des marchandises admises en fraude en échange de la délivrance d'un faux passeport revêtu de sa propre signature attestant de l'origine non britannique des marchandises. Munis d'un tel sauf-conduit, les produits interdits pouvaient à loisir se répandre dans tout l'Empire, aucun douanier ne pouvant mettre en doute l'autorité d'un tel personnage. Mais la corruption ne concerna pas seulement les hautes sphères des administrations napoléoniennes. Elle fut bien plus diffuse. Le salaire des douaniers, environ 500 francs par an (soit environ 20 000 euros), était trop faible pour qu'ils résistent à la tentation. Aux quatre coins de l'Empire, les exemples de concussion furent nombreux et, compte tenu du caractère secret de ces passe-droits, aucune estimation fiable ne pourra jamais en être dressée. En outre, même si Napoléon augmenta les effectifs des douaniers de 22 803 en 1806 à près de 35 000 en 1813, leur nombre resta largement insuffisant. Le combat était donc inégal, aussi bien numériquement (des centaines de milliers d'individus contre quelques milliers de douaniers) que financièrement.

Dans les « royaumes frères » gouvernés par les Bonaparte, la situation était plus compliquée encore. En Hollande, par exemple, où régnait l'un des frères de Napoléon, Louis, le blocus ne fut que très partiellement appliqué. Après quelques mesures de rigueur prises en 1808, Louis fut contraint de faire marche arrière. Le 31 mars 1809, il rouvrit les ports et autorisa à nouveau les exportations. Tout le monde savait, le roi également, que toutes les marchandises débarquées provenaient d'Angleterre. Cette entorse au blocus fâcha Napoléon au plus haut point. Pour mettre fin à cette situation, il pensa même un moment envahir militairement le royaume de son propre frère, vis-à-vis duquel il avait perdu toute confiance. Un an plus tard, il le fit d'ailleurs abdiquer et rattacha la Hollande à son Empire. Pour faire respecter son blocus, l'empereur des Français devint de plus en plus autoritaire, quitte à fâcher les peuples européens comme leurs dirigeants ou à glisser vers la guerre contre d'anciens alliés, certes de circonstance, comme la Russie, avec les conséquences que l'on sait. Sa dangereuse intransigeance contrastait par ailleurs avec ses propres actes en matière de commerce maritime.

Napoléon contrebandier de son propre blocus

Les décrets de Berlin et de Milan furent donc particulièrement mis à mal à la fois par les frontières « poreuses » de l'Empire comme de ses alliés et par la diffusion intense de faux papiers. Dans le même temps, côté français, les bateaux pourrissaient littéralement dans les ports, car bien entendu la marine anglaise bloquait toute sortie. Mais il y avait pire encore pour Napoléon. Le Blocus continental fit chuter les recettes des Douanes de plus de 50 % en 1808 et 1809. Pour cette dernière année, les droits dits « ordinaires » se fixèrent au faible chiffre de 11 millions de francs. Le protectionnisme porté à outrance, dans la prohibition des marchandises et les encouragements à l'exportation des produits français grâce à la baisse des droits sur ceux-ci, abaissa les recettes douanières à un niveau jamais atteint même sous la Révolution. Cette politique était sur le point de tarir l'une des principales ressources de l'État.

L'échec du Blocus était donc triple : l'économie française souffrait, les marchandises britanniques circulaient en fraude et l'État impérial perdait d'importantes recettes fiscales. D'une manière ou d'une autre, Napoléon allait donc être contraint de déroger à ses propres règles d'interdiction en réintroduisant dans l'économie une partie des marchandises prohibées, mais sous son seul contrôle et pour le profit exclusif du Trésor public. Le contournement officiel du Blocus par l'Empereur lui-même débuta en 1809. Une circulaire confidentielle autorisa dès le 14 avril de manière exceptionnelle et secrète les préfets des régions maritimes à délivrer des licences d'exportation et d'importation. Celles-ci étaient réservées aux maisons ayant « toujours manifesté leur attachement à la personne de S.M. et leur éloignement pour toute pratique criminelle avec les ennemis de l'État ». Contre le versement d'une prime d'une valeur de 600 à 800 francs, les négociants choisis par le préfet pouvaient au cas par cas exporter du vin, de l'eau-de-vie et, dans un deuxième temps, des céréales et d'autres produits agricoles en échange de fournitures navales, métaux et numéraires. La mesure permettait à la France d'écouler ses surplus agricoles et de se réapprovisionner en produits qui lui faisaient défaut. Officiellement, il n'était pas question que les bateaux se rendent en Angleterre et encore moins que l'on importe des produits manufacturés britanniques.

Mais cette interdiction resta largement théorique. En réalité, plusieurs bateaux se dirigèrent bel et bien vers les ports de la « perfide Albion ». Les rapports adressés à Napoléon à ce sujet furent sans ambiguïté : « La destination n'est pas généralement indiquée sur le tableau [qui présentait l'état de la distribution des licences] [...] Un petit nombre a dû faire voile vers l'Angleterre. » En outre, il était fort probable que les navires qui avaient relâché dans les ports de l'Europe du Nord commerçaient en fait avec les Britanniques. D'une manière générale, on ferma les yeux sur les itinéraires empruntés par les négociants. « Les licences ne limitent et n'indiquent pas les parages que les navires pourront fréquenter. Il n'y a aucune recherche à faire à cet égard », écrivit ainsi le ministre de l'Intérieur à son collègue des Relations extérieures à propos de la frégate *La Fortuna* partie de Bordeaux et saisie au Danemark après un arrêt dans un port britannique. Les négociants n'étaient inquiétés que s'ils avaient ramené des produits manufacturés anglais. Pour les matières premières, en revanche, ils ne risquaient rien, car il était impossible pour un douanier d'en connaître l'origine.

L'Empereur ne pouvait naturellement pas ignorer que son système de licences constituait une entorse de taille à son propre blocus. Du côté de Londres, la même hypocrisie régnait. Le pays faisant face à une récolte céréalière déficitaire, les licences napoléoniennes tombèrent à pic pour l'économie britannique. À partir de septembre 1809, le Cabinet anglais autorisa même certaines importations françaises en délivrant ses propres licences contre le versement d'une somme de 300 francs. Très prisées, les licences britanniques firent même l'objet d'une intense spéculation, puisque certaines furent revendues jusqu'à 1 200 francs. À partir de 1809, la France exporta donc à nouveau vers l'Angleterre des eaux-de-vie, des fruits, des légumes, des grains ou du sel, et importa en provenance de ce pays du bois, du chanvre, du fer ou du quinquina. Les décrets des 4 décembre 1809 et 14 février 1810 étendirent cette mesure à d'autres produits (huiles, tissus, fer ou coton) et en augmentèrent le nombre.

Au total, on recensa 350 licences de ce type ayant permis d'exporter pour 10 millions de francs et d'importer pour 6 millions de francs en 1809. Rapporté aux volumes du commerce extérieur (340 millions à l'exportation et 357 millions à l'importation cette année-là), le début du système des licences fut certes assez modeste. Mais du point de vue des principes, c'était un formidable aveu d'échec. Recourir aux licences d'exportation revenait à admettre de fait l'impossibilité d'un blocus total. Et surtout, ces entorses n'étaient qu'un début. L'année suivante, le décret de Trianon du 5 août 1810 autorisa l'entrée de marchandises américaines ou de produits en provenance des colonies contre versement d'importantes taxes à l'importation, et des licences « nouveau système » furent instaurées par les décrets de Saint-Cloud du 3 et du 25 juillet 1810. Avec une telle politique, si le Blocus complet était officiellement fini, au moins l'État napoléonien put compter sur d'importantes recettes douanières, ce qui permit en partie de financer le conflit avec la Russie.

Deux simples chiffres illustrent le « fiasco » du Blocus continental : en 1805, les exportations totales de la Grande-Bretagne étaient estimées à 51 millions de livres sterling; entre 1806 et 1811 (pendant la période en principe la plus « efficace » du Blocus), la moyenne de ces exportations tourna autour des... 54 millions de livres ! Loin de s'effondrer, le commerce extérieur britannique connut ainsi globalement une légère croissance après les décrets de Berlin et de Milan. En revanche, en privilégiant l'expansion « dos à la mer », l'économie française devint fortement dépendante de la conjoncture économique continentale. Si, d'aventure, celle-ci n'était pas bonne, l'Empire français, privé de ses débouchés extra-européens, se trouvait immanquablement fragilisé. L'organisation rationnelle de l'économie européenne voulue par Napoléon était donc une impasse qui, pire, se retourna contre lui dès les premiers revers. D'autant plus que sa politique économique coercitive visait à restreindre les capacités productives de certains pays européens, l'Italie notamment, d'où leur manque de moyens pour acheter autant de produits français que le souhaitait Napoléon. Enfin, la production française était de toute façon insuffisante pour satisfaire tous les besoins économiques du Vieux Continent.

Sans que l'on en prenne tout à fait conscience, l'Europe continentale était devenue dépendante de ses échanges avec le reste du monde, l'Angleterre mais surtout les colonies américaines et les États-Unis. Le système des licences ou des permis décrétés par Napoléon prouve qu'il n'était pas possible de continuer dans la voie d'une fermeture absolue, même si certaines nouvelles cultures (le sucre de betterave, notamment) commençaient à connaître quelques succès. Dès lors, toute puissance continentale voulant se mesurer à l'Angleterre courait désormais le risque d'être isolée économiquement et donc d'en payer rapidement le prix. La dépendance européenne ne faisant que s'amplifier, cette règle se vérifia ensuite au XXe siècle lors des deux conflits mondiaux. Les blocus imposés aux Empires centraux entre 1914 et 1918 et celui subi par le IIIe Reich de 1939 à 1945 compromirent sérieusement les chances de succès de ces deux belligérants. On peut même estimer qu'à cause de leur isolement, ces derniers avaient quasiment perdu la guerre avant même de l'avoir commencée.

Bibliographie sélective

Branda Pierre (dir.), *L'Économie selon Napoléon*, Paris, Éditions Vendémiaire, 2016.

Chabert, *Essai sur les mouvements des revenus et de l'activité économique en France de 1789 à 1820*, Paris, Librairie de Médicis, 1949.

Crouzet François, *L'Économie britannique et le blocus continental*, Paris, Economica, 1988.

Margazalli Silvia, *Les Boulevards de la fraude. Le négoce maritime et le blocus continental (1806-1813)*, Lille, Septentrion, 1999.

14

La guerre napoléonienne préfigure la Première Guerre mondiale par sa brutalité

par Stéphane BÉRAUD

Le terme de « brutalisation » renvoie à la thèse de l'historien américain George L. Mosse qui, dans un ouvrage publié en 1990 *La Brutalisation des sociétés européennes* tente d'expliquer le totalitarisme nazi par la violence de la Première Guerre mondiale et des conflits qui la préfigurent, depuis les guerres de la Révolution et de l'Empire. Ce concept, défini comme le franchissement d'un certain seuil de violence aussi bien dans le domaine militaire que politique, a ensuite été appliqué à la période napoléonienne, notamment par Nicolas Cadet à partir de l'analyse de la guerre de Calabre en 1806-1807. Il se situe dans le sillage d'auteurs comme Jean-Yves Guiomar et David Bell qui n'hésitent pas à qualifier les guerres de la Révolution et de l'Empire de première guerre totale[1].

---

1. La notion de guerre totale, appliquée aux deux guerres mondiales, vise à caractériser les conflits qui impliquent non seulement une augmentation de l'échelle de la violence des combats issue de la guerre industrielle, mais surtout une mobilisation générale des sociétés, sur le plan économique, social et culturel. Son application aux guerres napoléoniennes a été notamment réfutée par Michael Broers dans « The concept of total war in the Revolutionary

De la « guerre totale » à la « brutalisation »

Si Nicolas Cadet opte pour un balancement circonspect entre les éléments de continuité et de rupture, d'autres historiens de l'Empire, comme Stéphane Calvet, considèrent plus nettement que les années 1808-1815 font apparaître « une violence de guerre nouvelle qui préfigure en quelque sorte celle des conflits de la fin des XIXe et XXe siècles. Cette profonde mutation dans la manière de combattre est incontestablement apparue sous la Révolution, qui tente de jeter les bases d'une guerre totale ». De son côté, Hervé Drévillon concède que « l'Empire semble ici constituer une véritable rupture, tant les batailles y furent nombreuses et, parfois, intenses. Les grands affrontements provoquant entre 20 et 30 % de pertes furent d'autant plus remarquables qu'ils mettaient en présence des effectifs considérables [...] ». Mais il constate que « [...] la variété des acteurs, des enjeux et des situations empêche d'identifier, à l'échelle du combat, un degré de violence permettant de caractériser une essence de la guerre napoléonienne[2] ».

Les historiens favorables à la thèse de la « brutalisation » justifient cette conclusion en s'appuyant sur une analyse des différentes formes de violence qui ont caractérisé les guerres napoléoniennes. Celles-ci ne se sont pas

Napoleonic period », *War in History*, 2008, n° 15. Cf. aussi Bell, Crépin, Drévillon, Forcade et Gainot dans « Autour de la guerre totale », *Annales historiques de la Révolution française*, n° 366, 2011.

2. Hervé Drévillon, « De la guerre napoléonienne au système napoléonien : les enjeux de la caractérisation des guerres de l'Empire », dans *Guerres et armées napoléoniennes. Nouveaux regards*, Paris, Nouveau Monde éditions, 2020.

limitées aux grandes batailles terrestres et navales, mais ont concerné également ce qu'il considère comme les premières violences de masse à l'encontre des civils, lors des insurrections en Espagne, en Italie et dans le Tyrol[3]. Dans cette perspective, la notion de « brutalisation » déborde du cadre militaire pour englober l'ensemble du champ politique. Cette implication du politique couvre tout d'abord les buts de guerre. La volonté de rupture de l'équilibre européen par Napoléon constitue à cet égard un indice de la préfiguration des conflits du XXe siècle. Cette implication prend également en compte le durcissement des relations sociales qui accompagnent les mutations économiques de la première révolution industrielle et qui seraient la conséquence de la « brutalisation » des guerres napoléoniennes, à l'origine d'une culture d'anéantissement de l'adversaire.

Notre approche est ici plus circonscrite dans la mesure où notre objectif est de vérifier si les conditions objectives et subjectives des combats dans les grandes batailles de l'époque permettent de conclure que les guerres napoléoniennes ont marqué une étape dans l'élévation de la violence subie et ressentie par les combattants de cette époque. La tâche s'avère ardue, car elle suppose, d'une part, de mesurer les paramètres objectifs de l'augmentation de la violence alors que les statistiques en ce domaine sont très partielles et, d'autre part, de pouvoir comparer les perceptions des combattants avec celles des époques antérieures pour lesquelles les sources écrites sont réservées

3. L'impérialisme napoléonien provoque le soulèvement armé des peuples dans plusieurs régions d'Europe. Ces mouvements de guérilla se développent principalement en Espagne à partir de 1808, mais embrasent également la Calabre dès 1806 et le Tyrol en 1809.

aux officiers. Malgré ces difficultés, notre conviction est qu'il n'y a pas d'élévation de l'intensité de la violence des combats susceptible de fonder cette « brutalisation ».

Les pertes durant les batailles napoléoniennes

Quels sont les arguments qui nous permettent de refuser cette thèse de la « brutalisation » ? S'agissant des paramètres objectifs fondés notamment sur les pertes, leur analyse montre qu'elles n'augmentent pas de façon manifeste durant la période par rapport à celles subies durant les guerres linéaires du XVIIIe siècle (cf. tableaux n° 1 et n° 2 des pertes estimées durant les batailles du XVIIIe et les batailles napoléoniennes). L'analyse des pertes, définies ici comme les tués et blessés à l'exclusion des prisonniers, dans les grandes batailles occidentales qui se sont succédé de Malplaquet en 1709 à Waterloo en 1815, ne permet pas de déduire une « brutalisation » des combats.

On constate certes une augmentation des effectifs engagés, caractéristique de la guerre napoléonienne des masses qui provoque des montants de pertes plus importants en valeur absolue. En revanche, s'agissant des pertes en valeur relative, les batailles napoléoniennes ne constituent pas une rupture dans ce domaine. Les pourcentages des pertes cumulées des camps en présence évoluent entre 17 % à Austerlitz et 30 % à Essling. Durant la période précédente, ces pourcentages évoluent entre 14 % à Hohenfriedberg[4]

4. Hohenfriedberg (4 juin 1745) est la première grande victoire de Frédéric II, obtenue contre les Autrichiens et les Saxons lors de la seconde guerre de Silésie. La cavalerie prussienne s'y distingue en semant la panique dans les rangs de l'infanterie autrichienne.

Tableau n° 1 des pertes estimées durant les batailles du XVIIIe siècle

(Sources : J.-P. Bois, A. Corvisier, et C. Duffy)

Bataille date périmètre	Effectifs	Artillerie (taux pour 1 000 hommes)	Pertes	Pertes en %
Malplaquet 11 sept. 1709 4 km × 4 km	F : 75 000	80 (1,06)	11 000	14
	A : 86 000	100 (1,16)	21 000	24
	T : 161 000	180 (1,11)	32 000	19,8
Fontenoy 11 mai 1745 4 km × 4 km	F : 40 000	70 (1,75)	7 000	17,5
	A : 55 000	80 (1,45)	15 000	27
	T : 95 000	150 (1,57)	22 000	23
Hohenfriedberg 4 juin 1745 3 km × 4 km	Pr : 60 000	102 (1,7)	4 700	7,8
	A : 66 000	121 (1,83)	13 000	19,6
	T : 126 000	223 (1,76)	17 700	14
Rossbach 5 nov. 1757 6 km × 6 km	Pr : 22 000	79 (3,5)	550	2,5
	A : 42 000	45 (1,07)	10 000	23,8
	T : 64 000	124 (1,93)	10 550	16,4
Leuthen 5 dec. 1757 6 km × 8 km	Pr : 33 000	167 (5)	11 600	35
	Au : 65 000	210 (3,2)	10 000	15,3
	T : 98 000	377 (3,8)	21 600	22
Zorndorf 25 août 1758 4 km × 6 km	Pr : 37 000	193 (5,2)	12 800	34,5
	R : 43 000	136 (3,1)	18 500	43
	T : 80 000	329 (4,1)	31 300	39,1
Hochkirch 13 oct.1758 4 km × 5 km	Pr : 30 000	200 (6,6)	9 000	30
	Au : 80 000	340 (4,25)	8 300	10,3
	T : 110 000	540 (4,9)	17 300	15,7
Künersdorf 2 août 1759 5 km × 5 km	Pr : 48 000	230 (4,8)	19 500	40,6
	A : 59 500	248 (4,2)	15 500	26
	T : 107 500	478 (4,4)	35 000	32,5
Torgau 3 nov. 1760 6 km × 8 km	Pr : 48 000	246 (5,1)	16 000	33
	A : 52 000	275 (5,2)	15 600	30
	T : 100 000	521 (5,2)	31 600	31,6

Signification des abréviations dans le tableau 1 :
A pour Alliés, **Au** pour Autrichiens, **F** pour Français, **Pr** pour Prussiens, **R** pour Russes, **T** pour Total

Tableau n° 2 des pertes estimées durant les batailles napoléoniennes

(Sources : S. Bowden, B. Colson, F. Naulet, A. Pigeard, D. Smith)

Bataille date périmètre	Effectifs	Artillerie (taux pour 1 000 hommes)	Pertes	Pertes en %
Austerlitz 2 déc. 1805 6 km × 12 km	F : 74 000	157 (2,1)	8 000	11
	C : 72 000	318 (4,4)	17 800	24,7
	T : 146 000	475 (3,2)	25 800	17,6
Iéna 14 oct. 1806 6 km × 6 km	F : 56 000	180 (3,2)	7 500	13,4
	C : 48 000	175 (3,6)	12 000	25
	T : 104 000	355 (3,4)	19 500	18,7
Eylau 8 février 1807 5 km × 5 km	F : 68 000	200 (2,8)	18 000	26,4
	C : 70 000	370 (5,25)	19 000	27
	T : 138 000	570 (4)	37 000	26,8
Friedland 14 juin 1807 6 km × 8 km	F : 80 000	160 (2)	9 000	11
	C : 60 000	200 (3,3)	15 000	25
	T : 140 000	360 (2,5)	24 000	17
Essling 21-22 mai 1809 4 km × 6 km	F : 55 000	144 (2,6)	23 000	41,8
	C : 85 000	258 (3)	20 000	23,5
	T : 140 000	402 (2,8)	43 000	30,7
Wagram 5-6 juil. 1809 8 km × 9 km	F : 187 000	527 (2,8)	36 000	19
	C : 127 000	491 (3,8)	37 000	29
	T : 314 000	1 018 (3,2)	73 000	23
La Moskowa 7 sept. 1812 5 km × 6 km	F : 130 000	580 (4,4)	28 000	21,5
	C : 130 000	620 (4,7)	43 000	33
	T : 260 000	1 200 (4,6)	71 000	27
Leipzig 16-19 oct. 1813 12 km × 14 km	F : 203 000	883 (4,3)	60 000	29,5
	C : 355 000	1 511 (4,2)	51 000	14
	T : 558 000	2 394 (4,2)	111 000	19,8
Waterloo 18 juin 1815 3 km × 4 km	F : 72 000	246 (3,4)	23 000	32
	C : 140 000	348 (2,4)	21 000	15
	T : 212 000	594 (2,8)	44 000	20,7

Signification des abréviations dans le tableau 2 :
F pour Français, **C** pour Coalisés, **T** pour Total

et 39 % à Zorndorf[5]. L'armée prussienne de Frédéric II subit un taux de pertes qui évolue entre 2,5 % à Rossbach[6] et 40 % à Künersdorf[7], tandis que l'armée française de Napoléon Ier subit un taux de pertes qui va de 11 % à Austerlitz à 42 % à Essling. Cette continuité s'explique notamment par l'absence de révolution technique en matière d'armement. On observe certes une modernisation en la matière, notamment dans l'artillerie, mais sans un accroissement notable de la létalité des armes à feu qui continuent d'utiliser la poudre noire et le chargement par la bouche.

Sur cette question, il faut lire la pertinente étude d'Éric Dauriac qui démontre, à travers l'analyse des combats de l'année 1806, l'écart important entre la théorie et la réalité de l'efficacité des feux. On en retient que les armes individuelles offrent une faible cadence de tir et une précision aléatoire, à une époque préindustrielle où les procédés de fabrication des armes sont peu fiables. En outre, les conditions tactiques, dominées par la confusion des combats, altèrent fortement l'efficacité

---

5. Zorndorf (25 août 1758) est une coûteuse victoire prussienne contre l'armée russe entrée en Prusse orientale. La férocité des combats marque un tournant dans la guerre de Sept Ans, avec de sanglantes batailles qui épuisent les faibles effectifs prussiens.

6. Rossbach (5 novembre 1757) est une victoire exemplaire des Prussiens contre les forces franco-impériales commandées par le prince de Soubise et le prince d'Hildeburghausen. À un contre deux, Frédéric II inflige vingt fois plus de pertes à ses adversaires en surprenant leur avant-garde, lors d'une maladroite marche de flanc.

7. Künersdorf (12 août 1759) est une défaite prussienne face à l'armée austro-russe. Bien qu'en infériorité numérique, Frédéric II s'obstine à lancer des attaques mal coordonnées contre les positions fortifiées de ses adversaires et subit des pertes élevées.

des tirs. Le fantassin est bien souvent encerclé par d'épais nuages de fumée, produits par la poudre noire des armes individuelles et des canons. Il a en outre tendance à tirer prématurément sur une cible qu'il distingue avec peine. Enfin, la pratique des formations en ordre serré (ligne et colonne) est incompatible avec un feu précis.

Par ailleurs, il est traditionnellement affirmé que l'épopée napoléonienne a été marquée par une utilisation croissante de l'artillerie préfigurant la domination de cette arme à la fin du XIXe et lors de la Première Guerre mondiale. Selon les tenants de la « brutalisation », le recours croissant à cette arme de destruction par excellence serait un indice évident de l'élévation du seuil de violence. Elle est en effet « porteuse d'une forme de violence tout à fait spécifique, à la fois soudaine, implacable et aléatoire », pour reprendre les termes d'Hervé Drévillon décrivant, dans son ouvrage *Batailles*, l'impact de l'artillerie lors de la bataille d'Eylau. Il est vrai que les améliorations techniques introduites par Gribeauval ont accru le pouvoir vulnérant de l'artillerie[8]. Il est également vrai que le nombre de pièces déployées a tendance à augmenter. Les chiffres du tableau n° 2 révèlent que la Grande Armée utilise 157 pièces à Austerlitz en 1805, puis 527 à Wagram en 1809, 580 à la Moskowa en 1812 et 883 à Leipzig en

8. Gribeauval (1715-1789), officier d'artillerie sous Louis XV et Louis XVI, devient inspecteur général et initie la modernisation de l'artillerie française après la guerre de Sept Ans. Cette réorganisation, qui va en faire la première d'Europe, vise à accroître la mobilité des pièces, améliorer la cadence et la précision du tir, enfin à standardiser l'ensemble du matériel.

1813. L'impressionnant déploiement d'artillerie durant cette bataille est attesté par de nombreux témoignages, comme celui de Paul de Bourgoing : « J'ai entendu dans ma vie d'assez vives canonnades, entre autres celle d'un combat naval dans lequel, comme de coutume, chaque vaisseau de ligne apporte dans un espace resserré le contingent d'une centaine de pièces de gros calibres ; mais je ne me rappelle pas avoir jamais prêté l'oreille, comme le 16 et 18 octobre 1813, à un feu roulant de canons aussi précipité ; il était aussi continu que celui produit ordinairement par la fusillade la plus vive. » Cet accroissement en valeur absolue s'accompagne également d'une augmentation en valeur relative. Si on rapporte ces chiffres à ceux des effectifs d'infanterie engagés, on obtient en effet un taux de pièces pour 1 000 hommes qui passe d'un peu plus de 2 au début de la période à plus de 4 à la fin.

Pour autant, s'il est vrai que l'artillerie occasionne des blessures plus graves que les fusils, il n'y a pas de corrélation nette entre son augmentation et le taux de pertes. Ainsi, le pourcentage de pertes subies à Leipzig est proche de celui de Waterloo, alors que la part de l'artillerie est sensiblement différente pour ces deux batailles. L'argument de l'élévation de la violence en raison d'un recours accru à l'artillerie n'est donc pas convaincant. Il faut admettre que d'autres paramètres, comme les événements tactiques, peuvent jouer un rôle encore plus crucial. Les attaques frontales de l'armée française à Waterloo et la débandade finale permettent ainsi d'expliquer un taux de pertes de 32 %, l'un des plus élevés subis par la Grande Armée, et ce, alors que son opposant dispose de peu de canons. Elle encaisse des pertes moins importantes dans un contexte comparable d'attaque frontale lors de la bataille de la Moskowa face à une armée russe qui dispose d'une artillerie largement plus puissante. Il est vrai que, dans ce dernier cas, l'armée française emporte la victoire, ce qui implique en règle générale des pertes plus faibles que chez le vaincu.

Les facteurs tactiques

Il faut surtout considérer que ces statistiques ne permettent pas de saisir la réalité du terrain et de la violence des combats. Celle-ci peut fortement évoluer d'un point à un autre du champ de bataille et d'un moment à un autre de la journée. De ce point de vue, il n'y a pas non plus de rupture avec la période antérieure. Les batailles se déroulent toujours durant une journée, à quelques exceptions notables comme Wagram et Leipzig. Le périmètre des affrontements demeure également limité à une surface évoluant entre une vingtaine et une trentaine de kilomètres carrés. Ces paramètres spatio-temporels sont comparables à ceux des batailles prénapoléoniennes et ne permettent pas de conclure à une augmentation de la violence découlant d'une extension de la durée et du périmètre des combats, comme ce sera le cas avec la Première Guerre mondiale.

On pourrait cependant arguer que si le périmètre et la durée de la bataille évoluent peu, les combats s'intensifient et, pour reprendre l'expression de Walter Bruyère-Ostells, que « le "point chaud" de la bataille tend à s'étendre dans l'espace et à concerner un plus grand nombre de soldats[9] ». Suivant une optique similaire, Jean-Pierre Bois estime, dans son analyse de la bataille de Fontenoy, que celle-ci est « peu dense », puisque les combats n'affectent qu'une partie des troupes et que certaines troupes engagées ne le sont que ponctuellement[10]. Une telle analyse, fondée sur une plus grande densité de la bataille, pourrait s'appuyer sur la nouvelle dynamique de la bataille napoléonienne. On peut, en effet, estimer qu'elle repose sur une intensification de la violence infligée à l'adversaire, notamment lors de la préparation et de l'exécution de l'engagement de la masse de rupture. Par ailleurs, la phase de poursuite, que Napoléon met plus systématiquement en œuvre que ses prédécesseurs, peut également être retenue comme un facteur de « brutalisation ».

Il nous semble cependant que ces différents arguments ne sont pas non plus probants. Tout d'abord, la thèse de l'intensification au sein du périmètre de la bataille ne paraît pas vérifiée si on compare les batailles napoléoniennes avec leurs devancières. Il paraît ainsi difficile d'affirmer que la proportion des soldats engagés dans des combats meurtriers serait inférieure à Malplaquet ou Fontenoy par rapport à Friedland ou Wagram. Les chiffres précités des pertes ne permettent

---

9. Walter Bruyère-Ostells, « Mesurer les violences sur le champ de bataille européen au XIXe siècle », *Inflexion*, n° 19, octobre-décembre 2012.

10. Fontenoy est une victoire remportée le 11 mai 1745 près de Tournai par Maurice de Saxe à la tête des forces françaises contre les forces hollandaises et anglo-hanovriennes commandées par le duc de Cumberland. Pour une analyse complète de la bataille, voir Jean-Pierre Bois, *Fontenoy 1745, Louis XV, arbitre de l'Europe*, Paris, Economica,1996.

pas de confirmer cette thèse. La phase d'engagement de la masse de rupture, qui constitue l'un des moments clés de la bataille, peut certes générer des pertes importantes. Mais c'est surtout le cas quand elle échoue, comme lors de l'attaque du corps d'Augereau à Eylau qui, aveuglé par la neige, se heurte à l'artillerie russe et se fait décimer.

L'effet recherché par Napoléon est autant moral que matériel. Quand il lance sa masse de rupture, il cherche à démoraliser son adversaire en lui signifiant qu'il dispose encore de troupes fraîches capables de prendre l'offensive après la phase de fixation. Cette phase n'implique pas automatiquement la destruction physique des unités placées en face. L'objectif est la création d'un déséquilibre local qui provoque une désorganisation totale du dispositif adverse. L'attaque de rupture de Soult à Austerlitz confirme cette interprétation. Elle ne suscite pas de fortes pertes chez les coalisés. Mais la prise de contrôle du Pratzen, sur les arrières de l'aile gauche austro-russe, provoque un déséquilibre psychologique, paralyse son offensive avant d'entraîner la dislocation des Austro-Russes. On doit donc réfuter l'argument d'une « brutalisation » lors de l'attaque décisive, qui revêt ce qualificatif principalement en raison de son impact psychologique et non du fait de sa létalité. Enfin, le développement des phases de poursuite ne permet pas non plus de valider cette thèse. À l'exception notable de la poursuite consécutive à la bataille d'Iéna, cette dernière phase des opérations privilégie également la dislocation plus que la destruction.

Mortalité sanglante et maladies

Plus généralement, la létalité du champ de bataille demeure faible si on la compare à la mortalité subie par les soldats en dehors des combats. Les deux exemples les plus éclatants sont celui de la retraite de Russie et celui de l'épidémie de typhus lors de la campagne de 1813[11]. À l'instar de ses prédécesseurs du XVIIIe siècle, le soldat napoléonien risque plus de mourir du fait des maladies, comme le typhus et la dysenterie, liées à une hygiène sommaire et à la concentration des troupes, que du fait des combats lors des batailles. Dans ses *Souvenirs de guerre*, le lieutenant Martin décrit l'impact effroyable du typhus sur les débris de l'armée française, une fois qu'elle a retraversé le Rhin en 1813 : « [...] Cette affreuse maladie se manifestait d'ordinaire sous les formes les plus effrayantes : l'anéantissement presque total des facultés physiques et morales, les émanations et les déjections pestilentielles qui semblaient annoncer des corps en décomposition, et parfois la gangrène qui attaquait et putréfiait les extrémités de malades encore vivants. Spectacle hideux qui remplissait à la fois de pitié et de terreur, car la contagion n'épargnait personne, pas plus les habitants que les soldats. »

---

11. Après avoir frappé les troupes impériales durant la retraite de Russie, avec un pic lors de l'afflux des rescapés de la Bérézina dans Wilna, le typhus se manifeste dès janvier 1813 dans les forteresses allemandes occupées par les Français, et notamment à Dantzig et Hambourg. Il frappe particulièrement Dresde, Glogau et Torgau. Mayence, point de jonction des forces françaises en retraite, est fortement touchée, avec 14 000 hommes qui succombent.

Dans son ouvrage *La Guerre, essais historiques*, André Corvisier rappelle que la mortalité totale des soldats est estimée, pour les XVIIe et XVIIIe siècles, au triple de la « mortalité sanglante immédiate ou différée ». En regard, selon les études menées en 1972, à partir des registres de l'armée, par le démographe Jacques Houdailles, les morts au combat entre 1803 et 1814, ou « pertes sanglantes immédiates », ne représentent que 4 à 5 % de la Grande Armée contre 16 % décédés à l'hôpital, qui correspondent aux « pertes sanglantes différées » précitées. Il admet cependant une marge d'incertitude, puisque ses recherches font état de plus de 12 % de soldats entrant dans la catégorie des « rayés », correspondant principalement à des malades ou blessés graves, et de 6 % relevant des « destins inconnus ». Sur ce total de près de 19 % des effectifs de la Grande Armée, on peut penser qu'une part non négligeable correspond à des soldats morts des suites de maladies ou de blessures.

Ces évaluations générales sont confirmées par les études régimentaires. Dans son histoire du 5e régiment de hussards, Gérard-Antoine Massoni fait le bilan des « sorties » du régiment : 22 % de désertions, 20 % de mutations, 18 % de congés pour fin de service, 12 % de congés de réforme, 5 % de morts dans les hôpitaux, 3 % de rayés pour longue absence et 3 % de morts au combat ou des suites de blessures. Il en conclut que « les maladies, l'absence d'hygiène et les hôpitaux tuaient plus que les combats ». On peut retenir de ces estimations que l'évolution de la « mortalité sanglante » durant les guerres napoléoniennes ne marque une nouvelle fois pas de rupture par rapport à la période précédente.

La perception de la violence des combats

Qu'en est-il de la violence ressentie par le soldat de l'époque ? Celle-ci est, par définition, plus difficile à évaluer, puisqu'elle repose sur des perceptions subjectives qui donnent lieu à des récits partiels et souvent partiaux. Dans leurs études anthropologiques sur les combattants du Premier Empire, Natalie Petiteau et François Houdecek insistent sur les précautions à prendre dans l'exploitation de l'« abondante littérature mémorielle » qui transfigure *a posteriori* les souvenirs des combats. Les travaux d'Alan Forrest fondés sur l'exploitation des lettres des soldats, conservées dans les archives départementales et municipales, donnent accès à une transcription plus immédiate et donc plus authentique des émotions ressenties face aux combats et à l'expérience de la mort. Ces deux perspectives se complètent en exprimant des sentiments majoritaires différents, pour ne pas dire opposés : la fierté d'avoir participé à l'épopée impériale, qui ressort des mémoires, tranche avec le mal du pays qui imprègne les lettres des conscrits.

Dans tous les cas, la sensibilité de l'époque ne se prête pas souvent à des descriptions réalistes de la violence de guerre, et de nombreux récits se limitent à des évocations numériques des pertes évacuant les émotions de leur auteur. Les mémorialistes pratiquent une autocensure qui limite la portée de leurs témoignages. Surtout, il y a peu de précédents susceptibles de servir de points de comparaison, puisque la pratique des mémoires écrits par les soldats ou des officiers sortis du rang ne se généralise que dans la foulée de l'alphabétisation à la fin du XVIIIe siècle.

Pour autant, les écrits de l'époque ne donnent pas le sentiment d'une dénonciation des horreurs de la guerre, comme ce sera plus généralement le cas des mémoires des poilus de 1914-1918, marqués par la nouvelle guerre industrielle. C'est même bien souvent le contraire, comme le fait remarquer Hervé Drévillon citant les mémoires de Maurice Dupin, le père de George Sand, dans le chapitre « Marengo » de son ouvrage *Batailles* : « Nous dévastons un pays admirable [...]. J'en gémis tout le premier, et tout le premier pourtant, cette maudite passion des conquêtes et de la gloire me saisit et me fait désirer impatiemment qu'on se batte et qu'on avance. » Si Hervé Drévillon admet que la teneur des lettres envoyées par Dupin vise à privilégier une posture optimiste pour rassurer sa famille et minimiser les misères de la guerre, il considère également qu'il ne faut pas négliger « les rêves de gloire, les pulsions héroïques, les codes d'honneur et les ambitions qui contribuent à la motivation des soldats ».

On retrouve un résumé exemplaire de ces motivations héroïques dans les mémoires du capitaine Desbœufs, qui s'est battu dans l'infanterie depuis 1800. À la fin de son autobiographie, il exprime sans aucune ambiguïté la tristesse qui le saisit à la nouvelle de la fin de l'aventure napoléonienne, qui clôt abruptement une carrière prometteuse. Cet extrait commence alors que son unité bat en retraite à la suite à la bataille de Toulouse, perdue par Soult face à Wellington le 10 avril 1814 :

> Dans un conseil de guerre tenu pendant la nuit, il avait été décidé que l'armée battrait en retraite; elle partit vers dix heures du soir et se rendit en deux jours à Castelnaudary, où nous apprîmes l'abdication de l'Empereur et le retour des

Bourbons. Cette nouvelle me consterna, ainsi que tous mes camarades. [...] Le colonel nous lut l'ordre du jour annonçant le changement de dynastie, il leva ensuite son chapeau et cria : « Vive le Roi ! » Personne ne répondit. Il répéta son vivat, même silence. Les officiers, les regards baissés, laissaient voir de grosses larmes roulant sur leurs joues. [...] Je terminai ainsi ma carrière militaire à l'âge de trente-deux ans, lorsque je commençais à m'y distinguer, et dans un temps où les grades de chef de bataillon, de colonel et de général m'auraient moins coûté à obtenir, si la guerre eût duré, que jadis ceux de caporal, de fourrier et de sergent. Lorsque je me séparai de mes camarades retraités comme moi, je me sentis le cœur serré, et des larmes me vinrent aux yeux ; je voyais pour la dernière fois des amis dont j'avais partagé les périls et qu'une longue habitude m'avait rendus chers.

Il faut, bien sûr, faire la part de la « toilette du souvenir » effectuée par Marc Desbœufs qui termine ses mémoires en 1847, alors que la légende napoléonienne entretenue par le régime orléaniste atteint son apogée. Ce récit confirme néanmoins le ressenti exprimé dans la plupart des témoignages de combattants de l'époque. On y retrouve notamment les stratégies de carrière qui animent ces soldats avides de gloire, de récompenses et de promotions. Les batailles présentent à cet égard un risque évident, mais aussi une indéniable opportunité par les « appels d'air » qu'elles favorisent, en provoquant la mort de supérieurs qui doivent être remplacés. Il est donc logique de ne pas retrouver dans ces textes, souvent écrits par des officiers sortis du rang, une condamnation de la violence des combats, mais plutôt une sorte d'exaltation joyeuse, incompréhensible pour le lecteur contemporain. Mais ce raisonnement ne tient justement qu'en raison de la faible létalité du champ de bataille napoléonien, qui autorise le soldat à considérer l'affrontement comme un facteur d'ascension sociale plutôt que comme un risque mortel !

Ces quelques éléments d'étude nous permettent de considérer qu'il n'y a pas de mutation profonde dans l'évolution de la violence des combats et de sa perception par les combattants des guerres napoléoniennes. Ce constat n'exclut pas la possibilité d'une « brutalisation » qualitative, telle celle mise en avant par Olivier Aranda, qui se manifeste à travers les comportements des équipages de la Marine sous la Révolution ou des soldats impériaux lors des sièges de la guerre d'Espagne. Ainsi, les souvenirs du capitaine Marcel relatifs à ses *Campagnes en Espagne et au Portugal* ne dissimulent rien de leur dureté. Son récit du siège de la petite ville de Castro, près de Bilbao en mai 1813, est éloquent :

> La brèche ne fut pas longue à faire et, en deux jours, le mur fut abattu. [...] L'assaut fut résolu pour le 11 mai à 9 heures du soir; sans que l'ordre en ait été donné, nos soldats avaient d'avance affilé leurs baïonnettes [...] et nos voltigeurs ayant tous bu un bon coup de vin, allèrent à la brèche aussi gaiement qu'à la noce. La division italienne, arrivée l'avant-veille, donnait l'assaut sur un autre point avec des échelles. [...] Nous recevions à chaque pas des coups de fusil par les fenêtres, par les soupiraux des caves et les pierres tombaient comme la grêle de dessus les toits; mais rien ne nous arrêtait et nous fîmes notre jonction avec les troupes italiennes dont les hommes étaient comme des lions. [...] abandonnant leurs postes, les Espagnols se précipitèrent vers un escalier, taillé dans le roc, qui conduisait à la mer où des embarcations les attendaient, et gagnèrent le large; une soixantaine d'entre eux qui n'étaient pas arrivés assez tôt furent précipités à coups de baïonnettes dans les flots.

Il reste cependant à démontrer si, oui ou non, de tels exemples de combat à outrance marquent véritablement une transformation ou demeurent l'expression classique d'affrontements en champ clos sans échappatoire qui conduisent toujours à des mêlées sanglantes.

Bibliographie sélective

Bell David A., *The First Total War, Napoleon's Europe and the birth of warfare as we know it*, New York, Houghton Mifflin Company, 2007.

Béraud Stéphane, *La Révolution militaire napoléonienne*, t. 2 : *Les batailles*, Paris, Perrin, 2021.

Bruyère-Ostells Walter, Pouget Benoît, Signoli Michel (dir.), *Des chairs et des larmes. Combattre, souffrir, mourir dans les guerres de la Révolution et de l'Empire, 1792-1815*, Aix-en-Provence, Presses universitaires de Provence, 2020.

Cadet Nicolas, *Honneur et violences de guerre au temps de Napoléon. La campagne de Calabre*, Paris, Vendémiaire, 2015.

Dauriac Éric, *Les Armes de Napoléon*, Isle, Éditions Balezy, 2011.

Drévillon Hervé, *Batailles. Scènes de guerre de la Table ronde aux tranchées*, Paris, Seuil, 2007.

Forrest Alan, *Napoleon's Men, the soldiers of the Revolution and Empire*, Londres, Hambledon continuum, 2002.

Guiomar Jean-Yves, *L'Invention de la guerre totale*, Paris, Éditions du Félin, 2004.

Houdailles Jacques, « Pertes de l'armée de terre sous le Premier Empire, d'après les registres matricules », *Population*, 27e année, n° 1, 1972.

Houdecek François, « Blessures psychiques des combattants de l'Empire. Sources d'études et premières approches », *Napoleonica, La revue*, n° 17, septembre 2013.

MASSONI Gérard-Antoine, *Histoire d'un régiment de cavalerie légère, le 5e hussards de 1783 à 1815*, Paris, Archives et culture, 2007.

PETITEAU Natalie, OLIVIER Jean-Marc, CAUCANAS Sylvie (dir.), *Les Européens dans les guerres napoléoniennes*, Toulouse, Éditions Privat, 2012.

—, *Guerriers du Premier Empire, expériences et mémoires*, Paris, Les Indes savantes, 2011.

15

La ligne anglaise était supérieure à la colonne française

par Stéphane BÉRAUD

Le 14 octobre 1806, tandis que Napoléon affronte Hohenlohe à Iéna, le IIIe corps de la Grande Armée se retrouve à Auerstaedt seul face au gros des forces prussiennes dirigées par le duc de Brunswick. Le maréchal Davout ne dispose que de trois divisions d'infanterie et d'une brigade de cavalerie, soit moins de 28 000 hommes contre près de 50 000 du côté prussien. Mais, dès le début de l'après-midi, le résultat de cette bataille de rencontre est sans appel. Après avoir repoussé les attaques non coordonnées des Prussiens, les fantassins français transforment les premiers replis de l'adversaire en débandade. Selon Jomini, Auerstaedt doit être considérée comme la confrontation des guerres de l'Empire qui offre la lutte la plus disproportionnée pour le succès le plus éclatant[1].

---

1. Antoine-Henri Jomini (1779-1869) est un chef d'état-major du maréchal Ney avant de passer au service du tsar Alexandre en 1813. Ce général d'origine suisse est surtout connu pour ses nombreux écrits sur les guerres de la Révolution et de l'Empire qui ont fait de lui un des premiers exégètes de la pensée militaire napoléonienne.

Cette bataille marque le triomphe de l'infanterie napoléonienne, qui connaît à ce moment son heure de gloire, face à l'infanterie forgée par Frédéric II, réputée la meilleure d'Europe, et moins d'un an après avoir étrillé les infanteries autrichienne et russe à Austerlitz. Plusieurs facteurs tactiques expliquent cette victoire, parmi lesquels la meilleure coordination interarmes, la gestion plus efficace des points d'appui, comme celui d'Hassenhausen[2], et une concentration supérieure des feux d'artillerie. Mais c'est surtout l'agilité de l'infanterie qui fait la différence et se traduit par une capacité inégalée à passer d'une formation à une autre pour faire face aux différents types de menaces et s'adapter aux contraintes topographiques.

Une victoire en Calabre à l'origine d'une « légende tactique »

Pourtant, quelques mois auparavant dans le sud de l'Europe, un corps de fantassins français a été sévèrement battu par un contingent britannique. L'affrontement se déroule le 6 juillet 1806 près de Maida dans la péninsule calabraise qui forme la pointe de la botte italienne. Si les autorités napoléoniennes, concentrées sur la préparation du conflit avec la Prusse, oublient vite ce revers périphérique, la propagande anglaise s'empare de l'événement

2. Situé sur la route qui permet de déboucher de l'est par Kösen, d'où viennent les forces de Davout, ce village est le principal point d'appui du dispositif défensif français. Contrôlé dès le début de la bataille par les Français, il sera l'enjeu des combats les plus acharnés de la journée et contribuera à l'usure des forces prussiennes.

qui fait la première page du *Times* du 3 septembre : « *Victory in Calabria* » ! Dans un discours devant la Chambre des communes, le ministre de la Guerre compare cette victoire à celles de Crécy et d'Azincourt, et considère qu'elle met fin à l'apparente invincibilité de la Grande Armée. Une marche militaire intitulée *The Battle of Maida* est composée et jouée devant des publics enthousiastes, tandis qu'un poème de plus de soixante pages exalte les héros victorieux.

Au-delà de l'écho immédiat de ce succès militaire terrestre britannique, le combat de Maida (également appelé « combat de Sainte-Euphémie ») est à l'origine d'un mythe de l'historiographie anglo-saxonne qui a franchi les siècles et la Manche pour établir la « supériorité intrinsèque » de la ligne anglaise sur la colonne française, selon les termes de l'historien britannique David Chandler[3]. C'est Charles Oman, auteur d'une célèbre *History of the Peninsular War*, parue au début du XXe siècle, qui a influencé des générations d'historiens en se fondant sur cette bataille pour systématiser son analyse tactique des combats entre Français et Britanniques durant la guerre d'Espagne. Oman affirme que « 5 000 fantassins en ligne reçurent le choc de 6 000 hommes en colonne et leur infligèrent la plus écrasante défaite à petite échelle qui est intervenue durant toute la guerre ».

---

3. Cf. l'entrée « Maida » dans le *Dictionary of the Napoleonic Wars*, Greenhill Books, 1993, de David Chandler (1934-2004) : historien militaire britannique spécialiste de la guerre napoléonienne et enseignant à l'Académie militaire royale de Sandhurst, notamment connu pour son étude globale des campagnes napoléoniennes (*The Campaigns of Napoleon,* 1966) qui influença de nombreux spécialistes anglo-saxons.

Son collègue et ami John Fortescue reprend cette analyse dans son *History of the British Army* et influence à son tour les études subséquentes sur l'histoire de la tactique des armées françaises et anglaises. Ces deux auteurs vont être régulièrement cités à l'appui de considérations plus ou moins argumentées affirmant la supériorité du feu discipliné des fantassins britanniques face aux baïonnettes des colonnes françaises. Cette thèse conforte une approche culturelle du comportement des combattants, mettant en avant le sang-froid, la discipline et la maîtrise des armes de jet des soldats insulaires qui ont toujours su briser l'élan des hordes françaises d'Azincourt à Waterloo.

Un petit croquis vaut parfois moins qu'un long discours

L'un des arguments régulièrement employés dans les ouvrages anglo-saxons sur la tactique des armées napoléoniennes repose sur la comparaison du nombre de fusils déployés par un bataillon anglais en ligne face à un bataillon en colonne de divisions. Le schéma souvent utilisé à l'appui de cette démonstration représente un bataillon anglais alignant 500 fusils sur un front de près de 210 yards, ou 192 mètres, enveloppant par ses tirs la tête de colonne française qui ne peut aligner que 180 fusils sur un front de 80 yards, ou 73 mètres (*cf.* le schéma d'une légende tactique). Il oppose ainsi la masse de six compagnies françaises, dont la progression par couple les unes derrière les autres réduit la puissance de feu, à la ligne plus étendue d'un bataillon britannique capable de déployer toutes ses forces pour menacer les flancs ennemis.

Le schéma d'une « légende tactique* »

1. Bataillon français de 850 hommes de 6 compagnies formées en « colonnes par division » , avec 2 compagnies sur un front de 45 hommes chacune, alignant 180 fusils sur les 2 premiers rangs

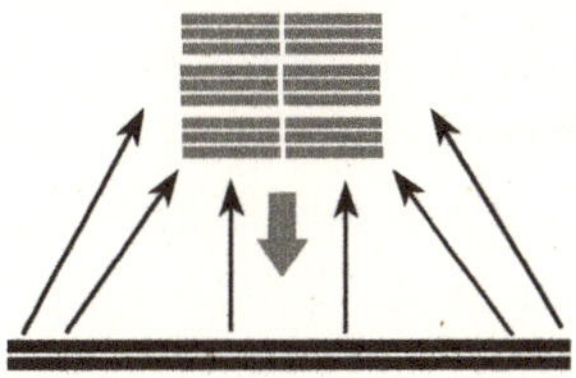

2. Bataillon britannique de 500 hommes sur 2 rangs alignant 500 fusils

*D'après Philip Haythornthwaite, *Wellington's Military Machine*, Spellmount Limited, 1989, repris par Jacques Logie dans *Waterloo la campagne de 1815*, éditions Racine, 2003.

Le raisonnement mathématique semble imparable, si ce n'est qu'il simplifie la réalité tactique et ne donne qu'une vision parcellaire des combats napoléoniens. Tout d'abord, il ne tient pas compte du fait que l'affrontement d'un seul bataillon en ligne contre un seul bataillon en colonne relève plus de la considération théorique que de la réalité des combats. Ces derniers impliquent plusieurs bataillons qui se soutiennent mutuellement en adoptant des formations différentes pour combiner des actions de feu et de choc. Ensuite, ce type de dessin donne une vision statique qui dissimule le fait qu'un bataillon peut adopter successivement en quelques minutes plusieurs formations différentes. Enfin, l'action essentielle des essaims de tirailleurs est évacuée, alors qu'elle influence de façon déterminante les affrontements de l'époque, en favorisant l'attaque des formations serrées par ses reconnaissances et son harcèlement de celles de l'adversaire.

Le théoricien militaire Karl von Decker affirme que les « calculs compliqués sur l'effet étonnant du feu de ligne sur les colonnes » ne tiennent pas compte des aspects moraux du combat[4]. Ces calculs « de messieurs les mathématiciens » se concentrent sur la capacité théorique d'un bataillon déployé en bataille d'aligner une puissance de feu supérieure à un bataillon en colonne et de lui infliger en conséquence des pertes qui vouent son attaque à l'échec. Von Decker estime que l'histoire des combats d'infanterie napoléoniens démontre le contraire, puisqu'une attaque à la baïonnette « faite avec résolution et sans s'arrêter à moitié chemin » est victorieuse neuf fois sur dix. Citant le contre-exemple de Maida, il considère que « les Français commirent une véritable faute en ne déployant que peu ou pas de tirailleurs sur leur front et leurs ailes ».

Cette présentation des tactiques respectives des deux armées donne surtout une vision caricaturale des formations couramment employées durant les guerres napoléoniennes. C'est encore Charles Oman qui a contribué par ses écrits sur la guerre d'Espagne à véhiculer cette « légende tactique ». Il explique les succès britanniques dans la Péninsule ibérique à partir de l'affrontement fondateur de Maida et affirme que les

4. Karl von Decker (1784-1844) est un général prussien qui a combattu dans l'artillerie lors des campagnes contre Napoléon avant d'écrire plusieurs ouvrages d'histoire militaire et de tactique sur la guerre napoléonienne.

attaques de l'infanterie française consistent exclusivement en déploiements d'essaims de tirailleurs couvrant la progression de colonnes massives. Ces attaques sont repoussées par le recours, dans l'armée de Wellington, à des formations plus importantes de tirailleurs protégeant une ligne de fusiliers, dissimulée à l'abri d'une contre-pente.

Or l'analyse des combats précités menés par le IIIe corps durant la bataille d'Auerstaedt démontre que la Grande Armée utilise une large palette de formations. Dans son ouvrage *Les Armes de Napoléon*, Éric Dauriac recense méticuleusement les formations utilisées par le corps de Davout. Sur les 49 occurrences identifiées, les formations en ligne utilisées offensivement sont les plus souvent citées (9 occurrences) avec les carrés (12 occurrences), alors que les colonnes ne sont mentionnées que 6 fois (18 fois si on ajoute les colonnes en approche), tandis que les tirailleurs sont évoqués 8 fois. On constate une répartition assez équilibrée de l'échantillon entre les 4 principales catégories de formations. Le recensement révèle, par ailleurs, que la ligne est utilisée comme une formation polyvalente, aussi bien en attente ou en défense qu'en soutien ou en attaque. Elle est employée pour la charge ou le combat de feux. L'étude de l'échantillon infirme donc la thèse du recours systématique par l'armée française aux colonnes d'attaque et confirme, au contraire, l'utilisation dominante de la ligne comme formation de combat.

Les « quinze minutes de gloire » de Maida

Une analyse plus détaillée de l'affrontement de Maida permet de contester les prémisses de la « légende tactique » diffusée par Oman. Revenons sur le contexte et les événements. En février 1806, Napoléon déclenche l'invasion du royaume de Naples et de Sicile qui a rejoint la troisième coalition, puis « nomme » son frère Joseph roi de Naples après avoir déposé Ferdinand IV[5]. Ce dernier se réfugie en Sicile sous la protection de la marine et de l'armée britanniques qui décident de contrer les plans français de conquête en expédiant un contingent dans le golfe de Sainte-Euphémie, le 1er juillet 1806. Le général Stuart débarque avec 5 000 Anglais soutenus par seize canons et se heurte le 4 juillet aux troupes du général Reynier, près de la cité de Maida. Les Français disposent de 5 100 hommes, avec seulement quatre pièces d'artillerie mais 300 cavaliers du 9e régiment de chasseurs à cheval.

Les brigades britanniques sont disposées en échelon, la droite en avant le long de la rivière Amato (*cf.* carte de la bataille de Maida). Les régiments sont déployés sur deux rangs selon leur formation de combat standard. En face, Reynier a également déployé ses régiments en… ligne et non pas en colonne, comme l'ont affirmé des générations successives d'historiens anglais. Dans son rapport au roi Joseph, il précise que les deux régiments de la brigade Compère sont formés « en bataille », c'est-à-dire en ligne. Cette affirmation est confirmée par les

5. La troisième coalition est une alliance formée en avril 1805 et dirigée contre la France. Elle comprend initialement l'Angleterre, l'Autriche, la Russie et la Suède.

mémoires du général Griois qui commande l'artillerie française et par la plupart des témoins anglais présents lors de l'affrontement.

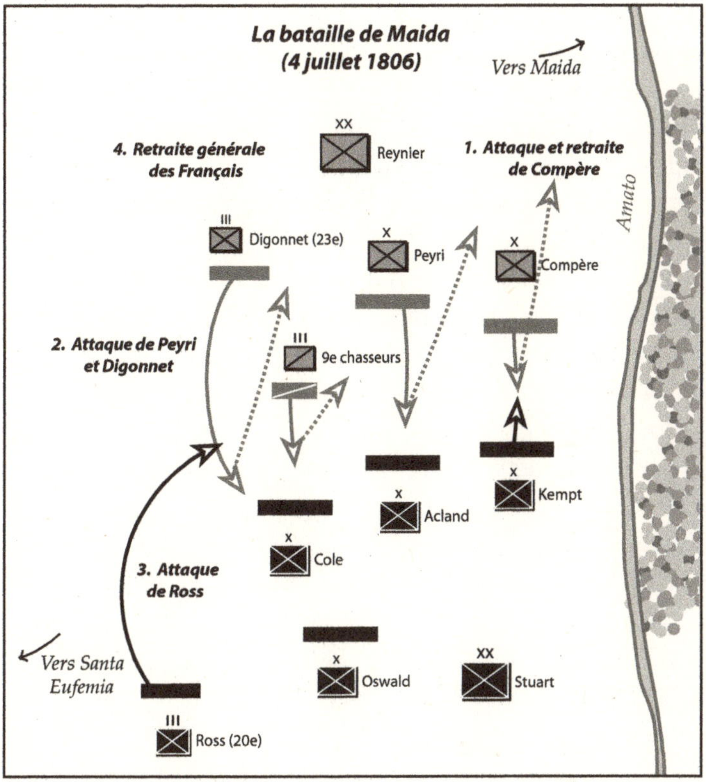

Reynier concentre son offensive contre la droite ennemie et déploie en conséquence ses régiments en échelon, avec ses meilleures troupes (42e régiment et 1re léger) sur sa gauche, sous la direction du général Compère. Le 1er régiment d'infanterie légère avance en tête, soutenu sur sa droite par le 42e. Il va se heurter au *Light Battalion* de Kempt qui rassemble les troupes d'élite de l'armée de

Stuart. Kempt a en effet reçu la mission de regrouper les compagnies d'infanterie légère des différents régiments et de forger leur cohésion par un entraînement intensif sur l'île de Malte durant l'été 1805. Parvenu à moins de 70 mètres de la ligne britannique, le 1er léger subit, selon les sources, une ou deux salves dévastatrices du *Light Battalion*, perdant plusieurs officiers et son élan offensif. La décharge est suivie d'une contre-attaque des habits rouges qui provoque la débandade du régiment. Le 42e est entraîné dans la déroute qui emporte l'aile gauche française.

Devant l'échec de son attaque sur la droite anglaise, Reynier reporte son effort sur le centre et la gauche en faisant avancer la brigade Peyri composée du 1er régiment d'infanterie suisse et du 1er régiment d'infanterie polonaise. Elle est soutenue sur sa droite par le 23e régiment d'infanterie légère pour engager la brigade Acland (78e et 81e régiments), qui tient le centre britannique. Reynier tente d'engager le 23e léger pour profiter de l'écart qui s'est formé entre le centre et la gauche de Stuart et attaquer le flanc gauche d'Acland. Cependant, le 23e est déjà engagé contre la brigade Cole sur la droite et ne peut pas être redéployé contre le centre. Cette dernière est cependant prise à partie par les voltigeurs français qui lui infligent des pertes importantes. Elle est contrainte de détacher cinq compagnies sur sa gauche pour contrer cette menace de débordement.

Au milieu de la matinée, la situation semble équilibrée : si la droite de Stuart est victorieuse, sa gauche est malmenée et commence à manquer de munitions. Les soldats britanniques sont éreintés par leur marche d'approche depuis les premières heures du jour et par la fournaise de l'été calabrais. Reynier peut espérer profiter de sa supériorité en cavalerie pour parfaire son opération de débordement contre la gauche anglaise. Cet espoir est vite déçu par l'arrivée inattendue du 20e régiment sous les ordres du colonel Ross qui vient de débarquer dans la matinée, alors que la bataille a déjà commencé, et marche immédiatement au son du canon. Il se positionne à l'arrière gauche de Cole, puis repousse successivement les tirailleurs et les cavaliers français. Les 550 hommes de Ross obliquent ensuite vers la droite pour prendre en enfilade les forces ennemies. Devant cette nouvelle menace, toute la ligne française se replie.

En milieu de journée, la victoire de l'armée britannique est acquise. La fatigue, la chaleur, le manque d'eau et de munitions et surtout l'absence de cavalerie empêchent cependant les Anglais de profiter de leur victoire. Reynier parvient certes à se replier en bon ordre, mais le bilan est désastreux : alors que les Britanniques n'ont perdu que 327 hommes, les Français ont subi, selon les différentes estimations, entre 1 400 et 2 000 pertes. Les conséquences opérationnelles de la bataille sont importantes, puisqu'elle bloque les préparatifs d'invasion de la Sicile en faisant tomber entre les mains anglaises la pointe de la botte italienne avec les villes de Reggio, Scilla et Crotone. Elle précipite, en outre, le soulèvement de la population dans toute la Calabre et force les Français à évacuer la province.

Vers un nouveau mythe historiographique ?

Mettant l'accent sur le premier affrontement entre la brigade Compère et le *Light Battalion* de Kempt, le général Griois affirme, dans ses mémoires, que tout s'est joué en quinze minutes ! Son témoignage alimente la vision longtemps privilégiée par les historiens anglais focalisés sur la controverse relative au recours à la ligne et à la colonne. L'analyse de l'affrontement montre au contraire que rien n'est joué lors du premier choc entre la droite anglaise et la gauche française. C'est uniquement l'engagement des troupes fraîches de Ross qui brise la volonté française de continuer le combat. La présentation erronée de la bataille est rectifiée par James Arnold dans un article célèbre paru en 1982, « A reappraisal of column versus line in the Peninsular war ». Cette déconstruction de la thèse d'Oman a ensuite été validée par David Chandler, qui a accepté de revoir ses commentaires sur Maida.

Les spécialistes anglo-saxons de la tactique napoléonienne, comme Paddy Griffith ou Brent Nosworthy, réfutent désormais la vision d'une supériorité tactique britannique fondée exclusivement sur la puissance de feu de la ligne face à une armée française privilégiant bestialement le choc des colonnes. L'analyse des instructions sur l'entraînement des unités et des mémoires sur les affrontements démontre, comme on l'a vu pour Auerstaedt, que l'armée française utilise aussi bien la ligne que la colonne ou la formation en tirailleurs, et passe rapidement de l'une à l'autre. La colonne est principalement utilisée pour les marches d'approche et peut être employée pour les attaques, notamment quand l'adversaire a été préalablement affaibli par l'action des tirailleurs et les tirs d'artillerie. Le passage de la formation en colonne à la ligne peut être ordonné à l'approche de l'ennemi, mais suppose un bon entraînement des soldats, qui doivent changer de formation sous la fusillade.

La tactique de l'armée anglaise est également réévaluée dans des succès obtenus en Espagne comme à Waterloo. Les historiens s'accordent désormais à mettre en valeur la résolution morale et l'action de choc au détriment de la puissance de feu. Si les salves envoyées à courte portée fragilisent la cohésion adverse, c'est la bonne contenance face à l'approche de l'adversaire puis la charge subséquente à la baïonnette qui déclenchent sa fuite. Précisons qu'à l'époque des guerres napoléoniennes, la notion d'action de choc ou de charge à la baïonnette ne suppose pas un contact physique. Le choc entre unités d'infanterie est très rare, et la charge de fantassins vise à produire une action morale sur l'adversaire pour l'obliger à se replier avant le contact.

L'échec de l'attaque de Compère illustre en fait la forte volatilité de l'impulsion morale, définie comme la perception par l'ennemi de la résolution qui anime une unité. En l'espèce, l'attaquant français semble initialement le plus déterminé, mais la donne change de camp dans les derniers mètres en raison de la bonne contenance des troupes britanniques. Dans son *Précis historique sur l'infanterie légère*, le général Duhesme est convaincu de la responsabilité de l'absence des tirailleurs pour expliquer la défaite française : « Je crois bien que si, à la bataille de Sainte-Euphémie, nos bataillons serrés en masse, et disposés, tant que le terrain l'eût permis, en échiquier, eussent été précédés par des essaims de tirailleurs qui auraient déjà commencé par éclaircir les rangs ennemis ; qu'en approchant, les têtes de colonne se fussent lancées à la course, la ligne anglaise n'aurait pas conservé ce beau sang-froid qui la fit tirer si juste et avec autant de précision. Et certes, elle n'aurait pas attendu aussi longtemps pour démasquer son feu, si auparavant elle eût été vigoureusement harcelée par nos tirailleurs[6]. »

À l'opposé des thèses britanniques, Duhesme défend la supériorité de la colonne sur la ligne en s'appuyant sur le contre-exemple de la bataille de Caldiero[7] (où il commandait l'aile droite) qui a opposé le 30 octobre 1805 le maréchal Masséna à l'archiduc Charles. Il rapporte qu'un premier bataillon fut mis en déroute par la ligne autrichienne après s'être lui-même déployé en ligne. Les deux autres bataillons firent, au contraire, rétrograder l'adversaire en conservant leur progression en colonne. Il insiste à plusieurs reprises sur la maîtrise, par les unités, de la colonne serrée en masse. Cette formation autorise un meilleur contrôle du commandant sur son unité, si on la compare à une formation en ligne qui est facilement désorganisée par les accidents du terrain et les pertes.

En définitive, ce n'est pas une formation tactique spécifique qui fait la différence, mais la détermination morale des combattants qui leur confère la fermeté nécessaire pour pousser une offensive jusqu'aux lignes ennemies ou, au contraire, repousser une attaque sans

---

6. Guillaume-Philibert Duhesme (1766-1815) est un général français qui effectue ses premières armes dans l'armée du Nord et se distingue à Fleurus. En 1806, il participe à la conquête du royaume de Naples et fait paraître son *Précis historique de l'infanterie légère* qui constitue une des premières analyses de la tactique des armées napoléoniennes. Il commande la Jeune Garde à Ligny et Waterloo, où il est mortellement blessé près de Plancenoit.

7. L'armée française est en position offensive contre les positions ennemies retranchées dans le village et sur les hauteurs de Caldiero, à l'est de Vérone. Le village change plusieurs fois de mains avant son évacuation définitive par les Autrichiens.

perdre leur cohésion et leur sang-froid. Le recours à une formation tactique appropriée ou à une combinaison *ad hoc*, incluant notamment l'action de tirailleurs, conditionne le niveau de détermination morale, en permettant d'infliger des pertes importantes à l'adversaire tout en limitant celles subies par son camp. Mais ces facteurs ne peuvent pas compenser le défaut de cohésion morale qui s'obtient par un apprentissage militaire rigoureux et grâce à un encadrement expérimenté.

En Espagne, la dégradation de la qualité des conscrits et de l'encadrement explique pour l'essentiel les échecs répétés des corps français face à l'armée professionnelle de Wellington. Les facteurs tactiques des succès du « duc de fer » se fondent aussi sur un entraînement exigeant de ses fantassins. Il autorise la combinaison d'action de feu et de choc prenant la forme de salves tirées à courte distance précédant une soudaine charge à la baïonnette. À ces facteurs tactiques, il faut bien sûr ajouter les défaillances opérationnelles liées à la rivalité entre les maréchaux de Napoléon et aux graves insuffisances logistiques aggravées par les actions de guérilla. La situation est trivialement résumée par un officier français, capturé à la bataille de Vitoria en 1813, qui avoue à Wellington : « Le fait est, monseigneur, que vous avez une armée, mais nous sommes un bordel ambulant. »

Une explication complémentaire plus récente fait reposer les succès tactiques de l'armée britannique sur la cohésion supérieure de ses groupes primaires[8]. Rappelons que ceux-ci désignent de petits groupes informels composés de trois à douze personnes, qui conditionnent les

8. C'est la thèse défendue par Edward Coss (cf. Bibliographie) dans son ouvrage.

valeurs et comportements de leurs membres. Ce concept a été popularisé après la Seconde Guerre mondiale pour expliquer les motivations des combattants, en démontrant qu'il leur procure l'estime de soi, la confiance réciproque et la sécurité mutuelle. Selon cette approche, la détresse économique et sociale, générée par la révolution industrielle, à l'origine des engagements dans l'armée britannique, puis les difficultés permanentes de ravitaillement éprouvées en Espagne, sans oublier les sanctions corporelles infligées régulièrement par l'encadrement aux soldats, conduisent ces derniers à tisser de forts liens interpersonnels générant une solidarité exemplaire. Cette forte cohésion constituerait le fondement de la combativité supérieure des habits rouges. Cette interprétation ouvre de stimulants champs d'investigation, mais supposerait d'être passée au crible d'une analyse comparée des armées en présence… afin d'éviter de construire un nouveau mythe historiographique !

Bibliographie sélective

ARNOLD James, « A reappraisal of column versus line in the Peninsular War », *Journal of the Society for Army Historical Research*, Winter, 1982.

CADET Nicolas, *Honneur et violences de guerre au temps de Napoléon, la campagne de Calabre*, Paris, Vendémiaire, 2015.

COSS Edward, *All for the King's Shilling, the British soldier under Wellington, 1808-1814*, University of Oklahoma Press, 2010.

DAURIAC Éric, *Les Armes de Napoléon*, Isle, Éditions Balezy, 2011.

GRIFFITH Paddy, *Forward into Battle, fighting tactics from Waterloo to the near future*, Novato, Presidio Press, 1992.

HOPTON Richard, *The Battle of Maida 1806, fifteen minutes of glory*, Barnsley, Pen & Sword Military Books, 2012.

NOSWORTHY Brent, *Battle Tactics of Napoleon and his Enemies*, Londres, Constable, 1995.

PÉTAIN Philippe, *Cours d'infanterie enseignée à l'École supérieure de guerre* (1911), Lyon, Éditions du Cosmogone, 2010.

16

La guerre finance la guerre

par Pierre BRANDA

Pour ne pas donner aux Français l'impression qu'il dépensait trop pour la guerre, Napoléon fit en sorte de toujours équilibrer ses comptes, tout en n'augmentant pas exagérément la charge fiscale. Cette politique revenait à laisser croire que les conflits s'autofinançaient pour l'essentiel, puisque, par ailleurs, l'Empereur rejeta tout système d'emprunt. Le principe – la guerre qui paie la guerre – est sans doute aussi vieux que la guerre elle-même. Pour l'appliquer, le « dieu de la Guerre » allait mettre sur pied un système de collecte aussi vaste que remarquablement pensé. En la matière, il ne serait cependant pas très différent des grands conquérants qui le précédèrent dans l'Histoire, à ceci près que le détail d'organisation n'avait jamais été poussé aussi loin. Mais à toute « grande armée », il faut de grandes finances. Compter sur les seules ressources issues de la guerre allait-il suffire ? Le défi était immense : financer quinze ans de conflits à grande échelle sans connaître l'hideuse banqueroute alors même que la Révolution comme l'Ancien Régime avaient été passablement affectés par le manque de finances. Le système de financement napoléonien atteindra cependant rapidement ses limites, obligeant l'Empereur à jouer en permanence les équilibristes et à s'exposer dangereusement.

Naissance d'un système

La campagne d'Italie ne fut pas décidée seulement en fonction d'objectifs militaires. Les considérations financières avaient puissamment influencé la décision du Directoire de faire de la péninsule un théâtre d'opérations de premier plan. Le nouveau régime directorial était, en effet, jaloux de la mainmise de l'Autriche sur les immenses ressources de la Lombardie, au moment même où les finances françaises étaient au plus mal. Financièrement, le régime était à bout. La monnaie révolutionnaire, l'assignat, venait d'être abandonnée, victime d'une hyperinflation qui mit à mal toute l'économie d'alors. Sans ressources, le gouvernement se tourna vers l'extérieur dans l'espoir que la riche Italie fournirait les espèces d'or et d'argent qui lui manquaient cruellement. Il en allait de sa survie. Pour mener à bien cette mission, le général Bonaparte fut choisi. Le 10 mars 1796, il est nommé général en chef de l'armée d'Italie avec pour mission, notamment, de récolter le plus d'argent possible. Le Directoire eut bien raison de lui faire confiance. Avec l'occupation de la Lombardie en quelques semaines, les caisses de l'armée se remplirent de manière inespérée. Des convois d'or et d'argent prirent la route de Paris pour le plus grand bonheur du gouvernement aux abois.

Mais très rapidement le *condottiere* s'accorda de grandes libertés, y compris sur le plan financier, alors même que ce n'était guère l'usage. Ainsi, le 20 mai 1796, décida-t-il sans l'accord préalable de son propre chef qu'à l'avenir la moitié de tous les paiements faits aux soldats (solde, prêt et états de mois) serait payée en numéraire, c'est-à-dire en or et en argent. L'arriéré de la solde devait être réglé de la même façon. Une avance d'un mois devait même être consentie aux officiers. Après des années de pénurie, cette décision fut une petite « révolution » pour les soldats. Pour la première fois, le pouvoir militaire supplantait le pouvoir civil, et l'historien Jacques Godechot de commenter : « Le paiement de la solde de ses troupes en numéraire était de la part de Bonaparte un acte plus audacieux que sa prétendue désobéissance au Directoire lors de l'armistice de Cherasco. [...] Payer l'armée d'Italie en numéraire alors que les autres armées continuaient à être payées en assignats, c'était transformer cette armée en armée de mercenaires dévoués à Bonaparte, c'était l'obliger à rester en Italie tant que la France ne serait pas assez riche pour la payer elle-même en numéraire[1]. »

L'armée accueillit évidemment cette mesure avec la plus vive satisfaction, « avec empressement » même selon plusieurs sources. Et, quant au Directoire pourtant fort mécontent, il fut obligé de battre sa coulpe. Comment aurait-il pu faire autrement ? Impossible de reprendre à ceux qui tenaient le fusil un argent qui venait enfin garnir leur bourse. Un lien fort se noua ainsi d'emblée entre le jeune général en chef et ses hommes. La guerre devait payer la guerre certes, mais au profit quasi exclusif des soldats (et de leurs chefs,

1. Sans vraiment consulter son gouvernement, Bonaparte avait conclu avec le royaume de Piémont-Sardaigne un armistice dans la ville de Cherasco le 18 avril 1796.

bien entendu). Cette manière de procéder allait devenir une constante chez lui. Car, pour se constituer un véritable « parti » avec des alliés aussi bien politiques que militaires, une moitié de solde ou de traitement civil payée en numéraire ne pouvait suffire. Un « système » d'orientation complémentaire (pour ne pas dire de détournement) de fonds était tout aussi nécessaire. À partir de la campagne d'Italie, Bonaparte ne cessa jamais de distribuer toutes sortes de prodigalités non seulement à son entourage, mais encore à tous ceux qui pouvaient lui être d'une quelconque utilité. Sous l'Empire, le système allait se développer à plus grande échelle, avec toutefois des distributions moins opaques. Les fondements de la future politique de Napoléon dans ce domaine se forgèrent donc lors de sa toute première campagne. Il n'avait que 26 ans…

Dans le même temps, il fit en sorte que les sommes perçues soient le plus possible « librement » consenties par les peuples qui subissaient les prélèvements. Quand plusieurs républiques furent fondées dans la péninsule italienne, Bonaparte leur demanda d'assurer le financement de son armée. En retour, il s'engagea à les défendre contre l'Autriche. Même si cet accord était plutôt à l'avantage de la France, tout le monde y trouva son compte. La France y gagnait, en effet, non seulement un allié susceptible de lui fournir des contingents, mais, en prime, ses finances économisaient l'entretien et la solde de toute une armée. Des profits pour ses prétoriens, pas ou peu de fonds à sortir pour les finances publiques françaises et des contributions perçues par des gouvernements locaux entièrement soumis à Bonaparte : voilà le mode d'administration des pays conquis conçu par ce jeune conquérant. Pour le créer, il sut s'affirmer contre son gouvernement, montrant par là qu'à la gloire, il saurait ajouter d'autres dimensions. En Italie, il devint ainsi non seulement un éblouissant conquérant, mais aussi un véritable précurseur quel que fût le domaine : politique, financier, militaire ou « médiatique ».

Sur la corde raide

L'expédition suivante, celle d'Égypte, fut sur le plan financier, comme d'ailleurs sur le plan militaire, fort décevante. En 1799, quand Bonaparte rentra en France et prit le pouvoir à la hussarde, il fut immédiatement confronté aux problèmes des finances qui paralysaient le pouvoir politique depuis plus de vingt ans. La tâche s'annonçait très difficile : « Au 20 brumaire an VIII, il n'existait réellement plus de vestige de finances en France. Une misérable somme de 167 000 francs était, à cette époque, tout ce que possédait en numéraire le Trésor public d'une nation de trente millions d'hommes ! C'était le produit d'une avance de 300 000 francs que l'on avait obtenue la veille », commenta le nouveau ministre des Finances, Gaudin. La réponse de Bonaparte fut à la hauteur des enjeux. On appela ce moment le « miracle consulaire ». Pour installer son régime dans la durée, le nouveau César devait à l'évidence mettre en place des instruments financiers solides. Le 13 décembre 1799, la Direction des contributions directes fut créée avec pour mission d'établir et d'expédier les matrices d'impôt. Cette administration dépendant exclusivement du ministère des Finances était composée d'un directeur général, de 99 directeurs départementaux et de 840 inspecteurs et contrôleurs. Avec ardeur, les agents de cette nouvelle administration réalisèrent un travail considérable : plus de cent mille feuilles d'impôts furent établies en une seule année.

Le système bancaire devait aussi être revu. Il fallait à la France une grande banque capable d'assouplir des conditions de crédit souvent trop restrictives et de diminuer le prix de l'argent (les taux d'intérêt), au bénéfice de l'État et des particuliers, d'où la création en 1800 également de la Banque de France. Enfin, comme la plus grande anarchie régnait dans le domaine de la monnaie, le signe monétaire, fondement matériel mais aussi économique de l'argent, devait contribuer au retour de la prospérité autant qu'à affermir les autres réformes financières. De cette réflexion naquit en 1802 le franc germinal, qui deviendra la monnaie française de tout le XIXe siècle. Mais malgré ces réformes décisives, le financement de la guerre resta difficile. Quand, après une courte paix d'un an à peine, le conflit avec l'Angleterre se ralluma, l'État consulaire se retrouva à nouveau sur la corde raide. Dans le langage financier de l'époque, l'expression « recettes extraordinaires » se définissait plus par opposition aux « recettes ordinaires » que pour décrire une réalité hors du commun. Ce vocable regroupait en fait toutes les recettes non fiscales, comme les cautionnements ou les ventes de biens nationaux. L'augmentation de toutes ces recettes était pour le moment la seule porte de sortie pour le Premier consul.

Mais ces expédients n'étaient pas encore suffisants, loin s'en faut. Par conséquent, il fallut chercher ailleurs, y compris hors de France. Après la perte de Saint-Domingue, Bonaparte s'était résolu à vendre la Louisiane aux Américains. La vente de cette colonie si peu française pouvait éviter au jeune régime de recourir à l'impôt pour commencer le conflit. Le ministre du Trésor avait d'ailleurs multiplié les démarches auprès du chef de l'État pour le convaincre de « réaliser » cette propriété d'outre-Atlantique. Il n'eut pas grand-peine à fixer la décision du pragmatique et réaliste Premier consul : « Bonaparte [savait] très bien que sans une présence suffisante de nos forces dans les Caraïbes, sans débouchés économiques vraiment solides, et sans nulle garantie dans l'Atlantique (tant pour ce qui [concernait] l'Angleterre que l'Espagne), la Louisiane française ne [pouvait] devenir l'instrument d'une grande politique sans y sacrifier des moyens dont la France ne [pouvait] pas se priver pour elle-même. » Pour 15 millions de dollars (au lieu des 10 millions que le président Jefferson avait autorisé ses représentants à débourser), la France vendait aux États-Unis cette Louisiane qu'elle n'avait pas eu le temps d'occuper : 11,25 millions de dollars (soit environ 50 millions de francs) allèrent finalement dans les caisses de l'État consulaire, le reste servit à indemniser les citoyens américains ayant perdu des vaisseaux ou des cargaisons du fait des hostilités entre la France et l'Angleterre. Avec cette vente, Bonaparte réalisa une très bonne affaire compte tenu des circonstances.

Sa diplomatie musclée vint encore au secours des finances publiques en obtenant de l'argent de ses alliés. Les contributions les plus importantes furent versées par l'Espagne. Au moment de la rupture de la paix d'Amiens, Bonaparte préféra, en effet, une aide logistique et financière de ce pays plutôt qu'une entrée en guerre à ses côtés. Il estimait, en effet, l'armée et la marine espagnoles bien trop vulnérables. Le subside espagnol fut fixé à 6 millions de livres tournois par mois le 17 octobre 1803, dont 4 millions en numéraire et 2 millions en fournitures militaires. Il rapporta plus de

75 millions de francs au Trésor public entre l'an XI et l'an XIII. Une lettre du ministre du Trésor à Napoléon du 7 novembre 1803 nous montre à quel point les finances de l'Empire en dépendaient : « Quant à frimaire, les fonds de l'Espagne y pourvoiront et M. de Talleyrand m'en répond. » La déclaration de guerre de l'Angleterre à l'Espagne en décembre 1804 mit fin à ce financement avantageux. En sus des 50 millions de francs obtenus grâce à la vente de la Louisiane et de l'argent donné par l'Espagne (75 millions), 64 millions de francs rentrèrent dans les caisses du Trésor public grâce au subside italien. La République « sœur » (dont Napoléon était le président en attendant de devenir le roi d'Italie), Parme et la Ligurie assuraient en effet des versements de 20 à 22 millions par an à l'Empire français. Au total, 304 millions de recettes « extraordinaires » complétèrent ainsi les recettes fiscales et permirent de contenir l'envolée des dépenses.

Les recettes extraordinaires de l'an X à l'an XIII (1802-1805)[2]

En millions de francs	An IX	An X	An XI	An XII	An XIII	Total
Recettes extraordinaires de l'État						
Cautionnements			2	22	36	60
Vente de domaines et décomptes				26	23	49
Recettes extérieures (Italie, Espagne)	6		37	82	20	145
Vente de la Louisiane			9	41		50
Total des recettes extraordinaires	**6**		**48**	**171**	**79**	**304**

2. Source : *Administration des finances de l'an X à l'an XIII*, Paris, Imprimerie nationale.

Les compléments budgétaires employés pour le financement de la guerre reposèrent donc pour moitié sur des recettes anciennes (ventes de biens nationaux et cautionnements) et pour une autre moitié sur les bénéfices financiers des traités signés avec les puissances « amies »[3]. Malgré ces financements « extraordinaires », le compte n'y était toujours pas. Près de 66 millions de francs manquaient à l'appel. Même si ce chiffre sur quatre exercices paraît modeste, les besoins de trésorerie furent par moments bien plus importants. Une campagne militaire occasionne, en effet, d'immenses besoins sur de très courtes périodes pour les achats de chevaux (la remonte), l'habillement des troupes ou encore la fabrication des armes (fusils, sabres, canons), etc. Dans le même temps, les recettes ordinaires (les impôts) comme extraordinaires (ventes de biens, cautionnements et subsides étrangers) de l'État sont bien plus longues à percevoir. Pour passer ce cap difficile, le nouveau régime impérial traita avec des affairistes ambitieux, les Négociants réunis. Cette compagnie[4] ainsi que le ministre du Trésor allaient se trouver au cœur d'une véritable tourmente financière qui aurait fort bien pu conduire à une faillite terrible de l'Empire français. Car s'il ne manqua « que » 66 millions à Napoléon pour boucler ses budgets jusqu'en 1805, cette

3. À partir de 1805, nous verrons que les sommes versées par les pays étrangers n'entrèrent plus directement dans les caisses du Trésor public, à l'exception du subside italien.

4. Fondée par le financier Ouvrard, la compagnie des Négociants réunis avait le quasi-monopole des fournitures aux armées et accordait de larges prêts à l'État impérial. À cause de l'étendue de ses activités et des risques qu'elle prenait, la compagnie était particulièrement sensible à la conjoncture.

somme, finalement réduite en regard de la richesse de la France, faillit pourtant tout compromettre. Lorsque l'Autriche entra de nouveau en guerre contre la France, la confiance vis-à-vis du régime s'écroula. Dès lors, l'argent vint cruellement à manquer pour faire face aux nouvelles dépenses. Dans le même temps, les Négociants réunis se retrouvèrent en situation de quasi-banqueroute à cause d'affaires mal conduites en Espagne. Sans la victoire d'Austerlitz, qui ramena la confiance, la faillite de l'État impérial paraissait certaine.

La guerre qui paie la guerre

Après 1805, le financement de la guerre changea de dimension. En étendant son influence sur l'Europe, le « dieu de la Guerre » rendit son régime plus autonome en matière financière. Grâce à sa nouvelle puissance, il éviterait le recours aux banquiers et ne serait plus à la merci de financiers suspects. « Vous devez avoir pour principe que la guerre doit nourrir la guerre », recommanda Napoléon au maréchal Soult lors de sa nomination comme général en chef de l'armée du Midi en Espagne. Le duc de Dalmatie devait également prendre les « mesures les plus efficaces pour pourvoir à la solde et aux besoins de votre armée ». Ainsi, le principe énoncé par le premier Empereur était celui d'un autofinancement des opérations extérieures. Il tenta d'y parvenir par trois moyens : saisies ordinaires, conséquences financières des traités de paix et économies réalisées grâce aux troupes alliées ou entretenues à l'étranger.

Première source importante d'économie, une fois équipées et habillées en France aux frais du Trésor public, les armées avaient donc pour consigne de se suffire à elles-mêmes. Pour soulager ses finances, Napoléon avait donc tout intérêt à « exporter » ses soldats, comme il l'expliqua en 1811 à l'ambassadeur russe, Kourakine : « Toutes les troupes dont l'entretien est trop pesant, il faut les envoyer sur le territoire ennemi ; c'est ainsi que j'en use et mes finances se trouvent bien. » Mais il n'y eut pas que les pays envahis pour accueillir tous ces soldats français, un peu trop pesants pour les budgets impériaux. C'est ainsi que de nombreux régiments stationnèrent en Italie, en Westphalie, au Hanovre ou à Naples, pays administrés par des membres de la famille impériale (Murat, Eugène ou Jérôme). Comme pour tous les autres domaines de l'État, Napoléon exigea que l'on tînt une comptabilité la plus précise possible. Les commissaires des guerres et les trésoriers-payeurs de l'armée chiffrèrent donc les saisies en argent ou en nature effectuées au cours des opérations militaires. Leurs travaux détaillèrent également ce qui était employé pour les besoins des soldats (solde, nourriture, matériel) et ce… qui restait au final.

Seconde manne financière, les sommes obtenues *via* la conclusion des traités de paix étaient également suivies étroitement jusqu'au règlement final par le pays concerné. Chaque campagne fit ainsi l'objet d'une comptabilité séparée. Napoléon tenait particulièrement à savoir quels étaient les gains qui résultaient de chacune de ses victoires. Il pouvait apprécier ainsi leur rendement : « Cette campagne ne m'a pas rendu autant que la précédente », se plaignait-il à Mollien après Wagram. Enfin, troisième possibilité d'économies, l'adjonction à la Grande Armée de contingents étrangers payés par leur pays d'appartenance. Au fur et à mesure de la montée en puissance de son *imperium* en Europe, pratiquement tous les alliés de Napoléon (volontaires ou non) se devaient de fournir un contingent. Le royaume d'Italie et l'Espagne furent parmi les premiers pays « fournisseurs de soldats » pour la campagne de 1805. À compter de celle contre la Prusse en 1806, beaucoup d'États allemands, comme la Bavière, la Saxe, le Wurtemberg, le Bade ou, plus tard, la Westphalie, furent mis à contribution. Comme toutes ces unités militaires étaient entièrement à la charge de leur pays d'origine (solde, équipement, nourriture), cela représentait autant de dépenses en moins pour l'État impérial.

Selon nos calculs, l'argent collecté grâce à la guerre permit à Napoléon de compter sur près de 1,743 milliard de francs, avec 809 millions de contributions ordinaires, 582 millions de contributions extraordinaires et 352 millions d'économies réalisées grâce aux contingents alliés et à l'entretien des troupes françaises à l'étranger. Ce chiffre très important est à mettre en regard du surcoût engendré par la guerre pour les finances publiques. À partir de la rupture de la paix d'Amiens, la digue de l'équilibre budgétaire (autour de 500 millions) obtenu en l'an X (1802) fut rompue. Il fallut trouver 225 millions de plus de l'an XI à l'an XII (financement extraordinaire de la période consulaire) et 2 841 millions de l'an XIII à 1814 (période impériale) soit 3,066 milliards de francs[5]. Sur cette somme, comme nous l'avons vu plus haut, seuls 582 millions de francs

5. L'ensemble des dépenses militaires inscrites dans les budgets de l'État de l'an XI (1803) à 1814 s'éleva à 6,74 milliards de francs. Les 3,11 milliards de francs dont il est question ici représentent seulement la part supplémentaire que Napoléon dut financer à cause des guerres successives. C'est seulement à partir de ce dernier chiffre que nous avons mesuré la part du financement de la guerre

furent versés dans les caisses de l'État en provenance des pays extérieurs (448 millions de versements directs[6] et 154 millions de prêts du Domaine extraordinaire non remboursés en 1814). L'insuffisance des ressources fut comblée pour la plus grande partie par de nouvelles impositions (contributions indirectes pour plus de 1,2 milliard, centimes additionnels[7] pour 62 millions et droits de douane pour 137 millions), des ventes de biens (224 millions) et des cautionnements des agents de l'État (69 millions). La Banque de France et Napoléon lui-même, à travers sa liste civile, prêtèrent au Trésor public. Au 1er avril 1814, 123 millions pour l'un et 95 millions pour l'autre restaient dus. Il resta enfin un déficit final de 503 millions de francs de dépenses non payées à la charge de la première Restauration.

Détails du financement extraordinaire de la guerre de l'an XI (1803) à 1814

Provenance des sommes ayant financé le surcoût de la guerre en millions de francs	Montant	% du total
Payées par le Trésor public		
Contributions indirectes	1272	30,01 %
Ventes de domaines et décomptes	224	5,28 %
Douanes extraordinaires	137	3,23 %
Centimes additionnels	62	1,46 %

---

par la guerre, car nous n'avons pas voulu tenir compte des dépenses militaires normales réalisées en temps de paix.

6. Ces versements directs provenaient des subsides italiens (312 millions) et espagnols (69 millions), de la vente de la Louisiane (50 millions) et de divers autres pays (17 millions).

7. Les centimes additionnels étaient des suppléments d'impôts décidés sur des impôts déjà existants. Instituer 10 centimes additionnels revenaient à augmenter l'impôt de 10 %, par exemple.

Provenance des sommes ayant financé le surcoût de la guerre en millions de francs	**Montant**	**% du total**
Cautionnements	69	1,63 %
Prêts de la liste civile de Napoléon	95	2,24 %
Total payé par le Trésor public	**1 859**	**43,85 %**
Payées grâce à la guerre		
Contributions ordinaires et valeurs saisies en pays ennemi	809	19,08 %
Recettes extérieures issues des traités	448	10,57 %
Économies (contingents alliés & troupes aux frais des pays frères)	352	8,30 %
Prêts du Domaine extraordinaire	154	3,63 %
Total du financement obtenu grâce à la guerre	**1 763**	**41,59 %**
Dépenses non payées – Déficit total	**503**	**11,87 %**
Prêts des établissements privés (Banque de France)	**123**	**2,90 %**
Total général	**4 248**	**100,21 %**

Un pari à demi réussi

Un gros tiers du surcoût engendré par la guerre (41 %) a donc été payé par la guerre elle-même[8]. La part la plus importante fut financée pour près de 59 %

8. Cette part est évidemment bien plus faible si nous intégrons l'ensemble des dépenses militaires (voir la note de la page précédente). Elle ne s'élève, en effet, qu'à un peu plus de 26 % si nous tenons compte des 6,74 milliards de francs dépensés au total de l'an XI (1803) à 1814.

par les ressources de la France à travers les impôts, les ventes de biens nationaux ou communaux, la Banque de France ou encore le déficit (acquitté ensuite par les première et seconde Restaurations). Pourquoi ce chiffre finalement limité, malgré toutes les victoires impériales ? En premier lieu, la guerre ne fut pas que terrestre mais aussi maritime. Pendant que les budgets militaires consacraient près du tiers de leurs ressources à la marine impériale, aucune victoire ou conquête outre-mer ne put financer cet effort (hormis la vente *in extremis* de la Louisiane). Ce fut même tout le contraire, puisque la France perdit pratiquement toutes ses colonies après Trafalgar. Et malgré l'héroïsme d'un Surcouf, la guerre de course ne procura que des ressources bien limitées. Car si Napoléon limita son engagement sur mer, beaucoup d'efforts furent néanmoins consentis, que ce soit dans la construction navale ou dans des aménagements portuaires (dépenses d'équipement toujours très coûteuses).

Ensuite, l'enchaînement incessant des campagnes militaires occasionna de constantes levées de troupes ainsi que des renouvellements permanents de matériels. L'augmentation de 75 % des budgets militaires de 1805 à 1812 en témoigne. Les dépenses passèrent, en effet, de 411 à 722 millions de francs durant cette période. Enfin, les puissances vaincues n'étaient pas toujours riches, qu'il s'agisse de l'Espagne ou de la Russie, évidemment, mais aussi de l'Autriche toujours en proie à des quasi-banqueroutes. Quant à la Prusse, elle eut toutes les peines du monde à s'acquitter de ses contributions, si bien que 44 millions de sa contribution extraordinaire de 1807 restaient dus en 1814. Les ressources des États allemands, même si elles étaient importantes, ne pouvaient à elles seules prendre en charge tout le coût de la guerre.

D'autant plus que les conséquences du Blocus continental se firent grandement sentir dans ces pays, notamment en 1810 et 1811. Il manquait en définitive sur la liste des pays vaincus par la France la seule puissance capable de payer à l'Empire français le coût de ses conflits incessants : l'Angleterre. Grâce à leurs richesses propres, la « perfide Albion » et la France étaient en effet les seules capables de supporter plusieurs années de combats.

En regard des sommes en jeu, les 500 millions de déficit final furent au fond peu de chose. Napoléon avait donc réussi son pari : financer quinze ans de guerre sans connaître l'« hideuse banqueroute ». Mais tout le financement napoléonien reposa, on l'a vu, largement sur la contrainte. Aussi, le mécontentement se généralisa d'un bout à l'autre de l'Europe. Que ce soient les Français mécontents des taxes sur l'alcool ou le tabac, les Hollandais ruinés, les Romains confrontés à une rigueur fiscale inconnue jusqu'alors, les Allemands mis fortement à contribution par les intendants militaires, les Espagnols dont chaque centime d'impôt payait l'« armée d'occupation » ou les Italiens contraints d'acheter uniquement français, chaque Européen avait une bonne raison d'en vouloir à Napoléon. Partant, la politique financière coercitive de l'Empereur fut un sérieux obstacle à l'affermissement de la présence française. Les annexions elles-mêmes furent en partie gâchées par cette mainmise fiscale.

De 1806 à 1813, Napoléon imposa son système de finances à toute l'Europe. Mais à quel prix ! Il a en effet presque reculé les limites du possible. Toutes les fiscalités européennes ont été mises à contribution pour financer les guerres continentales, que ce soit à travers la signature de traités de paix ou encore par une modification directe des budgets de contrées « amies » comme l'Italie ou l'Allemagne. La tarification douanière du continent a été profondément remaniée par Napoléon lui-même pour permettre à la fois aux produits français de s'exporter sans craindre aucun rival, et au Trésor public de pouvoir compter sur d'appréciables recettes. Pour éviter l'« injure anonyme », le régime usa et abusa parfois des emprunts « discrets », voire « forcés », avant que la fortune « personnelle » de l'Empereur ne vienne prendre le relais. Malgré cela, les contribuables français ne purent être épargnés. La fiscalité indirecte fut réintroduite (1,2 milliard de recettes nouvelles) et, à la fin du régime, les impôts directs furent considérablement augmentés. L'argent ainsi récolté par Napoléon fut à la hauteur de l'enjeu, ou plutôt du gouffre : plus de 4 milliards de francs, soit l'équivalent de huit années de budgets consulaires.

L'Empereur pouvait-il agir autrement ? Nous ne le croyons pas. Toute autre solution passait obligatoirement par l'emprunt. Or l'Empereur ne voulait pas recourir aux emprunts publics basés sur l'adhésion des marchés financiers. « La vérité est que Napoléon aurait craint d'exposer son crédit à être discuté, peut-être sous-estimé, et que l'importance capitale qu'il attacha toujours à maintenir la rente française à de hauts cours lui interdisait de risquer de la faire baisser par des émissions nouvelles. De plus, il ne lui échappait point qu'un gouvernement qui emprunte sollicite par cela même le concours de l'opinion et se met par conséquent dans une certaine mesure sous sa dépendance : or il était de ceux qui se piquent de la dominer, de la diriger, et non pas de la suivre », estime le grand historien Marcel Marion. Les quelques émissions réalisées sous l'Empire par des institutions attachées au régime furent toutes accueillies avec une froideur certaine. Les actions de la Banque de France ne furent souscrites qu'au bout de plusieurs années, non seulement lors de la fondation de cette dernière, ce qui pouvait être normal, mais aussi à l'occasion de l'augmentation de capital décidée en 1806. Plus anecdotiques mais tout aussi révélateurs, les emprunts de Saxe, de Naples ou de Prusse constituèrent d'autres exemples de cette défiance généralisée. Pour ceux-ci, l'Empereur fut pratiquement le seul souscripteur.

Mais Napoléon ne fut pas le seul responsable de cette « infirmité » pour les finances publiques. « La France a abîmé sa réputation dans la dernière décennie sous l'Ancien Régime et la Révolution. Sa dépendance vis-à-vis de son système d'impôts [pour se financer] n'était pas synonyme d'une vertu fiscale supérieure, tout au contraire. Emprunter aurait engendré des coûts considérables et le public aurait été sceptique par rapport à la fidélité de l'Empire [à pouvoir rembourser ses dettes]. Mais plus que tout, la récente expérience de l'hyperinflation causée par les assignats excluait toute solution de ce type », ont estimé avec raison deux chercheurs américains[9]. En dépit de toutes les « masses de granit » (Banque de France, franc et système fiscal) qu'il institua, Napoléon ne parvint jamais à se défaire de l'héritage ou plutôt du souvenir désastreux que laissa la Révolution. Mais il n'y eut pas que des causes « nationales » à cette absence de crédit public. Les disponibilités financières mondiales, même si elles étaient déjà très importantes,

---

9. Michael Bordo et Eugène N. White, *British and French Finance during the Napoleonic Wars*, Working paper n° 3157, National Bureau of Economic Research, Cambridge, Massachusetts, novembre 1990.

n'étaient pas extensibles à l'infini. Or une autre puissance « captait » depuis plusieurs années les flux d'épargne d'une grande partie de l'Europe : l'Angleterre. Face à ce « géant » économique, il est indéniable que l'Empire français aurait eu toutes les peines du monde à attirer librement beaucoup de capitaux.

Si, en 1814, le régime impérial termina sa course en laissant une dette modérée, il n'en fut pas de même l'année suivante avec l'aventure des Cent-Jours. La brève campagne de Belgique ne creusa pas exagérément le déficit, mais les Alliés voulurent cette fois punir financièrement la France, alors qu'un an auparavant Talleyrand et Louis XVIII avaient évité pareille sanction. En 1815, il fut impossible d'y échapper. Les clauses financières du traité de Paris mirent à la charge de la France plus de 1,4 milliard de francs. C'était considérable. D'après le tableau ci-après, le lecteur verra que la France paya après Waterloo un montant comparable à celui qu'elle remboursa après la chute du Second Empire et même (à certains égards) à celui que l'Allemagne dut acquitter en vertu du traité de Versailles.

Une comparaison des grandes réparations de guerre

	France 1815	**France 1871**	**Allemagne 1918**
% du revenu national annuel	21	25	83
% des exportations annuelles	434	167	500
% du budget de l'État	231	201	350

Mais n'oublions pas que la campagne de Belgique en 1815 fut brève, alors que la guerre de 1870 dura plusieurs mois et que le premier conflit mondial ensanglanta l'Europe quatre années durant. Aussi les Cent-Jours de Napoléon peuvent-ils être considérés comme les « plus chers de l'histoire de France », puisque pour une période aussi courte, les conséquences financières figurent parmi les plus sévères qu'ait connues un pays. Pour s'en libérer, la seconde Restauration emprunta largement et avec succès. Le crédit public français venait de naître. Pourtant, depuis 1818, la dette publique hexagonale ne cesse de croître et ne semble plus connaître de limites alors même que nous ne sommes plus impliqués dans d'aussi larges conflits que ceux de l'épopée impériale. Dans ce domaine comme dans bien d'autres, tout est cependant affaire de confiance : tant que celle-ci perdure, point d'inquiétude à avoir, mais trop éprouvée, elle peut s'évanouir. « Une fois envolée, elle ne revient point », avertissait déjà le poète Syrus au Ier siècle avant notre ère. Malgré sa puissance, même Napoléon ne parvint jamais à s'affranchir du vieil adage.

Bibliographie sélective

Branda Pierre, *Le Prix de la gloire. Napoléon et l'argent*, Paris, Fayard, 2007.

Bruguière Michel, *La Première Restauration et son budget*, Genève, Droz, 1969.

Gaudin Martin Michel Charles, *Mémoires, souvenirs et opinions de M. Gaudin, duc de Gaëte*, Armand Colin, 1926, 3 vol.

Godechot Jacques, *Les Commissaires des armées sous le Directoire*, Paris, Presses universitaires de France, 1941.

Marion Marcel, *Histoire financière de la France depuis 1715*, vol. IV, Paris, A. Rousseau, 1925.

17

Napoléon, le dévoreur de la jeunesse française

par François HOUDECEK

De 1792 à 1815, près de 2400000 hommes servent dans les rangs de l'armée française. La conscription mise en place par le Directoire permet au gouvernement impérial un niveau de mobilisation jamais égalé auparavant. Cependant, un taux d'enrôlement aussi important n'est pas accepté par tous. Les résistances sont nombreuses et nourrissent une insoumission et une désertion endémiques, mais qui sont loin d'être la règle. Napoléon fut-il le « mangeur d'hommes » que la légende noire a prétendu ? Pas si sûr, du moins dans les dix premières années de son gouvernement.

À son accession au pouvoir, Bonaparte conserve le système de recrutement par conscription instauré par la loi Jourdan-Delbrel en septembre 1798. Depuis cette date, chaque année, les jeunes hommes de 20 à 25 ans sont dans l'obligation de se faire recenser et de se faire inscrire sur les listes municipales. Dès le jour de la convocation pour le conseil de recrutement qui se tient au chef-lieu de canton, le choix des jeunes hommes doit être clair. Se soumettre à la loi, c'est potentiellement partir pour l'armée, quitter ce que l'on connaît pour un avenir incertain et la guerre. L'alternative est de sombrer dans l'illégalité et la clandestinité de l'insoumission. Tous sont avertis que s'ils négligent de comparaître ou de se faire représenter devant le conseil de recrutement, ils seront portés sur la liste des candidats au départ. Les listes sont établies par les autorités municipales puis préfectorales.

Au jour dit, la première étape de la désignation des partants est le tirage au sort. Un petit numéro et c'est le départ assuré, tandis qu'un grand numéro écarte cette perspective, au moins pour un temps. Ceux qui sont reconnus aptes mais que le sort a écartés sont placés en réserve jusqu'à leurs 25 ans révolus. Fixé en principe par la loi – mais le recours à la procédure plus souple et plus sûre du sénatus-consulte prend rapidement la place –, le contingent demandé par l'Empereur reste modéré dans les premières années. De 1800 à 1805, quelque 1 477 082 conscrits sont recensés, dont seulement 18,3 % (269 884) sont incorporés. Par la suite, de 1806 à 1810, près de 30 % des 1,9 million de recensés rejoignent les rangs de la Grande Armée. C'est à compter de 1808 que la machine commence à s'emballer. En plus du contingent annuel, des levées « supplémentaires » permettent d'appeler toujours plus d'hommes. 1810 et 1811 marquent une accalmie. En 1812, en plus de la conscription annuelle fixée à 120 169 hommes, sous prétexte de ranimer la Garde nationale, Napoléon procède à une levée déguisée pour l'armée d'active de 75 000 hommes. En 1813, sous la pression de la défaite, la demande en recrues se fait nettement plus forte. Cinq appels, dont plusieurs rétroactifs sur les réserves de 1805 à 1813 ou anticipés sur celles de 1814 et 1815, sont effectués pour un total de 890 000 hommes. Ils épuisent presque toutes les ressources disponibles. À l'exception des derniers appels, le zèle des préfets permet cependant de fournir la quasi-totalité des effectifs demandés par l'Empereur.

C'est l'ancienne France qui contribue majoritairement aux levées. Les nouveaux départements fournissent au mieux 25 % des effectifs demandés. Au total, la ponction sur la population française est de 7 %, très loin des 20 % du premier conflit mondial. C'est la multiplication des ponctions en 1813 et l'appel des réservistes qui contribuent beaucoup à l'impopularité de la conscription et à la légende de l'« Ogre corse ». Avant cette année fatidique, l'institution était en passe de se faire accepter, car avec un peu d'anticipation et (pas mal) de moyens financiers, les voies de sortie potentielles demeuraient nombreuses.

Les exemptions légales

Si la conscription est présentée par les autorités comme un devoir et un honneur, beaucoup de jeunes hommes ont tout mis en œuvre pour tenter d'y échapper, par des moyens légaux... la plupart du temps.

Le principal motif légal d'exemption est le défaut de taille. En fixant celle-ci à 1,624 m sous le Consulat, on exclut près de la moitié des jeunes gens. Pour limiter les réformes, la taille est régulièrement abaissée jusqu'à 1,517 en 1813. Malgré cela, de nombreux conscrits se trouvent encore exclus d'office du service. Près du tiers des jeunes hommes sont encore réformés par les conseils de recrutement du fait de leur mauvais état physique. À partir de 1793, le service de santé a édicté la liste des vingt-huit motifs d'exemptions médicales, ainsi que le moyen de lutter contre les simulateurs. Les recruteurs sont confrontés en permanence à des conscrits qui feignent myopie, surdité, incontinence, douleurs articulaires ou musculaires et, en terre non francophone, de ne pas comprendre la langue. Pour échapper au service, certains n'hésitent pas à avoir recours à des médecins conciliants qui délivrent de faux certificats contre rémunération. D'autres achètent des potions qui engendrent des plaies qui ne se referment pas ou des problèmes ophtalmiques. De véritables associations de malfaiteurs précèdent les conseils de recrutement et proposent leurs services aux jeunes hommes. En 1807, à Vannes, un chirurgien vend un caustique pour faire apparaître des plaies. Pour que sa petite entreprise fonctionne, il prend soin de se faire assister de jeunes et jolies rabatteuses intéressées aux bénéfices. Ces solutions ne sont cependant pas sans risques et ceux qui y cèdent ont parfois à se repentir de leur choix ! À Paris, en juin 1807, un élève en médecine est interpellé pour avoir négocié une poudre qui a manqué de faire perdre la vue à plusieurs jeunes hommes. Pour rester dans leur communauté, les plus déterminés se coupent les premières phalanges de l'index droit, ce qui les empêche de tirer, ou s'arrachent les incisives avec lesquelles on déchire la cartouche. Le nombre toujours en augmentation de simulateurs ou de fraudeurs entraîne une méfiance grandissante de la part des conseils de recrutement. À la fin de l'Empire, sauf à être affublé d'une grave infirmité visible, il n'y a plus beaucoup de possibilités d'échapper légalement à la conscription pour raisons médicales. Ceux qui auraient quelque défaut physique non incapacitant sont dirigés dans les charrois, le train des équipages ou l'artillerie.

Hormis les exemptions de santé, quelques professions permettent d'éviter le départ : état ecclésiastique, ouvriers des manufactures d'armes, mais aussi grands prix des écoles d'art, etc. De même, certaines situations familiales sont prises en compte, comme lorsqu'on est frère d'un soldat sous les armes, fils unique d'une personne de plus de 71 ans, aîné d'une fratrie d'orphelins ou marié. Cette dernière situation est la plus communément invoquée, car il suffit de justifier d'une union antérieure à la promulgation de la loi ou au sénatus-consulte de levée de troupes pour être écarté de la liste. L'anticipation est donc de mise. À l'approche d'une levée, il n'est pas rare de voir le nombre d'unions s'envoler. Encore faut-il trouver une femme à qui passer la bague au doigt. Famille, amis, connaissances sont mis à contribution. Faute de trouver l'épouse parfaite, des agences matrimoniales facilitent la mise en relation des jeunes hommes avec des femmes parfois très âgées. L'augmentation des appels multiplie ces unions parfois mal assorties. En 1809, le préfet du département du Nord décompte ainsi dix-huit mariages entre de jeunes hommes et des femmes âgées, dont la plus vieille compte quatre-vingt-dix-neuf printemps[1]. Par la suite, l'obligation de fécondité imposée aux unions ne peut freiner le phénomène. Non sans une certaine ironie, la conscription participe ainsi au maintien du taux de natalité.

Enfin, pour se soustraire à l'appel fatidique, les familles les plus fortunées se mettent en quête d'un

1. A.N., AFIV 1124, conscription 1809-1811. Cet exemple célèbre a été cité par J.-P. Bertaud dans ses nombreuses études, notamment dans *Quand les enfants parlaient de gloire. L'armée au cœur de la France de Napoléon*, Paris, Aubier, 2006.

remplaçant. Autorisée dès le Consulat, cette possibilité permet, en échange d'une somme d'argent, de trouver une recrue de substitution. De 1806 à 1810, le taux de remplacement est de 4,5 %. Au fil de l'Empire, ce commerce devient de plus en plus onéreux. En 1813, il n'est pas rare de débourser plus de 10 000 francs[2] pour trouver un candidat au départ. Parfois, des villages se cotisent pour le payer; mais durant toute la période, les fils de familles à l'assise financière établie (du bourgeois au gros fermier) ont plus de chances d'échapper au départ que l'ouvrier ou le manouvrier. Lorsque tous les moyens légaux ne peuvent aboutir, il faut s'en remettre au sort le jour des opérations de conscription. Là encore, avec un bon arrangement financier, on peut permuter bons et mauvais numéros.

Insoumis et réfractaires

Quelle que soit la classe sociale, répondre à l'appel est une décision aux conséquences personnelles et familiales lourdes. Pour les plus déterminés qui refusent d'incorporer l'armée, il ne reste que la vie aventureuse de l'insoumis ou du réfractaire et, une fois embrigadé, du déserteur. Dans les premières années de l'Empire, l'opposition à la conscription constitue l'élément central de la psychologie collective de nombreuses communautés. Le service militaire n'est pas alors perçu comme un rite de passage patriotique, mais comme une obligation, voire une corvée, à laquelle on ne peut que difficilement

2. Le salaire moyen d'un ouvrier sous l'Empire se situe entre 1,50 et 2 francs par jour et un ouvrier aisé de 3 à 4 francs.

échapper. Difficile d'accepter de quitter le domicile familial quand la perspective donnée par les autorités se réduit à la vie en campagne et aux combats. La défense du sol sacré ne suffit pas à mobiliser, d'autant que pour une partie du pays les hostilités s'éloignent des frontières. Pour ces raisons, entre 1800 et 1805, le taux d'insoumission moyen dans l'ancienne France est de 28 %, à peine moins élevé qu'en Belgique (31 %) ou au Piémont (33 %).

Le front du refus est cependant très disparate suivant les départements. Très faible, voire inexistante aux frontières de l'Est, l'insoumission s'avère très forte dans les départements du Bassin aquitain, le Massif Central ou la frontière pyrénéenne, où elle atteint le tiers, et même parfois la moitié des conscrits. Comme l'on peut s'en douter, la topographie ne dicte pas nécessairement sa conduite à l'individu. Les attitudes dans un même département peuvent ainsi varier d'une bourgade à l'autre. Globalement, à partir de 1811, dans l'ancienne France comme dans les territoires annexés, la résistance à l'enrôlement recule considérablement (13,1 %). Ce n'est ni le patriotisme ni le respect de l'Empereur qui incitent les conscrits à se soumettre, mais une attitude toujours plus répressive de l'État envers les fraudeurs et leurs familles. C'est aux préfets et à la gendarmerie que revient la mission essentielle de poursuivre les bandes de réfractaires qui fréquemment se joignent aux brigands ou le deviennent. On les estime en 1811 à 138738 individus. L'action des colonnes mobiles permet cependant d'en réduire fortement le nombre. De même, l'État fait poursuivre sans relâche les escrocs et les corrompus qui peuvent assister les jeunes hommes dans leur refus de rejoindre l'armée.

Pour ceux qui se soustraient à la conscription, l'attachement et la défense de la petite patrie prennent, la plupart du temps, le pas sur des notions plus abstraites et éloignées des considérations du quotidien comme le patriotisme ou la légitimité impériale. À l'origine de l'insoumission, il y a souvent l'arrachement moral et matériel au territoire qui a vu naître le jeune homme. C'est l'amour filial qui pousse de nombreux jeunes gens à rester ou à rentrer auprès de leurs parents en dépit de la loi. Au-delà de cette rupture affective douloureuse, un départ prive souvent les parents d'une force de travail. Dans les départements ruraux ou manufacturiers, la conscription augmente ainsi le manque de main-d'œuvre et pousse les jeunes hommes à refuser l'appel. S'ils ne se font pas prendre, ils sont alors facilement embauchés, qui plus est avec de meilleurs salaires, ce qui s'avère très tentant.

Dans les départements réunis (on ne disait pas « annexés ») se pose de surcroît la question de l'adhésion à l'Empire. Comment quitter le foyer familial quand il faut aller se battre pour un drapeau que l'on ne reconnaît pas réellement comme le sien ? Le patriotisme d'un Hollandais, d'un Mayençais ou d'un Génois le pousse plus certainement vers le front du refus qu'à partir se battre pour les aigles françaises. En Italie, l'opposition à la conscription varie selon la période et les territoires, mais le taux du refus reste élevé pendant toute la période : 30 % dans les départements romains, 25-28 % en Toscane, tandis que dans le Piémont, jouant sur l'ancienne tradition militaire, ce taux est parfois plus faible que dans l'ancienne France. Les départements belges connaissent de violentes résistances lors des premières levées du Consulat. Après l'annexion de 1810, c'est au tour de la Hollande de connaître des émeutes.

C'est en 1813, alors que la machine conscriptionnelle s'emballe, que le nombre de rebelles explose. Ils n'hésitent pas à opposer une résistance armée à ceux qui tentent de les interpeller. Dans le Nord ou dans la Sarthe, pendant la dernière année de l'Empire, des heurts violents opposent à la gendarmerie des bandes d'insoumis et de déserteurs. À partir de l'automne 1813, l'écho des défaites mine le moral des soldats, et la désertion connaît une ampleur inégalée. Après l'abdication de Fontainebleau, beaucoup estiment que leur engagement s'est achevé. Ils n'hésitent pas à s'autolicencier en masse et à regagner leurs foyers en toute illégalité.

Les déserteurs

Une fois passé les opérations de conscription, les recrues doivent rejoindre leurs régiments d'affectation. Les lieux de casernement sont souvent très éloignés des lieux de vie, et c'est un voyage de plusieurs jours, voire d'une ou deux semaines, qu'entament la plupart des recrues. Durant tout le trajet, encore sous le choc de la séparation d'avec la famille, les tentations de déserter sont nombreuses et les opportunités fréquentes. C'est ainsi qu'en mai 1809, sur 84 conscrits des départements de l'Ouest versés au 5e de ligne, 60 désertent en route. De fait, pour les prévenir, les conscrits sont parfois traités comme des prisonniers. Une fois versés dans les unités, la dure condition de soldat impose une révolution de vie que beaucoup ne supportent pas. Les brimades de l'instruction, l'ennui, la proximité des familles lorsqu'on est cantonné dans sa région, puis les conditions de vie en campagne, le versement aléatoire de la solde sont autant de bonnes raisons de quitter les rangs. Malgré une police sévère, il est ainsi difficile de tenir la totalité des effectifs sous les armes pendant les deux années du camp de Boulogne.

La désertion n'est pas uniquement le fait de jeunes soldats. C'est parfois après plusieurs années de service, quand ils estiment un contrat rempli ou au premier signe de paix, que certains décident de rentrer chez eux. La période 1810-1811 connaît ainsi un fort taux de désertions chez ceux qui servaient depuis les premières années de l'Empire. La décision de l'insoumis est souvent individuelle, celle du déserteur plus fréquemment collective. Il n'est pas rare que plusieurs soldats d'un même département ou d'une même région prennent ensemble la poudre d'escampette. Début août 1804, ce sont, par exemple, 22 soldats du Calvados qui décident de quitter les rangs du 28e de ligne où ils servaient. Pour ces derniers, le trajet de retour est peu aventureux. C'est le contraire pour ceux qui désertent en Espagne ou même en Italie.

Pour éviter ces errements, les unités et l'administration tentent en permanence de contrôler les soldats. Cela n'empêche pas certains de devenir déserteurs épisodiques, quittant les rangs, les réintégrant puis désertant à nouveau. Claude Salmon, parti remplaçant en 1801 au 23e de ligne, déserte par deux fois et est condamné à dix ans de fers à Bayonne. En 1807, il est recruté, alors qu'il était au bagne, pour faire campagne au Portugal dans le corps de Junot. Salmon est fait prisonnier par les Espagnols, chez qui il prend du service avant de déserter pour rejoindre l'armée française. Capturé à nouveau par les Britanniques cette fois, il termine sa carrière militaire en 1814 après avoir fait campagne en Calabre[3] !

La chasse aux insoumis et aux déserteurs

L'insoumission ou la désertion exposent les réfractaires à une vie de misère et de cache-cache permanent avec les autorités. Il est cependant possible de vivre plusieurs années dans la clandestinité, privé de ses droits civiques mais pas de subsistance ni de complicités. Les contrôles étant moins fréquents dans les zones rurales, certains peuvent même prendre facilement un emploi dans des exploitations agricoles reculées sans se faire remarquer. Dans cette lignée, certains trouvent des places dans la petite domesticité ou l'artisanat dans l'espace anonyme des grandes villes. La possession du livret ouvrier étant indispensable dans les entreprises, le risque est bien plus grand d'être repris. De manière générale, se soustraire à ses obligations militaires n'est pas considéré par les proches comme un crime grave. Ils n'auraient jamais été aussi nombreux à quitter les rangs sans un soutien moral et matériel des populations qui les ravitaillent et les hébergent dans la clandestinité. Surtout, ils sont avertis de l'approche des gendarmes, et parfois protégés par la force contre les autorités. Dans les villages, beaucoup sont prêts à prendre de grands risques pour conserver près d'eux un tendre fils ou un membre de leur communauté. Dès le Consulat, des garnisaires (logés aux frais des habitants) sont déployés pour obliger les familles à livrer les jeunes hommes

3. AD de l'Yonne, 3 M1 76, communiqué par Pierre Glaizal.

qu'elles protégeraient. Très employée par les préfets du Sud-Ouest, cette méthode est également appliquée ailleurs avec une certaine efficacité.

Ceux qui se soustraient à leurs obligations sont conscients des risques encourus en cas de capture : reconduite dans les unités, amende, peine de prison ou de fers et, en cas de récidive, la peine de mort. Les conseils de guerre spéciaux, qui jugent ces cas, sont considérés comme très sévères du fait de l'affichage ostentatoire des peines infligées, le plus souvent par contumace. Dans la grande majorité des cas, l'armée ayant toujours plus besoin de soldats, les insoumis repris sont placés dans des dépôts de conscrits réfractaires. Par décret du 24 janvier 1811, ceux-ci sont transformés en régiments qui prennent les noms des îles sur lesquelles ils sont stationnés : Walcheren, Belle-Île, Ré, auxquels s'ajoutent deux régiments de la Méditerranée cantonnés sur les îles d'Hyères et de Lérins. Proches de l'univers carcéral, les conditions de vie y sont difficiles, la discipline sévère, et le taux de mortalité élevé.

À l'armée, c'est la justice prévôtale qui juge les cas de désertion. De mai à août 1813, en Saxe, les services du général Radet, grand prévôt, statuent sur 40 000 cas de désertion. Sur ce chiffre important, 700 sont réellement instruits, et seulement 320 font l'objet d'une condamnation dont on ne connaît pas la teneur. Après conciliation, la mesure la plus courante est la reconduite dans l'unité d'affectation. En effet, s'il y a des exécutions capitales pour l'exemple, la justice militaire se montre souvent clémente, même si elle pratique l'affichage des peines afin d'impressionner la troupe. Pour tenter de juguler l'hémorragie de 1813-1814, Napoléon ordonne, à l'image de la Rome antique, d'appliquer la décimation[4] : fusiller un déserteur sur dix. Cependant, si des déserteurs ont bien été fusillés, les archives manquent pour dire si cette justice d'exception a réellement été appliquée par un grand prévôt qui devait douter de l'efficacité d'une telle mesure. Les fraudeurs et leurs familles savent néanmoins que la majeure partie du temps les peines sont légères, et ils espèrent dans les amnisties, fréquentes sous le Consulat et au début de l'Empire. La dernière grande amnistie du règne est décrétée à l'occasion du mariage avec Marie-Louise. Elle offre un bilan mitigé et seulement 6 000 insoumis des classes 1806-1810 regagnent leurs corps dans les trois mois imposés par la loi.

Durant l'Empire, insoumission et désertion sont donc des phénomènes importants contre lesquels les autorités luttent pied à pied. Le besoin permanent d'hommes pour soutenir l'effort de guerre ne fit qu'amplifier le front du refus. Ce rejet de la conscription n'est cependant pas généralisé et n'entrave pas le fonctionnement de l'armée, qui bénéficie pendant toute la période du renfort de nombreuses recrues prêtes à se battre.

La conscription, considérée comme un impôt du sang, et les pertes importantes sur les champs de bataille nourrissent l'image de l'« Ogre corse » qui se met en place après le désastre de Russie. Cette propagande, portée par les oppositions puis par les vainqueurs,

---

4. En question dès 1811, c'est la seule fois que cette « justice » fut ordonnée dans l'armée française. F. Houdecek, « L'autre visage de la campagne de France : Napoléon face aux désordres de l'armée », *in* P. Gueniffey, P. Branda, *1814, La campagne de France*, Perrin, 2016.

prospère dans les opinions publiques du XIXe siècle et restera durablement attachée à Napoléon. Si la ponction sur la jeunesse est conséquente, les études récentes tendent cependant à diminuer le nombre réel des morts du fait des campagnes napoléoniennes et leur impact sur la démographie française.

Bibliographie sélective

Bergès Louis, *Résister à la conscription 1798-1814. Le cas des départements aquitains*, Paris, CTHS, 2002.

Bodinier Gilbert, *Histoire militaire de la France*, t. 2, André Corvisier (dir.), Paris, PUF, 1992.

Boudon Jacques Olivier, *Ordre et désordre dans la France napoléonienne*, Paris, Soteca-Napoléon Ier, 2008.

Crépin Annie, *Histoire de la conscription*, Paris, Gallimard, 2009.

Forrest Allan, *Déserteurs et insoumis sous la Révolution et l'Empire*, Paris, Perrin, 1988.

Lignereux Aurélien, *La France rébellionnaire. Les résistances à la gendarmerie, 1800-1859*, Rennes, Presses universitaires de Rennes, 2008.

Petiteau Natalie, *Les Français et l'Empire (1799-1815)*, Paris, Les Indes savantes, coll. « La Boutique de l'Histoire », 2008.

Pigeard Alain, *La Conscription au temps de Napoléon*, Paris, Bernard Giovanangeli éditeur, 2003.

Vallée Gustave, *La Conscription dans le département de la Charente (1798-1807)*, Paris, Librairie du Recueil Sirey, 1936.

18

La bataille se gagne à la baïonnette

par François Houdecek

« On va leur percer le flanc, ran tan plan tire lire lan. Ah ! Ce que nous allons rire ! » Cette célèbre chanson, qui aurait été entonnée sur les pentes du plateau de Pratzen le 2 décembre 1805, véhicule à elle seule l'idée que les victoires se trouvaient à la pointe des baïonnettes des fantassins de l'Empire.

Depuis l'Antiquité, le combat est essentiellement associé au *choc,* au contact avec l'adversaire, allant jusqu'au corps à corps et au duel à l'arme blanche. Cette idée que la bravoure et la valeur d'un combattant s'incarnent sur le champ de bataille dans une confrontation d'homme à homme est par la suite portée par la chevalerie médiévale, la noblesse monarchique et finalement reprise par la Révolution française. Dans les discours des politiques et des généraux, l'arme blanche du fantassin est l'incarnation de la fougue et de la bravoure de l'infanterie française, « reine des batailles ». Le combat corps à corps est censé révéler l'authentique valeur de l'individu, mais également lui redonner sa dignité. Surtout, la charge, héroïque, est à l'opposé de la passive attente sous le feu qui déshumanise le combattant en le réduisant à l'état de cible.

La prédominance des actions d'éclat liée aux phases de combat à l'arme blanche dans la première promotion de la Légion d'honneur montre combien est alors valorisé le corps à corps. Les récompenses pour des attaques à la baïonnette (58 %) et au sabre (39 %) y sont surreprésentées par rapport au fusil (4 %), tandis que l'artillerie est absente. À l'inverse, les blessures de ces mêmes médaillés sont très largement occasionnées par le feu. Car, des discours à la réalité, il y a un gouffre. Le commandant Vivien note qu'en vingt ans de guerre, il ne vit que très rarement un choc à la baïonnette : « Parce qu'il arrive presque toujours que si l'assaillant persiste à marcher en avant après avoir reçu à brûle-pourpoint le feu roulant de son adversaire, l'autre tourne le dos, et *vice versa.* » Le sous-lieutenant Martin constate également que le choc entre deux unités ne se fait presque jamais : « L'affaire se trouvait le plus souvent décidée avant même qu'on n'eût croisé le fer. Le bataillon ou le carré qui va être enfoncé l'annonce aux yeux par une espèce d'ondoiement dans sa ligne au moment critique, et la catastrophe suit immédiatement. On dirait qu'il est renversé par le souffle de l'attaquant, et c'est vrai, car une énergie supérieure agit alors comme un courant magnétique sur un ennemi moins résolu. »

L'effet produit par une charge, comme le notent Jomini, Marmont et nombre de commentateurs avant même le célèbre Ardant du Picq, est finalement presque toujours moral puisque, à de rares exceptions près, l'attaque n'est pas suivie de l'engagement. Les troupes assaillies ou assaillantes se débandent le plus souvent avant le contact. Dans ces circonstances, l'unité qui a le plus d'élan ou de résolution l'emporte. Les victoires remportées « baïonnette au canon » ne sont en réalité que le fruit d'un affrontement entre deux déterminations, et non un combat furieux. Partant, imaginer que les soldats alliés auraient systématiquement cédé face à la motivation supérieure des combattants de la République et de l'Empire reviendrait à faire peu de cas de leur propre résolution et de leur courage, comme le note Hervé Drévillon. D'autant que dans leurs discours, Prussiens, Britanniques ou Autrichiens ont pu développer un argumentaire proche[1] ! Derrière l'instrumentalisation de cette arme se trouve un débat qui transcende le XVIIIe siècle, entre partisans de l'ordre mince (la ligne) et de l'ordre profond (la colonne). Cette controverse de théoriciens et de commentateurs tente de résoudre la question de la primauté entre le feu, le choc et la manœuvre. Elle oppose la bravoure du combat au corps à corps à l'arme blanche, et la froideur destructrice et aveugle des armes à feu. Au travers de publications, ce débat resurgit au lendemain de l'Empire, pendant tout le XIXe siècle et jusqu'au premier conflit mondial. Pourtant, la pratique des guerres de la Révolution et de l'Empire a montré que les victoires ne dépendaient pas d'une arme spécifique, mais d'une combinaison de moyens et d'une adaptation permanente et pragmatique aux réalités de la bataille.

---

1. Au combat de Roliça, le colonel Lake dit, par exemple, à ses hommes : « La baïonnette est la véritable arme du soldat britannique. »

Pilonnage et stress des hommes

Dans les premiers instants de la bataille, l'artillerie pilonne les lignes adverses, imposant une terrible épreuve de patience aux soldats pris sous le feu roulant de dizaines, parfois de centaines de pièces. Le système d'artillerie Gribeauval, dont dispose la Grande Armée, a standardisé et allégé les pièces. Mise au point au XVIIIe, cette amélioration permet de concentrer au matin un grand nombre de canons, puis dans le cours de la journée de porter le feu aux endroits où le combat le nécessite. Napoléon et ses contemporains pensaient que le feu n'était redoutable que lorsqu'il était concentré. D'arme de soutien durant les premières campagnes, l'artillerie devient l'arme fatale par excellence, conçue pour briser le dispositif adverse par la force brute. La majorité des pièces en usage sont des canons de bronze à tir tendu avec une portée théorique de 3 600 mètres pour les plus gros calibres (le 12 livres). Par souci d'efficacité, les projectiles qui pèsent de 2 à 6 kilogrammes ne sont que rarement tirés sur l'infanterie au-delà de 1 000 mètres et 600 mètres contre la cavalerie. Plus les angles du tir sont faibles, plus la portée est moindre, mais en tombant sur un terrain assez dur (Wagram ou la Moskova), les boulets ricochent, allongeant la portée du tir et son efficacité mortelle. L'impact sur les corps des combattants est redoutable. Les boulets disloquent les membres ou les têtes des soldats et enlèvent dans un bruit sourd des files entières de combattants. La vélocité de déplacement du projectile est suffisante pour engendrer des effets de *blast* (le vent du boulet), qui tue sans heurter les soldats. Discuté par les médecins qui en contestent la réalité, cet effet impressionnant est pourtant confirmé par les soldats. À cette terrible épreuve physique s'ajoute l'épreuve morale. Chaque homme doit conserver sa place en restant droit sous les boulets sans savoir si le prochain le frappera. Les images d'horreur se multiplient tant que dure le pilonnage. D'autant que sur l'instant, ce mortel hasard génère un stress et une angoisse inouïs qui ne permettent pas aux hommes de s'apitoyer sur ceux qui tombent. L'artillerie remplit ainsi un double rôle : moral en déstabilisant les soldats, et létal en dégarnissant les rangs. Aux tirs tendus sont combinés les tirs courbes des obusiers qui lancent leurs projectiles creux à mèche entre 700 et 1200 mètres. Ces munitions dispersent des éclats dans un rayon de 25 à 30 mètres. Comme à Friedland, l'artillerie à cheval opère dans le cours de l'affrontement avec la capacité de se porter sur des points donnés pour foudroyer au plus près les lignes adverses. Elle dispose de boîtes à mitraille qui projettent des billes de plomb en arc de cercle dont la portée est de 400 mètres. Tirée au moment opportun, cette munition est à même de briser l'élan d'une charge d'infanterie ou de cavalerie.

L'infanterie entre en scène

Parvenue en colonne sur le champ de bataille, l'infanterie, rangée en ligne sur trois rangs, ouvre le feu peu après l'artillerie. Le déploiement à Leipzig sur deux rangs, notamment pour occuper un plus grand espace, interroge soldats et officiers par le changement d'habitude. Il fera surtout couler beaucoup d'encre après l'Empire parmi les historiens militaires. Les fantassins sont équipés du fusil modèle 1777, qui n'a connu que peu de modifications depuis le XVIIIe siècle. D'un poids de 4,3 kg et mesurant 1,51 m (hors baïonnette), sa standardisation permet d'abaisser les coûts de production et de fournir à l'armée les armes nécessaires à l'équipement de toujours plus de soldats. La portée optimale du 1777 est de 120 à 160 mètres. Si les tirs peuvent porter sur près d'un kilomètre, passé 250 mètres, ils deviennent très aléatoires.

Dans sa correspondance, Napoléon insiste régulièrement sur le fait que les soldats doivent savoir tirer avant même de savoir évoluer. Le fusil se charge en 12 temps – 18 mouvements réduits à 4 temps en combat. C'est une mécanique complexe qui se maîtrise seulement après plusieurs semaines d'entraînement. On fait apprendre aux fantassins à charger et tirer le plus rapidement sans apprendre réellement à viser. Au début de l'engagement, en fonction de la distance qui les sépare de la ligne adverse, les officiers rappellent à leurs soldats où viser les hommes qui leur font face. En dessous de 100 mètres, les jambes des fantassins sont ciblées, tandis qu'au-delà de 160 mètres, on privilégie le buste, et plus on s'éloigne, le cou ou la tête. Entre les deux, ils doivent viser à la ceinture pour les piétons et au poitrail des chevaux pour les cavaliers.

Plusieurs feux sont théoriquement enseignés aux fantassins. Le plus couramment utilisé en combat est le « feu de deux rangs » ou « de fil »[2]. Les soldats de la première file de droite ajustent puis tirent, les suivants ouvrent le feu et ainsi de suite jusqu'aux derniers

2. J. Colin (*La Tactique et la Discipline dans les armées de la Révolution*, Paris, Chapelot, 1902) dit même que ce sont les seuls en usage à la guerre.

fantassins de gauche. Les premiers tireurs ayant eu normalement le temps de recharger, le feu reprend dans le même ordre. Le troisième rang doit recharger les fusils du second après chaque tir. De cette manière, le second rang ne cesse presque jamais de faire feu, compensant la perte des tirs du troisième rang. Cependant, après quelques salves, les échanges de fusils se font souvent dans la confusion, et certains soldats répugnent à faire feu avec un fusil qu'ils n'ont pas chargé. Dans ces feux sur trois rangs, le premier doit tirer un genou en terre. La génuflexion est peu naturelle dans un environnement de combat et déplaît aux soldats, qui doivent se relever pour recharger. D'autant que, comme le note le maréchal Ney dans ses mémoires, une fois à genoux les officiers ont du mal à faire se relever les hommes les moins aguerris qui, dans cette position, se trouvent « à couvert ». Cette mécanique complexe, efficace avec les combattants très entraînés du début de l'Empire, l'est beaucoup moins avec les conscrits tout juste intégrés de 1813. En Saxe, le troisième rang a même pu devenir un danger pour les deux premiers[3], les hommes de derrière blessant ceux de devant.

Dans tous les cas, après les premières décharges d'un feu très coordonné, un épais nuage de fumée enveloppe les formations qui tirent au jugé. Et après quelques salves, les ordres deviennent inaudibles. La confusion se met alors dans les rangs qui, à mesure des pertes, se

3. Laurent Gouvion-Saint-Cyr (*Mémoires sur les campagnes des armées du Rhin et de Rhin-et-Moselle, de 1792 jusqu'à la paix de Campo-Formio*, Paris, Anselin, 1829) avance que le quart des blessures furent causées au sein même de la ligne. Larrey (*Mémoires de chirurgie militaire*, t. 4) et Napoléon firent des constats identiques sans avancer de chiffre.

confondent et font feu sans distinction. Les « hommes échauffés par le combat » font « toujours le feu libre ou de billebaude »[4], résume le général Fririon. La doctrine française est que l'on doit tirer le plus de coups possible au détriment de la précision, la saturation de l'espace en projectiles devant y remédier. Cependant, si sur le champ d'exercice les fantassins exercés peuvent faire feu trois à quatre fois par minute, sous le feu ennemi et dans le stress des combats, ils ne tirent plus qu'une à deux fois toutes les soixante secondes.

Sauf à être placées à la conservation d'un point ou mises en réserve, rares sont les troupes d'infanterie qui restent statiques toute une journée d'affrontement. La tactique militaire napoléonienne est faite de manœuvres et de conversions qui doivent s'exécuter rapidement et sans pause. Les conversions de ligne (en bataille) ou à colonne (souvent pour les déplacements) sont les plus fréquentes. Le règlement de 1791 est une grammaire que les officiers adaptent au terrain et aux réalités mouvantes du combat. Nombre de conversions réglementaires complexes ne sont ainsi jamais appliquées lors des affrontements. Cependant, l'instruction de ces manœuvres est primordiale pour obtenir confiance et flexibilité sur le terrain : les fantassins doivent agir de concert pour exécuter les conversions le plus efficacement possible ; encore plus quand elles s'exécutent sous le feu. Pour une grande majorité d'entre eux, les hommes plongés dans la bataille sont incapables de prendre une décision et agissent uniquement sur ordre ou par imitation, et ce quel que soit l'exemple donné.

4. *Considérations générales sur l'infanterie française par un général en retraite*, Strasbourg, 1822.

Les cadres sont, de par leur comportement, les garants de l'exemple et de l'attitude à adopter.

Les deux années du camp de Boulogne ont ainsi permis aux fantassins de porter leur niveau d'expertise à un point inégalé. Soldats et officiers y ont gagné l'expérience et les automatismes qui se sont illustrés dans les campagnes de 1805 et 1806. Par la suite, l'érosion des compétences liée aux pertes, et l'augmentation permanente des effectifs laissent place à une armée moins manœuvrière rendant nécessaire l'emploi plus fréquent des attaques de masse. Pour protéger le déploiement, conquérir une position, préparer des attaques, couvrir des manœuvres, ou encore protéger carrés et batteries d'artillerie, les unités d'infanterie en ordre serré se font précéder par des essaims de tirailleurs. En ordre dispersé, ces fantassins harcèlent l'adversaire et en désorganisent les rangs. Généralisé et théorisé par la Révolution, ce combat est jusqu'au Consulat la spécialité des régiments d'infanterie légère. Sous l'Empire, tous les régiments de fantassins sont amenés à détacher des troupes en tirailleurs, gommant quasiment la distinction entre les deux subdivisions d'armes. Demandant une grande adaptabilité de la part des soldats, ce combat en réduisant la distance avec la cible est très meurtrier et peut aisément désorganiser les formations adverses. À la fin du règne, par manque d'instruction et d'aguerrissement, les tirailleurs perdent en efficacité et ne sont plus, au grand dam du général Duhesme[5], autant déployés.

5. En 1806 puis 1814, le général Duhesme se fait le théoricien et le défenseur de ce combat dans son *Précis historique de l'infanterie légère, de ses fonctions et de son influence dans la tactique des différents siècles*, Lyon, 1806; *Essai sur l'infanterie légère*, Paris, 1814.

Une des critiques récurrentes au sujet de Waterloo est de ne pas les avoir assez utilisés, ce que, à l'inverse, les Britanniques ne manquèrent pas de faire.

Les aléas du feu et le rôle de la baïonnette

Au combat, malgré la multiplication des décharges, le feu apparaît comme peu létal. Il faudrait ainsi une centaine de coups de fusil pour terrasser un adversaire, et un boulet pour abattre trois à cinq hommes. Loin des résultats du champ d'exercice, ce manque d'efficacité, lié au stress et au peu de précision des armes, montre que la contenance au feu vient pour partie de l'aspect aléatoire des tirs. De fait, le feu ne peut être décisif seul. Le grand nombre des décharges permet d'épuiser et d'éroder physiquement et moralement les hommes qui sont pris sous un déluge de projectiles sans savoir s'ils seront touchés. En cela, le feu est une préparation au choc. La charge à la baïonnette en offre une bonne illustration. L'ultime décharge avant le contact est censée donner le coup de grâce à la volonté du défenseur, déjà ébranlé par les tirs précédents et la vision de la colonne qui s'avance en masse. Si les salves de la troupe chargée ne parviennent pas à briser le mouvement offensif, le défenseur part en débandade et abandonne le terrain, laissant derrière lui de nombreux prisonniers. C'est d'ailleurs en fuyant que les soldats récoltent le plus de blessures à la baïonnette. Selon les circonstances, comme les combats sous la pluie à Znaïm ou Dresde, le choc peut être effectif et déboucher sur un violent corps à corps. De même, dans les prises de villages ou de redoutes, l'arme blanche du fantassin trouve une finalité mortelle. Nier ou minorer l'importance du choc (potentiel ou réel) dans le combat sous l'Empire serait illusoire car, comme le déclara Napoléon à Las Cases, « en guerre comme en amour, pour conclure, mon cher, il faut se voir de près ».

Arme de choc par excellence, la cavalerie peut être utilisée à de multiples moments dans un affrontement : pour faire taire l'artillerie ou le feu d'infanterie, chasser les tirailleurs, couvrir les déplacements des fantassins, contrer une charge adverse, ou encore écraser une infanterie déjà ébranlée par le feu. Indispensable, elle n'est cependant considérée que comme un accessoire de la force des armées. Pour le général Thiébault, elle doit « servir à compléter la victoire, parfois à la décider, et non à l'obtenir ». Les subdivisions d'armes ont leurs spécificités d'emploi. Les cavaliers légers (hussards et chasseurs) sont les yeux et les oreilles de l'armée. Indispensables hommes d'avant et d'arrière-garde, ils éclairent, renseignent et protègent les unités qui ouvrent ou ferment la route, ou mènent la poursuite. En combat, la cavalerie lourde (cuirassiers et carabiniers) et celle de ligne (dragons et lanciers) attaquent en vagues successives pour écraser l'infanterie ou l'artillerie. Tous les cavaliers cultivent la culture de la charge et du choc, qui pour eux sont l'âme et la raison d'être du combat à cheval, comme le résume le général Colbert : « Qui n'a chargé à la tête d'un beau régiment [...] n'a jamais eu le bonheur au cœur ! » Une infanterie qui n'aurait pas pris la précaution de se mettre en carré n'aurait aucune chance contre le déferlement des chevaux plus souvent au trot qu'au galop. À la suite des Pyramides, Auerstaedt et Waterloo, cette formation défensive gagne une réputation d'invincibilité. Sous l'Empire, plusieurs exemples montrent néanmoins que des carrés (y compris britanniques comme à Fuente de Onoro) ont explosé sous les charges des cavaliers français. Cependant, sauf circonstances climatiques (pluie à la Katzbach en 1813) ou sans combinaison avec le feu de l'artillerie, charger un carré qui n'a pas été éprouvé n'a que peu de chances d'aboutir à un succès. Si la cavalerie est décisive par son action dans certains affrontements (Austerlitz, Eylau, la Moskowa), elle ne peut remporter seule une bataille. Pour épiques qu'ils soient, les grands combats cavalerie contre cavalerie sont peu mortels et n'ont souvent que peu d'impact sur le résultat final de la bataille, sauf à épuiser les moyens des deux camps. Après la campagne de Russie, le manque de chevaux et la baisse d'instruction des cavaliers de la Grande Armée montrent, en revanche, l'importance de cette arme dans la conduite de la guerre.

Les batailles napoléoniennes apparaissent comme une succession d'assauts longtemps indécis dans lesquels les différentes armes entrent en lice au moment opportun, ou jugé comme tel, pour épuiser l'adversaire. Dans cette mécanique complexe, le moral du soldat est un facteur central que les différentes phases du combat visent à éroder. Dans cette perspective, l'attrition est moins le but que le moyen d'obtenir le résultat final : conserver la possession du terrain. C'est en ayant mis en place une parfaite coopération interarmes, qu'il sut combiner avec l'orchestration des différents éléments du combat (feu, choc et manœuvre) grâce à son coup d'œil pragmatique et à son sens de l'instant, que Napoléon a remporté ses nombreuses victoires. L'accumulation des succès aidant, sa présence magnétique à la tête de l'armée, galvanisant ses hommes et impressionnant ses adversaires, joue un rôle décisif sur l'issue des combats. Comme l'écrivit Elzéar Blaze dans ses mémoires : « On savait par expérience que ses plans amèneraient la victoire, aussi lorsqu'il arrivait nos forces étaient moralement doublées. »

Bibliographie sélective

Ardant du Picq colonel, *Études sur le combat*, Paris, Hachette et Cie/J. Dumaine, 1880.

Colin J., *La Tactique et la Discipline dans les armées de la Révolution*, Paris, Librairie militaire Chapelot et Cie, 1902.

Dauriac Éric, *Les Armes de Napoléon*, Paris, Éditions Balézy, 2011.

Drévillon Hervé, Wieviorka Olivier (dir.), *Histoire militaire de la France*, Paris, Perrin, 2018.

Drévillon Hervé, *Batailles. Scènes de guerre de la Table ronde aux tranchées*, Paris, Seuil, 2007.

Garnier Jacques, *L'Art militaire de Napoléon*, Paris, Perrin, 2015.

Goya Michel, *Sous le feu*, Paris, Tallandier, 2015.

Muire Rory, *Tactics and the Experience of Battle in the Age of Napoleon*, New Haven, Londres, Yale University Press, 2000.

19

La Garde impériale, une troupe de choc

par Stéphane Calvet

8 septembre 1812. Vers 17 heures, les Russes plient sous les coups de boutoir de la Grande Armée. La grande redoute, jonchée de morts et d'agonisants, est enfin prise. De nombreux maréchaux supplient alors Napoléon d'employer sa Garde pour transformer la victoire en triomphe. L'Empereur, ne laissant rien transparaître, hésite quand soudainement Bessières, le commandant des « Immortels », l'incite à la prudence. La Garde, cette force de choc de 40 000 hommes, ne sera donc pas employée. Une décision qui, depuis deux siècles, continue de faire couler beaucoup d'encre parmi les spécialistes de l'histoire militaire. Une erreur fondamentale pour certains. Une sage décision pour les autres. Au-delà de cette polémique qui ne semble pas s'éteindre avec le temps, il est intéressant de constater combien la Garde, cette réserve tactique utilisée pour rétablir une situation compromise, est perçue dès l'époque impériale comme une troupe d'élite susceptible d'infléchir le cours d'une bataille. À Waterloo pourtant, c'est son échec devant la ligne de feu anglaise qui est à l'origine du sauve-qui-peut général de l'armée française,

déjà épuisée par les intenses combats entamés dans la « morne plaine » en fin de matinée. Paradoxalement, c'est bien cette « défaite glorieuse » qui contribue à forger sa légende à travers notamment le sacrifice du fameux dernier carré et du mot de Cambronne. Toute une série de publications sont ainsi nimbées de cette légende qui sert de fil conducteur à l'ensemble de l'historiographie militaire de l'Empire. De récentes enquêtes, enrichies par le renouvellement de l'histoire bataille, ont toutefois débloqué ces verrous en ouvrant la voie à une approche plus « scientifique » du fait militaire. Dans ce contexte, il est désormais possible de mesurer la réelle valeur combative de ce corps d'armée dont les effectifs n'ont cessé d'augmenter de 1800 à 1814, atteignant les 80000 hommes lors de la campagne de France. La Garde, une troupe de choc ? La légende en est persuadée. Toutefois, les sources, nombreuses et variées, apportent un éclairage nouveau sur cette troupe fameuse qui enchaîne les faits d'armes, mais qui compte aussi à son actif des échecs retentissants.

Le socle : la première Garde consulaire

Peu de temps après son coup d'État, le Premier consul comprend immédiatement l'intérêt de conserver un corps chargé de la protection du gouvernement[1]. En

1. Constituer un corps de ce type n'est pas nouveau. Sous l'Ancien Régime, une Maison militaire du roi est mise en place et organisée au XVIIe siècle. On y retrouve les Gardes du corps, les Mousquetaires, les gardes-françaises et les fameux Gardes suisses. Dissoute sous la Révolution, la Maison militaire du roi est remplacée

ces temps d'incertitude politique, où le pouvoir risque à tout moment d'être renversé (quatre Constitutions en dix ans), c'est en effet impératif. Ainsi, parmi les premiers décrets et arrêtés pris par le « conquérant de l'Égypte », deux concernent directement les unités chargées de sa sécurité. Mais il faut agir avec habileté et délicatesse, car il existe déjà deux gardes gouvernementales. Celles du Corps législatif et du Directoire, composées de soldats et d'officiers qui, jusqu'au dernier moment, le 19 brumaire, ont hésité longtemps avant d'intervenir au profit des conjurés. L'intervention de Lucien a été, à ce titre, déterminante pour les inciter à basculer du « bon » côté. Dans les jours qui suivent le coup de force, les publications officielles reviennent à maintes reprises sur le dévouement des grenadiers qui, *in extremis*, ont épargné la vie du sauveur de la République. Les soldats de la Garde du Directoire, Tomé et Poiret, sont cités personnellement dans le *Journal officiel* pour rappeler combien leurs actions légitiment le coup d'État. Toutefois, dans les jours suivants, le Premier consul réorganise de fond en comble sa protection. Le commandant Lachouque, dans son ouvrage pionnier sur la Garde impériale, est le premier à rendre compte de l'épuration politique qui s'amorce ainsi dès décembre 1799[2].

Le Premier consul, détenteur du pouvoir militaire, exige de Berthier, son ministre de la Guerre, un rapport sur les Gardes constitutionnelles. Deux hommes

---

par les gendarmes de la Convention nationale, qui sont intégrés en 1795 dans la Garde du Corps législatif et du Directoire.

2. Commandant Henry Lachouque, *Napoléon et la Garde impériale*, Paris, Bloud & Gay, 1957.

vont alors être chargés de cette mission : Berthier, sur lequel Bonaparte peut compter avec certitude, et Murat, l'un des hommes clés du coup d'État, qui s'apprête à épouser Caroline, la sœur du nouvel homme fort. Le 28 novembre 1799, il est stipulé que les gardes du Corps législatif et du Directoire s'appellent désormais la Garde des consuls. Celle-ci reçoit sa première organisation avant même que la nouvelle Constitution ne soit adoptée. Quatre jours plus tard, le fougueux sabreur de l'armée d'Italie et d'Égypte en prend le commandement. Cambacérès et Lebrun, informés, ont approuvé la présence de Murat à ce poste clé. Pendant plusieurs jours, celui-ci inspecte l'unité que son quasi-beau-frère veut épurer. Il prépare des listes nominatives agrémentées de commentaires qu'il soumet à Bonaparte. Ce dernier biffe 16 officiers ainsi que 27 sous-officiers et soldats. La moitié de ceux-ci sont jugés invalides ou trop âgés. Les autres, en revanche, sont considérés comme menaçants. Parallèlement à cette épuration, qui laisserait penser que Napoléon se forge une garde prétorienne, on intègre des soldats et des officiers de l'armée d'Italie de 1796 et d'Égypte. En quelques semaines, la Garde consulaire devient ainsi une unité hybride composée de cadres et de soldats provenant de l'ancienne Garde et de personnes issues de la clientèle militaire du sauveur. Ses guides qui ont servi d'escorte depuis Lodi sont versés dans la compagnie de chasseurs à cheval commandée par le beau-fils Eugène de Beauharnais. Le corps des officiers est, quant à lui, totalement réorganisé. Les « proches » du Premier consul sont numériquement écrasants, notamment parmi les officiers généraux et supérieurs, dont plus de 85 % combattent à ses côtés depuis 1796. Les officiers subalternes sont moins touchés par cette « bonapartisation ». Plus de 70 % d'entre eux proviennent de l'ancienne Garde directoriale. Soucieux de les ménager, le Premier consul en promeut une grande partie à des grades supérieurs, tandis que les postes vacants sont confiés une nouvelle fois à des hommes de confiance issus de sa clientèle.

Pendant plus de deux ans, la Garde consulaire est ainsi profondément remaniée. Aux exigences politiques s'ajoutent les impératifs militaires. Bonaparte veut faire de cette troupe une unité d'élite dont la gloire et les faits d'armes doivent contribuer au rayonnement de son régime. La campagne d'Italie de 1800 sert de test à cette Garde qui ne protège plus le pouvoir législatif mais l'exécutif, preuve d'une indéniable personnalisation de la puissance politique. Un signe révélateur de cette évolution s'observe dans la correspondance de Napoléon qui, pour parler de cette unité, enterre l'article défini « la » au profit de l'adjectif possessif « ma ». À Marengo, « sa » Garde, forte de 1500 hommes, est entièrement engagée pour la première fois. Les récits officiels ainsi que les témoignages, repris *ad nauseam* par l'historiographie militaire traditionnelle, parlent d'une journée mémorable pour la Garde consulaire, qui aurait perdu dans cette action plusieurs centaines d'hommes. En fait, le relevé des informations livrées par les archives militaires nous incite à nuancer fortement ce bilan. Les documents nous montrent qu'un fantassin sur sept a été touché pendant la bataille, ce qui est peu au regard des discours officiels qui insistent sur les faits d'armes et les sacrifices héroïques. Le bilan est également très faible parmi les grenadiers à cheval, qui déplorent cinq tués sur un effectif total de deux cents hommes. Pour les chasseurs à pied, en revanche, les pertes sont lourdes :

une vingtaine de blessés et cinq tués, soit 25 % des effectifs engagés dans la journée. Au total, la jeune Garde consulaire laisse dans la plaine de Marengo et dans les hôpitaux provisoires un peu moins de deux cents hommes. Parmi eux, moins de cinquante tués. Le taux de pertes de ce corps d'élite, de 13 % environ, s'avère donc inférieur à celui des autres unités évalué à 19 %[3]. En comptant les déserteurs, la campagne d'Italie de 1800 a amputé la Garde d'un peu plus de 250 hommes de valeur. Un bilan plutôt acceptable qui permet de relativiser les récits propagandistes à travers lesquels la Garde est exagérément héroïsée, d'autant que son action a été moins déterminante que celle des unités de Lannes ou de Desaix.

Les leçons de Marengo

Cette volonté d'ancrer dans l'opinion l'image d'une Garde consulaire exceptionnellement brave trouve son explication dans l'instrumentalisation politique qui est faite d'emblée de la bataille. L'historien Hervé Drévillon et David Bell le rappellent très bien dans leurs études, en soulignant comment le récit de la journée du 14 juin 1800 a été expressément piloté par le Premier consul pour montrer combien sa manœuvre n'était pas le fruit du hasard, mais bien le produit d'une réflexion tactique prouvant son génie militaire. Que ce soit dans le bulletin de l'armée de réserve publié le 15 juin ou

3. SHD, sous-série GR 2 YB (registres de contrôle des officiers) et sous-série GR 20 YC (registres matricules des unités de la Garde impériale).

dans la relation de la bataille rédigée par Berthier mais entièrement corrigée par Bonaparte en 1805-1806, cette victoire inespérée n'est pas due pour l'essentiel au sacrifice du général Desaix. Elle est, d'après un discours entièrement reconstruit, un chef-d'œuvre de l'art militaire. Et si la Garde demeure autant mise en exergue, c'est qu'elle a parfaitement rempli sa mission, celle d'une réserve dont les déplacements parfaitement exécutés avaient été prévus à l'avance par le Premier consul. Cette « redoute de granit », qui combat à un contre dix, pour reprendre les mots du bulletin officiel, n'est surtout pas présentée comme la division de la dernière chance dont l'engagement a permis de sauver les débris de plusieurs demi-brigades en proie à la panique. À Marengo, la Garde consulaire a été de bout en bout un modèle de résistance et de courage.

Peu de temps après la bataille, il est logique qu'elle soit honorée *via* l'attribution d'armes d'honneur et par des promotions. Créées par le Directoire le 17 brumaire an V (7 novembre 1796), les armes de récompense ont été maintenues par le Premier consul par la loi du 4 nivôse an VIII (25 décembre 1799). En totale rupture avec l'esprit de la Révolution, cette pratique, désormais légale, permet de distinguer les soldats et les officiers ayant accompli un exploit sur le champ de bataille. Pour l'historien Jean-Paul Bertaud, il s'agit d'un moyen de flatter des hommes en quête de reconnaissance publique. Mais c'est aussi une opportunité pour renforcer le culte de la personnalité et un outil efficace pour fidéliser davantage les officiers et les hommes de troupe sensibles aux promotions et à la reconnaissance. D'après les renseignements fournis par la presse officielle, 161 armes d'honneur ont été distribuées au lendemain de Marengo. Plus de 17 % d'entre elles ont été réservées à des hommes de la Garde consulaire (28), alors que cette dernière ne représente à peine que 6,4 % des troupes engagées sur le champ de bataille. Privilégiée, la Garde consulaire l'est plus encore en demeurant le seul corps d'armée à recevoir ces récompenses avant tous les autres. Remises le 3 thermidor de l'an VIII (22 juillet 1800) à Paris par le Premier consul en personne, elles sont distribuées à l'issue d'une cérémonie officielle quelques jours après la fête du 14 Juillet, où la Garde, tout juste rentrée de la campagne d'Italie, a été particulièrement mise en valeur. Les récipiendaires ont, en outre, eu l'honneur de voir leurs noms mentionnés dans *Le Moniteur universel*, ce qui ne sera pas le cas (dans l'immédiat) des autres militaires récompensés, issus des corps de la ligne.

À l'issue de cette première campagne où la Garde a, en réalité, joué un rôle secondaire, de nouvelles réformes sont apportées. Le pouvoir sait tirer les leçons de Marengo. Les critères d'entrée sont revus à la hausse. Ainsi, la sélection est plus sévère. Les recrues doivent être désormais pourvues d'une solide constitution physique. La taille devient, en outre, déterminante. Dépasser 1,75 mètre pour les chasseurs à pied et 1,80 mètre pour les grenadiers à pied est expressément recommandé par le Premier consul. C'est non seulement le signe d'une bonne santé, selon les représentations corporelles de l'époque, mais aussi et surtout le moyen d'impressionner le public et l'ennemi. L'aguerrissement et l'endurance physique constituent les autres critères décisifs pour entrer dans cette unité d'élite en construction. On exige un minimum de cinq années d'ancienneté. La plupart des nouveaux entrants des années 1800-1804 combattent depuis 1792. Selon les registres matricules et les dossiers personnels, le quart d'entre eux ont été blessés au moins une fois. L'héroïsme sur le champ de bataille constitue, bien entendu, une vertu à laquelle Napoléon est attaché. Les différentes études ont beaucoup insisté sur cette condition qui aurait fait de la Garde une troupe d'élite. Pourtant, l'examen des états de service des personnels montre que ces hauts faits d'armes n'ont été accomplis que par une minorité d'entre eux. À peine 15 % des officiers se sont distingués au combat, et un peu moins de 2 % des troupiers. En réalité, ont été valorisés au premier chef les hommes ayant servi sous Bonaparte depuis 1796[4]. Certains exploits accomplis en 1793-1795 sont passés sous silence, signe d'une mutation des représentations de l'héroïsme qui privilégient désormais l'esprit de corps, les combats à l'arme blanche, sans oublier tout de même le courage individuel manifesté dans une situation désespérée.

Quoi qu'il en soit, Napoléon hérite d'un vivier d'hommes dont le corps et l'état d'esprit ont été forgés par les guerres de la Révolution. Un apport exceptionnel qui va incontestablement contribuer à faire de la Garde impériale un outil militaire d'une redoutable efficacité pendant de nombreuses années. À ce point de départ unique s'ajoute une organisation impeccable, contribuant à conjuguer puissance et efficacité. Rapidement, la modeste demi-brigade de janvier 1800 se mue en une division interarmes unique. Les effectifs passent de 2082 hommes au début du Consulat à

4. SHD, sous-série GR 2 YB (registres de contrôle des officiers) et sous-série GR 20 YC (registres matricules des unités de la Garde impériale).

7776 à la veille de l'Empire. Le nombre de compagnies d'infanterie passe ainsi de six à huit par bataillon. Le chef de bataillon d'infanterie se retrouve donc à la tête de 816 hommes de troupe et de 48 officiers subalternes, alors qu'il en commandait respectivement 500 et 25 en janvier 1800. En 1804, les fantassins (grenadiers et chasseurs) sont répartis en quatre bataillons, ce qui correspond à trente-deux compagnies. Chacune d'entre elles est forte de 120 hommes encadrés par 4 officiers subalternes et 14 sous-officiers. Mais l'augmentation la plus significative après 1802 concerne la cavalerie. Avec le rattachement de la gendarmerie d'élite (compagnies à cheval) en juin 1803, l'arme, qui s'est couverte de gloire en chargeant à Marengo, quadruple ses effectifs en hommes et en chevaux. Les grenadiers à cheval, enrégimentés, sont les plus nombreux. Organisés en quatre escadrons subdivisés en deux compagnies chacun, ils rassemblent plus de 560 cavaliers. En revanche, les chasseurs à cheval, malgré l'accroissement de leurs effectifs, plafonnent à deux escadrons. Sans compter les gendarmes d'élite, la cavalerie de la Garde consulaire rassemble 6 escadrons et 24 compagnies, commandés par 112 officiers, lesquels sont aidés de 234 sous-officiers pour encadrer 345 hommes de troupe. L'artillerie, dotée au même titre que l'infanterie et la cavalerie d'un état-major, connaît également un développement significatif. Au printemps 1804, le corps des canonniers n'a plus rien à voir avec la petite compagnie légère mise en place dans l'organisation de janvier 1800. Fort de 681 hommes et de 27 officiers, il est constitué d'un escadron à deux compagnies et de plusieurs unités chargées de gérer le matériel. Pour s'occuper des attelages et des munitions, le Premier consul forme un escadron du train d'artillerie qui, en 1803, passe de deux à quatre compagnies, totalisant 460 hommes et 772 chevaux (115 hommes et 196 chevaux par compagnie) en 1804.

1804-1812 : une troupe de choc inégalée

De la campagne d'Allemagne de 1805 à celle de Russie en 1812, Napoléon fait de la Garde une machine de guerre redoutable qui a très peu de rivales en Europe (l'exception notable étant la Russie)[5]. Les décrets d'organisation et de création abondent tandis que les opérations militaires en Europe lui permettent de montrer sa valeur sur les différents champs de bataille. Toutefois, il est bon de rappeler qu'elle est employée uniquement en tant que force de réserve, voire de soutien comme à Eylau et à Essling[6]. En fait, la Garde est dans sa composante une troupe de choc, mais elle reste un corps de seconde frappe. C'est oublier pourtant que les années 1804-1812 correspondent à une montée en puissance de la Garde qui, par la création de nouvelles unités, se diversifie et se renforce pour atteindre plus de 40000 hommes en 1812.

Dès 1806, l'Empereur songe à créer de nouvelles unités d'infanterie et de cavalerie tout en incorporant

5. La Prusse et la Russie possédaient des troupes d'élite au sein d'une Garde royale pour la première et d'une Garde impériale pour la seconde. Fondée par le tsar Pierre le Grand au XVIIe siècle, la Garde russe est le seul corps d'élite européen employé sur tous les champs de bataille qui se distingue par une pareille longévité.

6. Pendant la bataille d'Essling, la Vieille Garde subit pendant de longues minutes les tirs d'artillerie autrichiens, qui emportent le quart des effectifs exposés, dont le fameux général Dorsenne.

des unités étrangères. La formation des vélites étant trop coûteuse[7], Napoléon veut y intégrer des conscrits qui n'auront pas droit aux bénéfices et aux avantages des anciens[8]. Il ordonne ainsi le recrutement des meilleurs éléments de la conscription. Dès l'automne 1806, sont mis en place des régiments de fusiliers-grenadiers, de fusiliers-chasseurs et des dragons qui seront malgré tout, comme il le dit lui-même à Lacuée, « mieux tenus que la ligne ». Seuls les officiers et les sous-officiers de ces nouvelles formations continuent de percevoir un traitement de faveur conforme au règlement de la Garde. Arrivés aux dépôts, ces jeunes conscrits sont soigneusement examinés. Ils doivent être « grands », « bien éduqués » et « instruits ». L'opération s'étant avérée concluante, Napoléon récidive en 1809 en créant de nouveaux régiments de conscrits. Il existe désormais une Jeune Garde et une Vieille Garde, sur lesquelles le maréchal Bessières, duc d'Istrie, veille. Encadrés par des officiers expérimentés et aguerris tirés de la Vieille Garde, ils présentent un profil qui ne correspond nullement aux soldats de la ligne. Une étude comparative des registres matricules montre effectivement que le taux de mortalité lors de la phase de recrutement est très faible au sein

7. Les vélites sont créés en 1804. Ils rassemblent de jeunes volontaires issus des classes aisées qui, après plusieurs années passées dans le corps, peuvent être nommés rapidement sous-lieutenants. Ils sont attachés aux chasseurs et aux grenadiers à pied de la Garde impériale. Des unités de vélites sont aussi créées pour la cavalerie.

8. Un membre de la Vieille Garde bénéficiait d'une solde deux fois plus élevée que celle de la ligne. De plus, s'il était reversé dans cette dernière, il obtenait automatiquement un grade supérieur à celui qu'il détenait dans la Garde.

des nouvelles formations de la Garde. Il est particulièrement frappant de constater combien les décès dus à la « nostalgie », qui emporte entre 3 et 6 % des nouvelles recrues dans les régiments classiques, sont faibles, pour ne pas dire inexistants, parmi les voltigeurs, les tirailleurs, les fusiliers-chasseurs et les fusiliers-grenadiers de nouvelle formation. La sélection a donc été rigoureuse et permet à ces soldats d'endurer les premières campagnes auxquelles ils participent en 1807 et en 1809. Les maladies en emportent moins de 8 %, contre plus de 16 % parmi les autres troupes. Aguerris, ces hommes constituent une excellente réserve que Napoléon espère, après plusieurs années de service, intégrer dans la Vieille Garde[9].

L'expérience étant salutaire, les effectifs augmentent considérablement. De 1808 à 1809, le nombre d'hommes double, passant de 16000 à 32000. En 1812, à la veille de l'entrée en campagne en Russie, la Garde compte plus de 45000 hommes, les deux tiers relevant des formations dites de Jeune Garde[10]. C'est à partir des années 1806-1809 qu'une nouvelle génération d'officiers intègre les régiments d'élite. La part des « Italiens » et des « Égyptiens »[11] diminue fortement au profit d'une catégorie longtemps suspecte, comme on l'a dit. Un examen minutieux des dossiers montre toutefois que leurs promotions sont autant dues aux faits d'armes qu'aux protections individuelles. Avoir servi sous les ordres d'un

9. SHD, sous-série GR 2 YB (registres de contrôle des officiers) et sous-série GR 20 YC (registres matricules des unités de la Garde impériale).

10. AN, Af/IV/1170 à 1173 (rapports du ministre de la Guerre).

11. Noms donnés aux soldats et aux officiers qui ont combattu avec le général Bonaparte en Italie et en Égypte.

colonel ou d'un général qui commande une formation de la Garde constitue un excellent moyen d'intégrer l'élite. Cambronne, le futur héros de Waterloo, est la parfaite illustration de cette évolution. Après avoir été le subordonné de Curial dans le 88e RI, il est nommé en 1809 chef de bataillon au 1er régiment de voltigeurs qui relève du corps des chasseurs, là encore commandé par Curial. Friant et Dorsenne font de même en favorisant les hommes qui les suivent depuis longtemps. En dépit de ces promotions qui soulèvent parfois l'ire des autres officiers, la troupe demeure encadrée par un groupe d'hommes dont le courage au feu et les qualités de meneurs ne doivent pas être remis en question.

Car la Garde de 1805 à 1812 brille à plusieurs reprises sur les champs de bataille. Contrairement à tout ce qui a été écrit sur sa prétendue inaction, elle intervient régulièrement. À Austerlitz, les chasseurs à cheval et les mamelouks menés par Rapp et Morland (qui y trouve la mort) écrasent son homologue russe. Le quart de la Garde impériale est alors employé. Un fait d'armes que Napoléon ne manque pas de saluer en montrant, à juste titre, la valeur de sa cavalerie dont la charge emporte tout sur son passage. À Eylau, l'intervention des cavaliers est là aussi déterminante. Dahlmann, colonel-major des chasseurs à cheval, le paie de sa vie, tandis que Lepic, à la tête des grenadiers à cheval, fait des prodiges. Plus de 500 d'entre eux sont mis hors de combat. Mais, pour la première fois depuis la proclamation de l'Empire, des compagnies d'infanterie de la Vieille Garde sont jetées dans le combat. Elles soutiennent courageusement l'attaque virulente des Russes devant le cimetière. La valeur de ce corps repose sur sa capacité à encaisser les chocs. La plupart des grenadiers et des chasseurs sont emportés par les boulets. Mais leurs lignes tiennent alors que d'autres troupes auraient probablement reculé. On observe là une valeur essentielle des troupes d'élite de l'époque, à savoir tenir sous la mitraille sans céder un pouce de terrain. Il en est de même à Essling, où, à l'exemple de Dorsenne, général en chef des grenadiers, qui reste statique face aux boulets autrichiens, la Vieille Garde tient pendant de longues minutes sa position. Coignet, au cœur de cette hécatombe, en a laissé un témoignage précieux dans ses fameux *Cahiers* : « Les boulets se mettent à tomber dans nos rangs et enlèvent des files de trois hommes à la fois. Les obus faisaient sauter les bonnets à poils à vingt pieds de haut [...]. Un boulet arrive, emporte une file près de moi ; je suis frappé au bras, mon fusil tombe, et je crois mon bras emporté. Je ne le sens plus. Je regarde, je vois attaché à la saignée de mon bras un morceau de chair. Je crois, en ne sentant plus mon bras, que j'ai le bras fracassé ; pas du tout, c'était un morceau d'un de mes braves camarades qui était venu me frapper avec violence et était resté collé à mon bras. » La Jeune Garde ne démérite pas non plus. Ses pertes sont malgré tout sensibles avant d'être envoyée en Espagne.

La guerre dans la Péninsule est le premier théâtre d'opérations où la Garde impériale subit des échecs. Peu entraînée pour contrer la guérilla, elle peine à « pacifier » la région située entre Madrid et les Pyrénées. La Jeune Garde, commandée par Dorsenne et chargée de surveiller les communications, doit s'adapter à une forme de combat pour laquelle elle n'est pas préparée. La légende napoléonienne a bien tenté de masquer ses manquements en faisant prévaloir les faits d'armes des Polonais à Somosierra qui, en une charge légendaire et au prix de lourdes pertes, transpercent les lignes espagnoles. Toutefois, une lecture attentive des événements militaires montre que la Péninsule enregistre une succession de revers pour elle. Rappelons, par exemple, que les marins de la Garde, en dépit d'un combat courageux, sont prisonniers à Baylen. Plus symptomatique encore, le désastre de Benavente où l'avant-garde de Napoléon, constituée des chasseurs à cheval, est chargée de flanc par les hussards anglais de lord Paget. Le général Lefebvre-Desnouettes, l'un des plus brillants généraux de la Garde, est fait prisonnier, tandis qu'une centaine d'hommes sont mis hors de combat ou capturés. Le coup est rude. Certes l'impact stratégique est nul, mais la réputation du corps d'élite est ternie. Il en est de même de la Jeune Garde, dont les pertes sont, pour la première fois, dues essentiellement aux maladies et à la désertion. Commandant le 3e régiment de voltigeurs, Cambronne s'en plaint, se demandant même s'il ne va pas proposer sa démission.

Toutefois, c'est en Russie, pendant la campagne d'hiver de 1812, que la Garde impériale connaît ses plus grands malheurs. Pratiquement intacte en arrivant à Moscou (rappelons qu'elle n'a pas donné à la Moskova), elle reste le seul corps sur lequel Napoléon peut encore compter. Il possède là une troupe d'élite remarquable qu'il a mis plus de cinq ans à constituer, grâce à un travail soigné de recrutement et d'entraînement. Mais cette force exceptionnelle, en qualité comme en quantité, Napoléon n'a pas le temps, ni les moyens de l'utiliser faute d'intendance mais aussi de combats à mener, la retraite de Russie revêtant (comme la première partie de la campagne, sauf que le chasseur est devenu chassé) le caractère d'une poursuite menée dans des conditions climatiques effroyables. Elle disparaît en trois mois et, plus précisément, après la bataille de la Bérézina. Une catastrophe sans précédent pour l'Empire et la Grande Armée, qui perd l'élite de l'élite, laquelle n'a pratiquement pas combattu, sauf à Moscou, où le 15 octobre, les dragons perdent un escadron, et à Krasnoïe, où les voltigeurs de la Jeune Garde perdent plus de 95 % de leurs effectifs dans un combat sans merci. Ainsi, le froid glacial russe a eu raison de 75 % de la Vieille Garde et de 90 % de la Jeune Garde. Lorsque Napoléon prend connaissance en janvier 1813 des états de situation, il a du mal à le croire, demandant à Berthier des vérifications qui se confirment quelques jours plus tard. Ce n'est pas à Waterloo que la Garde est morte, mais bien en Russie !

1813-1815 : la fin d'une élite

Ébranlé par ces pertes inestimables, Napoléon ne perd pas une seconde pour remettre sur pied de guerre son unité d'élite. Mais comment remplacer ces soldats exceptionnels dont les trois quarts ont disparu entre Moscou et Kœnigsberg ? Tout est à refaire ou presque. Les officiers de la Vieille Garde, dont le taux de pertes est faible, reprennent du service, tandis que de nouvelles promotions permettent à de nombreux soldats de la ligne d'intégrer la Garde. La figure du grognard qui combat depuis Arcole s'estompe définitivement. La moyenne d'âge des officiers subalternes tombe à 28 ans contre 32 lors de la proclamation de l'Empire. L'étude des états de service souligne que la très grande majorité des nouveaux promus combattent depuis 1804. Parce qu'ils intègrent la Garde impériale, la plupart obtiennent la Légion d'honneur. Il est frappant de voir que la remise de cette illustre décoration fait désormais figure de gage et non plus de récompense, illustrant la faiblesse de la nouvelle Grande Armée. Cette perte qualitative est amplifiée par la création de nouveaux régiments de Jeune Garde, dont les recrues, appelées à la hâte et à peine formées, ne sont plus que l'ombre de leurs aînés. Les désertions, très minoritaires jusqu'alors, affectent 10 % des effectifs.

Articulée en de nombreuses divisions, la Garde, reformée dans l'urgence, entame la campagne de 1813. Elle est rapidement et constamment sollicitée, le summum étant atteint lors de la campagne de France où elle représente en moyenne plus de 40 % des effectifs engagés contre 15 % avant 1812. À Lützen, mais surtout à Dresde, elle intervient non plus en tant que force de soutien, mais en tant que troupe d'assaut. L'année 1813 marque donc un tournant dans l'emploi de la Garde impériale. À l'instar de la cavalerie, l'infanterie mène désormais le pas de charge. Le 26 août à Dresde, la Jeune Garde bouscule violemment les Russes et les Prussiens qui refluent en désordre. Elle y perd 20 % de ses effectifs, un taux de pertes assez significatif qui témoigne de la virulence du combat mais aussi de la détermination des combattants. À Hanau, son intervention est décisive et montre sa valeur retrouvée. Pendant les derniers mois de l'Empire, elle est de tous les engagements. Plus de la moitié des officiers de la Garde (toutes armes confondues) tués entre 1800 et 1814 le sont pendant la campagne de France. Pourtant, les rapports signalent des mouvements de panique, des désertions, y compris au sein de la Vieille Garde, un comportement rarissime jusqu'alors.

Dans ce contexte, on comprend combien il est difficile pour Napoléon de retrouver en 1815 ce corps d'élite auquel il demeure fortement attaché. Drouot reçoit la lourde tâche de l'organiser. C'est d'abord une Garde dispersée qu'il doit rassembler à Paris. Les grenadiers et les chasseurs viennent de l'Est, tandis que les régiments de cavalerie quittent leurs garnisons du Nord et du Centre. La Jeune Garde, disparue en juillet 1814, est remise sur pied. La correspondance de l'Empereur montre que l'on révise à la baisse les critères de recrutement. On prend désormais des hommes de 1,70 mètre et on intègre des jeunes volontaires de 18 ans, y compris dans la Vieille Garde. Les archives militaires montrent que la moitié des recrues des chasseurs à pied y combattent depuis le printemps 1813. Un homme sur dix a reçu la croix de la Légion d'honneur, la plupart pendant la campagne d'Allemagne. Incontestablement, leur intégration récente ne permet pas de développer l'esprit de corps. Beaucoup, en outre, n'ont pas l'expérience des grandes batailles ou des campagnes dirigées par Napoléon en personne. Un peu plus d'un tiers a évolué, par exemple, dans la Péninsule entre 1808 et 1813. Un autre tiers a combattu en Dalmatie ou en Italie avant de rejoindre la Grande Armée en 1813. Un petit pourcentage seulement (15 %) a suivi l'Empereur de 1805 à 1814 en participant aux victoires glorieuses d'Austerlitz, d'Eylau, de Friedland et de Wagram. Cet aperçu souligne bien que la Vieille Garde, à la veille de Waterloo, n'est plus un outil de guerre redoutable caractérisé par une solide fraternité d'armes. Les groupes primaires qui ont tant constitué sa force ont disparu en Russie et en Allemagne. Quant aux officiers, ils ont certes pratiquement tous servi dans la Garde avant les Cent-Jours, notamment dans les régiments de voltigeurs et de tirailleurs. Courageux au combat (leurs blessures en attestent), beaucoup se sont mariés pendant la première Restauration. La reprise des hostilités en mai 1815 n'est donc pas accueillie en leur sein avec l'enthousiasme que l'on pourrait supposer[12].

Lors des premiers combats de la campagne de Belgique, la Garde est rapidement sollicitée. À Ligny, elle doit intervenir. Mais, bien sûr, c'est à Waterloo qu'elle écrit une grande partie de son histoire et de sa légende. Manque-t-elle à sa réputation lors de cette bataille funeste ? Certains l'ont dit, rappelant, comme on vient de le voir, la piètre qualité de sa composition. Pourtant, le taux de ses pertes à Waterloo est extrêmement élevé, témoignant de son indéniable courage. Il est bon de souligner que les voltigeurs perdent plus de 30 % de leurs effectifs en quelques heures de combat. Le 3e grenadiers accuse, quant à lui, un taux de pertes de 70 %, ce qui est pour l'époque considérable. Le fameux bataillon de Cambronne perd un chasseur sur deux alors qu'il est jeté dans la fournaise durant les dernières heures. Les derniers carrés ont tenu de longues minutes avant de se disloquer. Le relevé des blessures montre qu'un chasseur sur trois est atteint par des coups de sabre à la tête et aux mains. Dans la cavalerie, les pertes sont tout aussi colossales. En somme, la Garde s'est glorieusement battue à Waterloo, et elle a rempli son devoir. Certes, elle panique à la toute fin et précipite la

12. SHD, sous-série GR 2 YB (registres de contrôle des officiers) et sous-série GR 20 YC (registres matricules des unités de la Garde impériale).

débâcle de l'armée. Mais faut-il lui imputer pour autant la responsabilité de la défaite, comme certains l'ont suggéré ? La Garde de 1815 n'est effectivement plus celle de 1805 et encore moins celle de 1812. Toutefois, il y a fort à parier que même les anciens d'Arcole n'auraient pas tenu devant la mitraille anglaise. La défaite résulte moins du déclin de la Garde que des erreurs du haut commandement en général et de Napoléon en particulier.

Pendant plus de quinze ans, plus de 180 000 hommes sont passés par la Garde impériale. Troupe de choc, elle le demeura tout au long de l'Empire. Capable de tenir sous la mitraille ennemie sans reculer, solide « comme des rochers dans l'eau qui coule » (Victor Hugo), elle fut aussi une unité d'attaque dont l'intervention, comme à Dresde, s'avéra déterminante pour la suite des opérations militaires. Cependant, employée pendant longtemps comme troupe de réserve et de soutien, à l'exception notable de la cavalerie et de l'artillerie, elle ne fut pas toujours utilisée à sa juste valeur. Les schémas tactiques du temps ne sont pas ceux de notre époque, qui utilise d'abord les troupes d'élite pour des missions spécifiques. En revanche, la question du recrutement de la Garde montre qu'un processus de professionnalisation des armées s'amorce sous l'Empire. On en tirera les leçons au XIXe siècle. Des soldats de cette envergure ont servi d'exemples puis de modèles. En 1831, lorsque la Légion étrangère est créée, on en confie le commandement à deux anciens de la Vieille Garde. La passation de pouvoirs entre deux élites militaires était ainsi accomplie.

Bibliographie sélective

BELL David A., *La Première Guerre totale. L'Europe de Napoléon et la naissance de la guerre moderne*, Paris, Champ Vallon, 2010.

BERTAUD Jean-Paul, *Quand les enfants parlaient de gloire*, Paris, Aubier, 2006.

BRUYÈRE-OSTELLS Walter, POUGET Benoît, SIGNOL Michel (dir.), *Des chairs et des larmes. Combattre, souffrir, mourir dans les guerres de la Révolution et de l'Empire*, Aix-Marseille Université, Presses universitaires de Marseille, 2020.

CALVET Stéphane, *Cambronne*, Paris, Vendémiaire, 2016.

COIGNET capitaine, *Cahiers*, Paris, Arléa, 2001.

COMOR André-Paul, *La Légion étrangère. Histoire et dictionnaire*, Paris, Robert Laffont, 2013.

DRÉVILLON Hervé, *Batailles. Scènes de guerre de la Table ronde aux tranchées*, Paris, Seuil, 2007.

LACHOUQUE commandant Henry, *Napoléon et la Garde impériale*, Paris, Bloud & Gay, 1957.

LARGEAUD Jean-Marc, *Napoléon et Waterloo. La défaite glorieuse de 1815 à nos jours*, Paris, Les Indes savantes, coll. « La Boutique de l'Histoire », 2006.

PIGEARD Alain, *Dictionnaire des batailles de Napoléon*, Paris, Tallandier, 2004.

—, *La Garde impériale*, Paris, Tallandier, 2005.

20

1812 préfigure 1941

par Jean LOPEZ

La campagne de 1812 a échoué en quelques mois, tout comme l'opération *Barbarossa* de 1941 : la première dans les murs de Moscou, la seconde à ses portes. À ces deux échecs cuisants, on associe de terribles images de retraite hivernale, de soldats gelés harcelés par partisans et Cosaques, dans un paysage rendu lunaire par la politique de la terre brûlée. Par un raccourci encore plus spectaculaire, on entend souvent que Napoléon et Hitler ont perdu leur guerre parce qu'ils ont tous deux attaqué un pays rendu invincible par la démesure de son espace, la dureté de son climat, le nombre et le patriotisme quasi mystique de ses hommes. Ces jugements sont lapidaires, et le parallélisme des deux campagnes outré au possible. Comparer les aventures russes des deux plus grands conquérants du XIXe et du XXe siècle permet d'établir qu'un abîme les sépare. Si l'on y trouve aussi des similitudes, elles sont le plus souvent superficielles.

La différence majeure entre les deux entreprises tient à leurs objectifs. Napoléon n'a pas voulu une guerre russe à tout prix, à la différence d'Hitler qui en rêvait depuis presque vingt ans et en a fait le cœur de ses visions politiques. L'empereur français a constamment recherché l'alliance du tsar, contre l'avis même de Talleyrand, longtemps son ministre des Affaires étrangères. En attaquant, il espère contraindre Alexandre Ier à se plier aux règles du Blocus continental et à accepter la domination française sur la majeure partie de l'Europe. Au fond, il ne désire qu'un nouveau Friedland suivi d'un second traité de Tilsit, sans doute plus sévère. En baptisant son attaque « seconde campagne de Pologne », il en indique d'emblée les limites. Peu lui chaut que la Russie demeure la Russie du moment qu'elle respecte ses bornes occidentales. L'objectif d'Hitler n'a rien de commun avec cette vision classique d'une « guerre de cabinet ». Conquérir et coloniser la Russie d'Europe, faire disparaître ou asservir sa population, détruire à jamais non seulement l'Union soviétique mais encore le vieil État national russe ne laisse aucune place à la négociation. C'est une guerre à mort, sans échappatoire ni accommodement. Nous n'insisterons pas sur la quasi-absence de contenu idéologique dans la campagne de 1812, à la différence de la Wehrmacht qui acquiesce à l'extirpation du « judéo-bolchevisme » et se prêtera à tous les préparatifs criminels dirigés contre les soldats et les civils soviétiques. Si un chef nazi ne veut rien avoir de commun avec un commissaire bolchevique, en 1812 l'aristocratie russe se sent plus proche de l'envahisseur, dont elle a copié les manières, que de ses serfs, dont elle partage pourtant la langue et la foi.

Sur le plan géopolitique et stratégique, des similitudes existent, on ne peut le nier. Faute de pouvoir prétendre à des empires ultramarins, Napoléon et Hitler adaptent leur rêve de domination à l'espace continental européen. Tous deux désirent battre la Russie, dernière puissance terrestre rétive, pour amener Londres à demander la paix faute de bras pour tenir l'épée des coalitions. Cet objectif n'est pas complètement utopique en 1812, alors que l'Angleterre a sur les reins une crise économique et une guerre contre les États-Unis. Chez le dictateur nazi, en revanche, c'est un faux calcul : Churchill n'abandonnerait le combat que si les États-Unis l'abandonnaient. De la belligérance soviétique, le Britannique n'attend rien d'autre qu'un répit de quelques mois, tant il est certain que l'Armée rouge ne tiendra pas face à la Wehrmacht.

Alliés et vassaux

L'Empereur et le Führer ont cherché des alliés et bâti une coalition fort inégalitaire. Le Français a échoué à se faire épauler au nord comme au sud, par brutalité et pusillanimité : le prince de Suède Bernadotte, l'Ottoman Mahmoud II et le souverain persan Fath Ali ne combattront pas à ses côtés. Napoléon marche contre la Russie avec des vassaux, pas avec des alliés. Seule l'Autriche ne mérite peut-être pas ce mot, mais elle est, à l'instar de la Prusse, prête au double jeu. Hitler, lui, attire dans sa guerre d'agression la Finlande, au nord, et la Roumanie, au sud, non sans arrière-pensées chez l'une comme chez l'autre. L'alliance du Japon lui aurait été bien plus utile, mais il ne l'a pas recherchée. Ses alliés de l'Axe – Roumanie, Hongrie, Slovaquie, Croatie – ne sont rien d'autre que des séides, et l'Italie mussolinienne un convive encombrant, qui s'impose au festin plus qu'il n'y est invité. À tous, Hitler assigne des tâches limitées : bloquer Leningrad pour les Finlandais, fournir des bases de départ et des supplétifs pour les autres.

Traduites en termes militaires, ces alliances donnent à la Grande Armée un front d'attaque de 300 km, de Memel à Brest-Litovsk, contre 2 200 km à la Wehrmacht, de la mer de Barents à la mer Noire. Le tsar ayant su parer avec habileté les graves menaces sur ses ailes, c'est maintenant lui qui peut déborder aux deux extrémités : l'armée du Danube de l'amiral Tchitchagov, les deux corps des pays baltes sous Steinhel et Wittgenstein obérant à court terme la campagne des Français. Rien de tel en 1941 : le front est continu. Chez les deux agresseurs, les alliances accouchent d'une force armée multinationale dominée de façon écrasante par un des membres. Quarante-cinq pour cent des troupes de la Grande Armée sont fournis par les alliés/vassaux, et probablement pas plus d'un tiers de l'effectif n'est issu des « vieux départements » français. Les alliés d'Hitler ne fournissent, eux, que 15 % des combattants et moins de 5 % des moyens mobiles et aériens. Impossible donc, sur le point des alliances, de conclure à une symétrie entre 1812 et 1941.

La Wehrmacht meilleure que la Grande Armée

Sans même parler de technique, comparer les outils militaires n'a de sens que relatif. Les deux armées sont les plus grosses qu'on ait vues à leur époque : environ 600 000 hommes sous Napoléon et 3,9 millions derrière Hitler (en comptant ses alliés). En 1812 comme en 1941, le Russe est, au départ, en infériorité numérique, mais ses réserves sont abondantes et bien échelonnées, alors que les deux conquérants reçoivent peu de renforts durant la campagne : leur armée subira donc une usure accélérée. La démographie joue plus contre Hitler que contre Napoléon. L'Empire français compte 42 millions d'habitants contre 34 millions de sujets pour le tsar ; Staline oppose 200 millions d'âmes aux 110 millions qui marchent avec Hitler.

La Grande Armée comme la Wehrmacht passent pour invincibles, et elles partagent une même certitude dans la victoire. Toutes deux ont soumis l'Europe par des victoires exceptionnelles. Les grognards ont déjà battu les Russes à Austerlitz et Friedland, une proportion non négligeable des officiers allemands a vécu la débâcle russe de 1915 puis celle de 1917-1918.

La Wehrmacht de 1941 mérite sa réputation mieux que la Grande Armée de 1812. Après deux ans de guerre et peu de pertes, elle est quasiment professionnalisée, tandis que les conscrits trop jeunes, mal formés et peu motivés abondent dans les corps français ou alliés, et la désertion y sera une plaie infectée. Si la Grande Armée de 1812 ne vaut pas celle d'Austerlitz, l'armée de 1941 est la meilleure que l'Allemagne ait jamais alignée. Les hommes ont toute confiance en leurs armes et en leurs chefs, rien ne viendra de longtemps entamer leur capacité de combat, et la désertion n'existe quasiment pas. Au total, au seuil de l'aventure russe, la Wehrmacht est bien plus homogène que la Grande Armée, du triple point de vue de la composition nationale, de l'expérience et de la motivation.

Napoléon et Hitler reconnaissent la valeur du soldat russe, mais tous deux jugent le commandement inférieur. Le général Balachev, ministre de la Police, rapportera des propos désobligeants tenus par l'empereur français lors d'une entrevue à Vilna, le 30 juin. Les généraux russes ne sont pas si mauvais, dit-il en substance.

Leur plus grande faiblesse réside dans leurs divisions intestines et l'absence d'un commandant en chef indiscuté, alors qu'en face l'unité de commandement est assurée par le cerveau de Napoléon. Hitler et ses chefs militaires, quant à eux, se trompent lourdement sur la qualité de l'encadrement supérieur soviétique, par ailleurs soumis au seul Staline. La division entre chefs se trouve cette fois côté allemand. Hitler n'envisage pas la campagne comme le feld-maréchal Brauchitsch, commandant de l'armée de terre, ni comme le général Halder, chef de l'état-major général de l'armée de terre et tête pensante de la campagne. Le monde entier, dans les deux cas, croit la défaite russe/soviétique inéluctable.

Dans une certaine mesure, les plans des deux attaquants offrent quelques ressemblances, dont il ne faut pas exagérer la signification. L'on envisage des batailles initiales féroces, menées non loin de la frontière. La victoire sera obtenue en quelques mois, assure-t-on. L'on peut tenir que c'est l'objectif de Napoléon, même s'il annonce en une occasion à ses maréchaux qu'il sera peut-être obligé de prendre des quartiers d'hiver à Smolensk et de remettre à 1813 la suite de la campagne. Pour Hitler et ses maréchaux, l'affaire prendrait entre trois et cinq mois selon les prévisions. Aucun préparatif n'est prévu pour 1942, si ce n'est des vêtements d'hiver pour les forces d'occupation.

Les objectifs militaires

Napoléon n'a pas d'objectifs géographiques ou économiques : il cherche la grosse affaire lui permettant de détruire la 1re armée commandée par Barclay de Tolly et la 2e armée de Bagration, en une seule ou, plus vraisemblablement, deux batailles. La mise hors de combat de plusieurs milliers d'officiers russes suffirait à empêcher de lever une nouvelle armée avant plusieurs années. Cela tient à la nature de l'armée russe : le troupier y sert vingt-cinq ans, l'officier est un aristocrate, et l'immense majorité du peuple, composée de serfs, n'est pas conviée à servir : la base est donc étroite et la régénération serait lente. La leçon d'une ou de deux défaites cinglantes devrait suffire, croit-on côté français, pour amener Alexandre Ier à négocier. Les chefs de la Wehrmacht pensent, eux aussi, pouvoir se saisir en quelques coups de filet des 3 millions de soldats soviétiques massés à la frontière et de tout leur équipement. Ils envisagent ensuite quelques batailles, contre des forces rouges de second ordre, sur l'isthme Dvina-Dniepr ou sous Moscou. La suite ne serait, sur le papier, qu'une occupation menée par des pointes motorisées. L'erreur est manifeste : à la différence de celle de Barclay de Tolly, l'Armée rouge est capable d'encadrer tout ce qui tient debout, homme ou femme, entre 17 et 55 ans, et de « sortir » 100 000 officiers par an, sans trop regarder à leur valeur il est vrai. La déconvenue allemande sera totale. Si le grognard aura l'impression qu'il faut « tuer deux fois le Russe », le *Landser* pensera qu'il faut le faire dix fois.

Les deux scénarios de campagne diffèrent sur trois points importants. Sur le plan politique, Napoléon ne veut pas détrôner le tsar ; il ne souhaite pas qu'une révolution de palais naisse de la défaite militaire ; il veut un Alexandre amolli mais souverain, prêt à signer la paix et à la faire respecter. Hitler, en revanche, est certain que l'État bolchevique s'effondrera comme un château de cartes, dans la foulée d'une destruction totale des armées de la frontière. Sur le plan géographique, Napoléon n'a pas, au départ, l'intention de s'enfoncer loin dans la masse continentale. La Wehrmacht, elle, vise d'emblée des objectifs – Arkhangelsk et Astrakhan – éloignés de plusieurs milliers de kilomètres. Enfin, l'attitude russe/soviétique est diamétralement opposée en 1812 et 1941. À l'origine, Barclay de Tolly devait appliquer un plan offensif, puis occuper une position d'attente autour du camp retranché de la Drissa, avec pour objectif d'interdire l'intérieur aux Français. En réalité, il ne fera que refuser la bataille – cinq fois en soixante jours – et attirer son ennemi plus loin vers l'est. Durant la Seconde Guerre mondiale, c'est un schéma inverse qui s'applique. Après 1945, Staline se vantera d'avoir été le nouveau Koutouzov en ayant aspiré volontairement l'Allemand très loin de ses bases. En réalité, l'Armée rouge n'a d'autre plan que celui, chimérique, d'une contre-offensive stratégique immédiate portant la guerre sur le sol ennemi. Barclay a causé la perte de Napoléon en esquivant sur 800 km, tout en gardant la troupe aux ordres : un exploit ! Timochenko et Joukov ont joué le jeu des Allemands en ne renonçant pas au tropisme hyperoffensif que leur a légué le maréchal Toukhatchevski[1] : un suicide !

1. Mikhaïl Toukhatchevski, une des gloires de la guerre civile dans les rangs bolcheviques, occupe de très hautes fonctions dans l'Armée rouge à partir de 1925. Inventif, presque visionnaire, il est celui qui pousse le plus fort, dans la première moitié des années 1930, dans le sens d'une mécanisation/motorisation de l'Armée rouge. C'est lui aussi qui fait adopter une doctrine ultra-offensive – toujours en vigueur en 1941 – qui s'avérera bien au-delà des possibilités pratiques de l'Armée rouge.

Des campagnes non comparables dans leur déroulement

Contre toute attente, la Wehrmacht a bénéficié d'un effet de surprise complet, Staline ayant eu l'obligeance de s'auto-intoxiquer, préférant les calculs qu'il prêtait à Hitler aux rapports de ses services de renseignement. Napoléon n'avait pas ce travers, mais il n'aura pas non plus l'avantage initial dont jouira Hitler : il ne parvient à maintenir le doute que sur sa direction initiale, moyennant un déploiement sur un large front. La pénétration de la Grande Armée n'est profonde que dans l'axe de Moscou. Partout ailleurs, elle ne s'éloigne guère de ses bases de départ. Très étroite, sa pénétration s'accroche autour de la route Vilna-Orcha-Smolensk-Moscou, et ne s'étend que de quelques lieues de part et d'autre, ce qui place d'emblée la logistique en grand péril. En dehors d'affaires secondaires à Ostrovno (25 juillet), Smolensk (15-17 août), Polotsk (20 octobre) et Moguilev (23 juillet), la campagne ne connaît qu'une seule grande bataille, terrible il est vrai, à Borodino (7 septembre). Napoléon la gagne, mais pas comme il le voulait : ses gros sont décimés tandis que la moitié de l'armée russe s'échappe. Moscou tombe sans combat, mais Koutouzov s'établit habilement à Taroutino, menaçant la meilleure voie de retraite du Français. Cette victoire ressemble à un piège.

La Wehrmacht progresse sur un front beaucoup plus large et va beaucoup plus loin sur ses trois axes majeurs : Leningrad, Moscou et Rostov. Rien que de très normal avec six fois plus d'hommes et 600 000 véhicules. Elle occupe un territoire d'une superficie incomparablement plus vaste que celui de la Grande Armée. Le combat est permanent, ponctué de six grands encerclements qui donnent 2,2 millions de prisonniers.

Curieusement, les deux commandements connaissent une crise en août. Napoléon change ses plans à Smolensk, malgré les avis de ses proches qui voudraient arrêter là la première campagne et établir une base polono-lituanienne en vue de la seconde. Contre ses conseillers, il décide d'aller à Moscou pour forcer le Russe à une bataille d'anéantissement, alors même qu'il a déjà perdu la moitié de son armée. C'est son erreur majeure, sans doute causée par une incertitude profonde quant à la fidélité des élites françaises : l'Aigle ne peut rester trop longtemps loin du charnier natal. Hitler a beau gagner des batailles et du terrain, il sait déjà en août que l'opération *Barbarossa* n'atteindra pas ses objectifs. Une seconde campagne est inéluctable en 1942. Par ailleurs, il déplace son effort principal vers l'Ukraine – où Napoléon ne met pas les pieds –, acceptant un long arrêt sur la route de Moscou.

Les deux fins de campagne diffèrent totalement. Quand il comprend que le tsar n'a aucune intention de négocier, l'Empereur abandonne Moscou et reprend la route de l'ouest, le 19 octobre. Son armée est détruite à 95 % au cours de sa retraite, au terme de quarante-cinq jours d'enfer. Fin octobre 1941, après une énorme victoire à Viazma et Briansk, les Allemands sont contraints une nouvelle fois de marquer le pas devant Moscou pour remettre leur logistique en ordre. L'assaut final débute le 15 novembre et vient mourir le 5 décembre à 40 km de la capitale rouge. C'est la contre-attaque des Soviétiques, le 6 décembre, qui rend visible au monde entier l'échec de *Barbarossa*, celui-ci étant néanmoins acquis avant cette date. La retraite est limitée (100 à 200 km), les pertes sérieuses, mais la Wehrmacht n'est pas détruite. Elle conserve 90 % du territoire conquis. C'est à ce moment qu'Hitler et ses maréchaux vivent dans la hantise de voir 1812 se répéter. Pour conjurer ce spectre, Hitler impose à ses généraux, le 18 décembre, le *Haltbefehl* : pas de retraite, on tient où l'on est, même débordé ou encerclé. Il se vantera à plusieurs reprises de ne pas avoir commis l'erreur de Napoléon. « Notre adversaire espérait infliger à l'armée allemande le destin de la retraite napoléonienne. Sa tentative a piteusement échoué, avant tout du fait du courage et de l'esprit de sacrifice de nos hommes » (24 février 1942). Il répétera quasiment les mêmes mots dans trois autres discours : le 15 mars, le 26 avril (« Nous avons maîtrisé un destin qui en a brisé un autre il y a 130 ans ») et enfin le 8 novembre 1942[2]. La différence de comportement s'explique entièrement par la divergence des objectifs : Napoléon n'a aucune raison de rester en Russie dès lors que le tsar ne reconnaît pas la défaite. Hitler, qui vit à 1 000 km de Moscou dans une forêt de Prusse-Orientale et qui n'a aucune opposition intérieure à redouter, ne veut rien lâcher de ce qu'il a conquis et qu'il désire garder au peuple allemand pour l'éternité. Pour lui, il n'y a, comme il le répétera *ad nauseam* jusqu'à son dernier souffle, que la victoire totale ou l'anéantissement.

---

2. Max Domarus, *Hitler. Reden und Proklamationen 1932 bis 1945*, Wiesbaden, R. Löwit, 1973.

Les raisons de l'échec

Napoléon comme Hitler ont échoué par incapacité à détruire l'armée ennemie alors qu'ils se disaient certains d'y parvenir. Sous Alexandre, le Russe survit par l'évitement; sous Staline, par la reconstruction inlassable des unités, un apprentissage accéléré et une sélection naturelle des cadres. Barclay – le grand homme de la campagne – et Koutouzov ont été plus économes du sang russe que Timochenko et Joukov. Alors que les deux Soviétiques ont joué le jeu qu'attendait Hitler, les deux généraux du tsar ont su imposer le type de guerre défensive auquel Napoléon était le moins préparé. Le mémorandum stratégique écrit par le général Chouchkievitch en avril 1812 et soumis au tsar décrit très exactement à quoi ressemblera la campagne. En revanche, les États tsariste et soviétique ont su mobiliser plus efficacement leurs moyens que leurs deux adversaires, en bonne partie parce qu'ils ont anticipé une guerre longue.

Les deux conquérants ont dû affronter les problèmes fondamentaux de tout envahisseur de la Russie : la maîtrise de l'espace, l'hiver, le choix d'un objectif capable d'ébranler en profondeur le système militaire. Les deux premiers se réduisent peu ou prou à des problèmes de logistique, le troisième est la chose la plus difficile à définir s'agissant d'un État dont les sources de la puissance sont étalées sur une énorme masse continentale. La logistique napoléonienne a complètement échoué. Le désordre, l'incompétence, la corruption et l'imprévoyance ont uni leurs forces pour priver l'armée du nécessaire et la réduire au pillage. Vivre sur le pays n'a pas été longtemps possible, d'autant plus que le Russe pratique la terre brûlée. Les norias de voitures n'ont pu suivre, passé les 200 premiers kilomètres. Napoléon savait pourtant à quoi s'en tenir : la campagne de Pologne en 1807 lui avait donné un avant-goût de l'Est européen. Il croyait avoir fait bon poids bonne mesure en levant vingt bataillons du train des équipages (8 000 voitures), mais ces moyens étaient loin de suffire. Comme les Allemands, il n'a pu standardiser ses matériels roulants – notamment les roues des caissons d'artillerie –, ce qui a terriblement handicapé la maintenance. Le problème du fourrage s'est avéré insoluble et, sans aucun doute, déterminant, plus déterminant que le pétrole pour la Wehrmacht : le gros des 100 000 cavaliers se trouve vite démonté, il n'y a plus d'instrument de poursuite et de reconnaissance. La faim, le froid, la maladie ont tué beaucoup plus que les Russes, et l'armée a perdu la moitié de sa force avant de combattre, sans parler de l'indiscipline constatée à tous les échelons. Avancer jusqu'à Moscou en une seule campagne – et conserver l'outil militaire – était tout simplement impossible sans chemins de fer, sans avions ni convois motorisés. Napoléon s'est trompé sur la possibilité de maintenir une aussi vaste armée dans un pays si primitif. C'est lui, plus que le Russe, qui l'a détruite.

La Wehrmacht a aussi péché par optimisme dans le domaine logistique, à un degré bien moindre que l'Empereur cependant. Elle a vu le débit de ses grandes artères se réduire de moitié entre juin et décembre, mais jamais de 100 % comme cela a été le cas pour la Grande Armée. Ce n'est pas rien, cependant, et cela s'est traduit, entre autres, par l'incapacité à acheminer les tenues et le matériel d'hivernage. En réalité, l'espace russe n'est pas le même en 1941 et en 1812. La densité humaine est au moins triple, les infrastructures existent, même si elles ne soutiennent pas la comparaison avec celles de l'Europe de l'Ouest. Par exemple, entre Brest-Litovsk et Kovno, une seule route mène à Minsk en 1812; vingt routes et cinq lignes de chemin de fer en 1941. Bien évidemment, on avance plus vite sur roues et sur chenilles qu'à pied. Oudinot franchit le Niémen le 24 juin et arrive à Dunaburg le 10 juillet, soit dix-sept jours pour parcourir 210 km sans combattre : 12 km/j. Manstein parcourt en cinq jours la même distance avec le 56ᵉ corps motorisé, tout en combattant : 42 km/j. Néanmoins, eu égard à la différence des moyens, et même en tenant compte d'oppositions très différentes, les Français ont marché très vite, plus vite que les Allemands, et s'y sont ruinés.

Le rôle de l'hiver est abordé ailleurs dans cet ouvrage (voir le prochain chapitre d'Antoine Reverchon). Nous ne nous y attarderons pas. Il a fourni une explication commode aux échecs. Napoléon en avance l'excuse dès le 6 décembre, lorsqu'il annonce son retour en France, précipité par la conspiration du général Malet. Hitler chante la même chanson le 19 décembre 1941 dans un communiqué à ses troupes. Dans la première version de son *Napoléon*, l'historien soviétique Evgueni Tarlé rejettera l'explication du désastre français par le froid. En 1941, en tout cas, le thermomètre constitue un facteur secondaire de la défaite allemande. La Wehrmacht se trouvait sans ressort avant l'arrivée des grands froids – qui se produit le 5 décembre – et ceux-ci ont autant gêné l'Armée rouge lors de sa contre-attaque qui débute ce jour-là.

Le rôle des partisans est nul, ou quasi nul dans les deux cas, si par « partisans » l'on entend le soulèvement armé du peuple. En 1812, les « partisans » ainsi désignés dans le mythe de la « guerre patriotique » sont en réalité des troupes formées de soldats réguliers et de volontaires, encadrés par des officiers comme Figner, Davydov, Seslavine ou Koudachev. Ils sont gênants, mais moins que la cavalerie cosaque, moins que les insurgés espagnols. La « milice populaire » levée dans les grandes villes joue un rôle marginal, en grande partie parce qu'elle est peu ou pas du tout armée. Il n'y a pas eu de soulèvement populaire en 1812, seulement, ici et là, des actions d'autodéfense paysanne contre les fourrageurs. « On ne peut appliquer le terme de guerre nationale à aucun mouvement russe durant la guerre de 1812 », ainsi que Tarlé le reconnaîtra initialement, avant d'être contraint de se rétracter. En effet, la Russie est un empire aristocratique, dynastique et multiethnique, en aucun cas une nation où compte le citoyen. En outre, aucun paysan ne peut s'y porter volontaire : son corps et sa volonté appartiennent à l'État ou à la noblesse. La Wehrmacht n'a guère de soucis avec les partisans dans les six premiers mois de la campagne. Ceux qu'elle désigne ainsi sont des reliquats d'unités régulières réfugiés dans les forêts après les grands encerclements de l'été. Ils font régner l'insécurité dans certaines zones, sans représenter une menace militaire. Nous avons évoqué la terre brûlée. Elle joue un rôle très important en 1812 parce que l'envahisseur avance sur un front étroit où il est facile de détruire le peu qui existe. Ce sera beaucoup moins vrai en 1941. En URSS, les maîtres de la terre brûlée seront les Allemands lorsqu'ils reculeront, pas les Soviétiques.

Battre le Russe suppose que l'on ait déterminé l'objectif dont la perte saperait sa résistance. Au départ, fort classiquement, Napoléon vise la seule destruction de l'outil militaire adverse en rase campagne. Il ne choisit Moscou que parce que l'adversaire se retire dans cette direction et que, à partir de Smolensk, les campagnes sont plus riches. Il pense aussi que, pour défendre la ville sainte, son ennemi acceptera enfin l'affrontement. Il a sa bataille, à Borodino, mais elle est indécise. Moscou, bien qu'elle soit chère au cœur des Russes, n'est pas la capitale de l'Empire. Sa chute et sa destruction n'ont fait que renforcer la détermination du tsar. Cela, l'empereur français ne pouvait le prévoir. S'il avait réfléchi en termes économiques, il lui aurait fallu prendre l'arsenal de Toula : les Russes n'auraient pu remplacer leurs pertes en armes individuelles avant l'arrivée, en 1813, des 101 000 fusils achetés à Londres. Chez les Allemands, la question de l'objectif décisif est le sujet majeur de la planification puis de l'exécution de la campagne. Où réside la source de la puissance soviétique ? À Leningrad ? À Moscou ? En Ukraine ? Dans le bassin du Don ? À Bakou ? Hitler réfléchit en termes économiques et géopolitiques, le général Halder en termes militaires. Comme Napoléon, le chef d'état-major croit que pour défendre Moscou le Soviétique lui offrira une dernière bataille d'anéantissement. Il aura sa bataille, et il la perdra : la Wehrmacht est en décembre au bout du bout de son rouleau, alors qu'en face les réserves continuent de monter en ligne. Il semble certain que l'occupation durable de Moscou en 1941 était impossible. Et je tiens pour tout à fait improbable que, dans le cas contraire, elle eût provoqué la chute du régime stalinien.

L'atout politique

Reste la grande question au cœur des controverses sur l'explication de la double défaite. Vaincre la Russie par les armes ne suffit pas. Il faut y ajouter des éléments de désintégration intérieure. Les Polonais l'ont montré au temps des troubles, au début du XVIIe siècle. Les Japonais ont eu la chance de voir leurs victoires de Tsouchima et de Moukden, en 1905, potentialisées par la première révolution russe. Guillaume II a dû sa victoire à l'Est plus aux deuxième (mars 1917) et troisième (novembre 1917) révolutions russes qu'à la supériorité de ses troupes. Sous ce rapport, Hitler avait plus d'exemples historiques à méditer que Napoléon.

L'Empereur a joué avec l'idée de pousser les masses serves à la révolte. Le grand incendie allumé par Pougatchev, éteint seulement en 1775, était encore dans toutes les mémoires. C'était la grande peur – celle dont Tolstoï ne dit rien – de l'aristocratie russe. Il n'a pas abattu cet atout, pour des raisons diverses. La plus importante est qu'il était un homme d'ordre qui recherchait encore et toujours l'alliance du trône russe : il n'était pas venu apporter la révolution. Il aurait, de toute façon, eu trop peu de temps pour allumer une guerre sociale. En revanche, la carte polonaise était bien dans sa manche. Reconstituer la Grande Pologne d'avant le premier partage (1772), forte de 15 millions d'habitants, était faisable. Les 83 000 soldats polonais de la Grande Armée auraient formé l'embryon d'une armée nationale. Mais il est douteux que cette région pauvre ait pu permettre à la Grande Armée de vivre à ses dépens si l'Empereur avait décidé d'y hiverner après

Smolensk. L'alliance autrichienne et donc les ambitions dynastiques de Napoléon auraient également souffert d'une résurrection polonaise. Une carte limitée, donc, et fort malaisée à jouer.

Hitler a eu entre les mains une donne politique royale, qui aurait pu provoquer la chute du régime stalinien : libérer le commerce, rendre la terre aux paysans, rouvrir les lieux de culte, exciter les nationalités à l'indépendance. Hormis l'ouverture, limitée, des églises, le pouvoir nazi s'empêche de jouer d'autre jeu que militaire. Au contraire, par le tempo même de la campagne, par les consignes données à la troupe, il prescrit la plus extrême brutalité contre les civils et les prisonniers de guerre, et le maintien du collectivisme agraire. Ses buts coloniaux l'empêchent de reconnaître les indépendances de l'Ukraine, des pays baltes, des Tatars de Crimée. Hitler aurait-il pu agir autrement ? Alors il n'aurait pas été Hitler ! Il ne s'agit pas d'une erreur, mais de sa nature même. La bestialité allemande a réussi l'exploit de ramener à Staline ceux qu'il avait martyrisés.

Pour conclure, les échecs de 1812 et de 1941 n'ont pas du tout la même nature, mais leurs impacts sont assez proches. Napoléon subit un désastre militaire plus important que celui d'Hitler, malgré le « miracle » de la Bérézina. Il perd en Russie sa cavalerie et ses vétérans. Son prestige a souffert, c'est certain, mais surtout en France, secondairement en Allemagne : chez les Alliés demeure la crainte de l'affronter directement. « Ce n'est pas sa fin, écrit Tarlé en s'inspirant d'un mot attribué à Talleyrand, mais le commencement de sa fin. » Et en effet il faudra encore à la Coalition deux années de campagnes très dures pour en venir à bout. Hitler s'en tire mieux, en apparence. Il garde les deux tiers de son armée. Son prestige est certes pour la première fois écorné, mais moins qu'on ne l'a dit : sa fermeté à empêcher une retraite napoléonienne a été perçue par la plupart des Allemands comme une preuve supplémentaire de son génie. 1941 ne sonne pas encore le crépuscule du Troisième Reich : beaucoup conservent l'espoir d'une seconde chance en 1942, et il y aura encore de grandes victoires. En revanche, le plan stratégique élaboré durant l'été 1940 est ruiné : la Wehrmacht est coincée à l'Est, l'aviation et la marine ne recevront pas en 1942 les moyens de faire face aux flottes anglo-saxonnes. D'autant que l'entrée en guerre des États-Unis, le 11 décembre 1941, restreint à peu de chose la fenêtre stratégique du Reich : il n'a plus que quelques mois pour mettre l'URSS K.O. Après ce délai, le pire des scénarios s'imposera à lui : une guerre d'attrition sur deux fronts, face à trois superpuissances qui mobilisent les deux tiers du PIB mondial. En réalité, l'échec de l'opération *Barbarossa* rend impossible une victoire allemande. Seul un pat demeurait envisageable… par les optimistes, mais certainement pas par Hitler pour qui, nous l'avons dit, c'était tout ou rien. Napoléon aussi aurait pu sauver une partie de ses gains en 1813. Il ne l'a pas voulu, peut-être par le seul trait qui le rapproche du Führer allemand : l'envie irrésistible de lancer une nouvelle fois les dés de la guerre.

Bibliographie sélective

CATE Curtiss, *La Campagne de Russie : 1812, le duel des deux empereurs*, Paris, Tallandier, 2006.

CAULAINCOURT Armand de, *En traîneau avec l'Empereur*, Genève, La Palatine, 1943.

CLAUSEWITZ Carl VON, *The Campaigns of 1812 in Russia*, Greenhill Books, 1992.

LIEVEN Dominic, *La Russie contre Napoléon. La bataille pour l'Europe (1807-1814)*, Genève, Éditions des Syrtes, 2012.

LOPEZ Jean, OTKHMEZURI Lasha, *Barbarossa, la guerre absolue*, Paris, Passés Composés, 2019.

REY Marie-Pierre, *L'Effroyable Tragédie. Une nouvelle histoire de la campagne de Russie*, Paris, Flammarion, 2012.

RIEHN Richard K., *1812. Napoleon's Russian Campaign*, John Wiley & Sons, 1991.

TARLÉ Eugène, *Napoléon*, Éditions en Langues étrangères, Moscou, 3e édition, s.d.

Voir aussi *De la guerre*, n° 1, Paris, Perrin/Guerres & Histoire, 2021 (dialogue entre Thierry Lentz et Jean Lopez sur Napoléon et Hitler face à l'invasion de la Russie).

21

En Russie, Napoléon a été vaincu par le « général Hiver »

par Antoine Reverchon

Les historiens pressés ont souvent résumé la campagne de Russie à une erreur tragique de Napoléon, qui aurait négligé les distances gigantesques, le climat très rude et la faiblesse des ressources du pays. La stratégie adoptée par les Russes – fuir dans les profondeurs du territoire en évitant la bataille pour épuiser l'adversaire jusqu'à ce que le « général Hiver » fasse son œuvre de destruction – aurait conduit la Grande Armée à son anéantissement fatal. Le 29e bulletin de la Grande Armée, qui révèle le 17 décembre 1812 aux Français l'ampleur du désastre, l'impute essentiellement au froid glacial de l'hiver russe, ancrant définitivement dans l'imaginaire – et dans l'historiographie – le mythe d'une armée cheminant péniblement dans la neige et harcelée par des nuées de Cosaques.

En réalité, le thermomètre ne descendit durablement au-dessous de zéro qu'à la fin de la première semaine de novembre. Or, à cette date, la Grande Armée est déjà réduite au quart de son effectif initial : elle est en infériorité numérique face aux Russes, Napoléon n'a atteint aucun de ses objectifs stratégiques et a déjà évacué Moscou pour aller prendre ses quartiers d'hiver au plus près de la Pologne. C'est la perte de ses lignes de ravitaillement, coupées par les armées russes à Minsk et Bobrouisk, qui va transformer une défaite déjà acquise en déroute totale, entre le 15 et le 30 novembre : le froid, la neige, mais avant tout la faim, transforment peu à peu l'armée vaincue en une horde de pillards dépenaillés, dont l'image est devenue le symbole d'une campagne de six mois, alors qu'elle n'en illustre que les trois dernières semaines.

La guerre avec la Russie ne fut, en réalité, pas du tout improvisée par un Napoléon saisi par l'hubris du conquérant. Les relations entre les deux puissances se dégradaient depuis le printemps 1810, au sujet de la non-application du Blocus continental par Saint-Pétersbourg et de la volonté napoléonienne de renforcer la Pologne.

Dès juillet 1810, l'Empereur s'informe sur l'état des places fortes polonaises, puis en août sur celui des places de l'est de la Prusse et principalement Dantzig, où il a nommé au mois de mai un officier de confiance, le général Rapp, au poste de gouverneur. Il y fait concentrer dès l'été 1810 d'importants moyens permettant à cette place de soutenir un siège, mais aussi de servir de base d'opérations à une armée opérant en Pologne.

Dans une lettre du 6 octobre au général Clarke, son ministre de la Guerre, il se dévoile déjà : « Je suppose que j'aurai la guerre au mois de mars 1812 ; je veux pouvoir la soutenir avec 500 000 hommes, sans rien retirer en Espagne »... Le 12 octobre, il demande à faire dresser une carte d'Europe faisant figurer toutes les étapes « jusqu'à la Vistule ».

Les difficultés logistiques de la campagne de Pologne en 1807 avaient laissé un cuisant souvenir. Napoléon donne très tôt la priorité au ravitaillement de l'« armée d'Allemagne » qu'il commence à organiser et qu'il destine à opérer en Pologne. Le 17 février 1811 est ordonnée la constitution d'un parc de soixante-quatre caissons par régiment pour le seul ravitaillement en pain, proportion inédite dans l'armée impériale jusqu'alors.

Le mois de mars voit se multiplier les ordres pour armer les Polonais, renforcer les places de Prusse et y organiser une base d'opérations « si mes armées étaient en Pologne » (13 mars 1811), avec pour centre Dantzig. Le 2 avril est donné l'ordre de rassembler à Dantzig trois équipages de pontonniers pour « dévorer tous les obstacles ». Le 2 mai, deux bataillons du train des équipages sont affectés à l'armée d'Allemagne en plus de sa dotation normale de trois bataillons. « Avec ces cinq bataillons le service de l'armée d'Allemagne sera assuré, puisque cela fera plus de 1200 voitures ; ce qui, avec les caissons des régiments, sera le triple de ce que j'ai jamais eu à ma Grande Armée », écrit l'Empereur.

Puis, durant six mois, c'est l'accalmie. À la suite d'une réponse apaisante du tsar début mai, il n'est plus question de la Russie. Napoléon se consacre à la défense du littoral de l'Empire contre les « descentes » anglaises ainsi qu'à la construction de vaisseaux. Il écrit le 21 juin à Davout, commandant de l'armée d'Allemagne : « Les affaires du Nord paraissent beaucoup moins à la guerre et la Russie paraît avoir tempéré un peu son ardeur. »

Mais mi-décembre, tout bascule à nouveau. Le tsar a en effet envoyé comme négociateur à Paris le comte de Nesselrode, connu pour avoir embrassé le parti de Londres. Il a surtout ordonné la levée de quatre hommes sur cinq cents dans tout l'Empire russe pour renforcer son armée, dont les divisions affluent sur la frontière polonaise.

Le 15 décembre, Napoléon ordonne la mise en état de siège de la principale place forte de Pologne, Mödlin, à partir de février 1812 ; le 16 décembre, il ordonne le retour de la Garde, alors stationnée en Espagne, pour qu'elle soit « prête à entrer en campagne avec l'Empereur », ainsi que la levée de la conscription de 1812.

Le premier indice d'un plan d'invasion apparaît le 17 décembre avec l'ordre de doter les trois équipages de ponts réunis à Dantzig des moyens « propres à la construction d'un pont sur pilotis sur le Niémen et sur les rivières de la Lituanie ». Mais parce qu'il sait pertinemment que la pauvreté des terres russes ne permettra pas à son armée de « vivre sur le pays » contrairement aux campagnes précédentes, l'Empereur ordonne le 23 décembre 1811 au général Lacuée, ministre de l'Administration de la guerre, de s'assurer que « chaque bataillon d'équipage pourra porter le pain de 40 bataillons pour un jour, ce qui exige l'emploi de 40 caissons d'ancien modèle ; et avoir 200 caissons de nouveau modèle portant chacun 4 000 rations de biscuit ou pain. C'est-à-dire que chaque bataillon portera 840 000 rations, ce qui fera pour les 6 bataillons 5 200 000 rations ou pour une armée de 200 000 [hommes] pendant 25 jours. C'est sur ce pied que je désire que mes transports soient organisés. C'est de là que dans le pays où je fais la guerre dépend le succès de mes opérations, or vous savez quelle part les transports ont à ce succès ».

Le 24 janvier 1812, Napoléon détaille au général Lacuée les moyens logistiques de la Grande Armée.

> Mon intention est d'avoir les 12e, 2e, 6e, 7e, 9e et 10e bataillons français, un bataillon du royaume d'Italie et un de la Garde impériale, total, huit bataillons [du train des équipages], attelant 2016 voitures ; quatre bataillons de voitures comtoises, attelant 2424 voitures ; quatre bataillons attelés par des bœufs, composés de 1224 voitures ; un bataillon de voitures à bœufs du royaume d'Italie, attelant 306 voitures ; total général, dix-sept bataillons attelant près de 6000 voitures et portant de 110 à 120000 quintaux, savoir : les huit bataillons d'équipages, 30 quintaux chaque voiture ; les bataillons de voitures à la comtoise, 12 quintaux, et les bataillons de voitures attelées par des bœufs, 20 quintaux ; total, 114000 quintaux, ce qui ferait un million de rations de farine, ou pour une armée de 200000 hommes pendant près de deux mois.

Toutefois, bien conscient du mauvais état du réseau routier russe, Napoléon compte utiliser surtout le transport fluvial. C'est pour cela qu'il a choisi Dantzig comme base d'opérations, car depuis cette ville et Königsberg, où sont aménagés d'immenses entrepôts, il est possible de naviguer sur la lagune du Frische-Haff jusqu'à l'embouchure du Niémen, puis de remonter ce fleuve jusqu'à Kovno, où la noria des voitures peut prendre le relais. Le 23 mai, depuis Dresde où il séjourne, il ordonne au général Rapp d'organiser une flottille de navires aptes à naviguer sur la lagune et le fleuve.

L'importance de la maîtrise de cette ligne de ravitaillement fluvial dicte d'ailleurs le plan d'invasion conçu par l'Empereur, comme le révèle une lettre du 14 mars adressée au général de La Riboisière, commandant l'artillerie de la Grande Armée. « L'objet de cette lettre est de vous faire connaître (et je vous mets seul dans mon secret) que mon intention est de débuter la campagne par le siège de Dünabourg et par celui de Riga. » Ces deux places sont situées au nord du Niémen, ce qui suppose de franchir ce fleuve et d'en repousser l'armée russe jusqu'à s'assurer de son contrôle total.

L'objectif opérationnel que se fixe Napoléon n'est donc pas Moscou ou Saint-Pétersbourg, mais de s'assurer d'une ligne de ravitaillement qui lui permettra d'acheminer les gigantesques ressources dont son immense armée a besoin pour conserver sa supériorité numérique et sa capacité de manœuvre jusqu'à ce que les Russes soient amenés à livrer une ou deux batailles qui décideront du sort de la campagne.

Un mois avant le début de cette dernière, le 26 mai, il écrit à Davout : « Je ne saurais trop vous recommander de prendre les mesures les plus efficaces pour que vous conserviez le moins de bagages possible [...] afin que tous les caissons puissent être chargés de farine, pain, riz, légumes et eau-de-vie, hormis ce qui est nécessaire pour les ambulances. Le résultat de tous mes mouvements réunira 400000 hommes sur un seul point ; il n'y aura rien alors à espérer du pays, et il faudra tout avoir avec soi. » Tous les corps d'armée reçoivent l'ordre d'emporter pour vingt-cinq jours de vivres avec eux, jusqu'à ce que la ligne du Niémen prenne le relais.

Il écrit à cet effet le 21 juin au général Hogendorp, gouverneur de Königsberg : « J'ai ordonné que 6000 quintaux de farine soient dirigés [...] pour remonter le Niémen, que 14000 autres quintaux soient fournis des magasins de Königsberg pour le même objet. J'ai ordonné que deux convois portant 30000 quintaux avec du biscuit partissent de Dantzig également pour le Niémen [...]. Rendez-moi compte des obstacles qu'éprouverait cette navigation, car nous calculons sur ces convois pour nourrir l'armée. Il faudra qu'il remonte le Niémen jusqu'à Kovno. »

Il est donc faux de croire que Napoléon n'a pas conscience du caractère exceptionnel de la logistique qu'exige une campagne en Russie. Il est simplement convaincu que les ressources de l'Empire, alors à son apogée, permettront de relever le défi.

Côté russe, le mythe de la « stratégie de la terre brûlée »

Il est tout aussi erroné de croire que le « repli stratégique » jusqu'à l'arrivée de l'hiver fut une option délibérément choisie dès le début de la campagne par les Russes. Certes, le ministre de la Guerre Barclay de Tolly avait remis le 2 mars 1810 au tsar un « mémorandum » prônant une telle stratégie, et ce sera bien celle qui sera finalement appliquée. Mais entre-temps, cette stratégie a fortement varié.

Pendant l'année 1811, le plan est, au contraire, de marcher sur Varsovie – c'est d'ailleurs la concentration russe à la frontière qui pousse Napoléon à lever sa Grande Armée. Une fois la paix signée avec la Turquie, en avril 1812, le tsar donne le 21 avril à son armée du Danube, 60000 hommes basés en Bessarabie, l'ordre d'aller attaquer dans les Balkans les provinces illyriennes, pour inciter l'Autriche à rallier sa cause…, avant que l'annonce de la levée d'une armée autrichienne commandée par Schwarzenberg pour seconder la France n'oblige le tsar à constituer en mai 1812 en Volhynic unc armée de 50000 hommes sous les ordres de Bagration.

Quarante-deux mille hommes font par ailleurs la guerre à la Perse dans le Caucase, 31 000 occupent la Finlande conquise sur la Suède.

À la veille de l'invasion, la dispersion des armées russes sur sa frontière ouest, de la Courlande à la Bessarabie, est le reflet de ces plans initiaux[1] et non d'une défense en profondeur. Face aux 340 000 hommes regroupés par Napoléon sur le Niémen, les Russes n'en alignent que 100 000 à Vilna sous les ordres directs de Barclay, plus 10 000 plus au nord pour couvrir la route de Saint-Pétersbourg. L'état-major, y compris Barclay, propose même de commencer la campagne par une « attaque préventive » en Pologne pour s'emparer du ravitaillement qui y est accumulé, retarder l'invasion et rallier la Prusse. Encore le 18 juin, Bagration demande au tsar de passer à l'attaque !

L'armée de Barclay n'est, à Vilna, qu'à deux marches de la frontière. C'est une occasion que Napoléon, à son arrivée en Pologne, veut saisir en amendant légèrement son plan. Ce sera la « manœuvre de Vilna », visant à livrer bataille au plus près de la frontière. Il écrit à Jérôme, le 5 juin : « Ce que vous avez de mieux à faire au début de la campagne [est de] faire croire que vous allez entrer en Volhynie et tenir l'ennemi le plus possible sur cette partie, pendant que, le débordant sur son extrême droite, […] je me trouverai sur son aile droite, je passerai le Niémen et lui enlèverai Vilna, premier objet de la campagne. »

---

1. Même Dominic Lieven, qui défend pourtant la thèse du « repli stratégique » russe volontaire, écrit que « les armées étaient positionnées en prévision d'une marche sur le grand-duché de Varsovie ».

Deux cent quarante mille hommes franchissent le Niémen à Kovno entre le 24 et le 26 juin et marchent sur Vilna ; 70 000 (Eugène), au sud de Kovno, marchent également vers cette ville ; 30 000 (Macdonald) franchissent le fleuve à Tilsit, plus au nord, pour sécuriser la ligne de ravitaillement ; 65 000 (Jérôme) passeront la frontière début juillet plus au sud, à Grodno, pour fixer les armées russes de Volhynie et de Bessarabie.

Barclay et le tsar, face à un adversaire qu'ils savent très supérieur en nombre, décident malgré l'opposition de leurs généraux de quitter Vilna sans combattre. La Ire armée se replie vers le camp retranché de Drissa, sur la Dvina, réputé « imprenable », de façon à couvrir à la fois les routes de Moscou et de Saint-Pétersbourg et d'y rallier Bagration.

La « manœuvre de Vilna » a échoué, mais Napoléon décide de séparer Barclay de Bagration. Ce sera la « manœuvre de Vitebsk », rendue possible par un ravitaillement arrivant par le Niémen : « Je vois avec un grand plaisir qu'enfin la tête des convois est prête à arriver par le Niémen, et que dans ce moment 7 à 8 000 quintaux de farine doivent se trouver à Kovno. Envoyez ordre de diriger par eau sur Vilna tout ce qu'il sera possible, en employant les bateaux qu'on pourra se procurer », écrit-il à Berthier le 4 juillet, avant de préciser onze jours plus tard à son bras droit militaire : « L'Empereur va agir sur sa droite et ne veut attaquer l'ennemi ni dans son camp retranché de Dünabourg, ni dans son camp retranché de Drissa ; mais par son mouvement sur la droite, il va rendre inutiles toutes les fortifications que l'ennemi établit depuis trois mois ; [...] sans doute l'ennemi évacuera la position de Drissa aussitôt qu'il s'apercevra de ce mouvement. »

Et en effet, les officiers russes ont réussi à convaincre le tsar que le camp de Drissa était indéfendable alors que les Français approchaient. Barclay obtient un nouvel ordre de repli le 17 juillet, vers Vitebsk, où l'on a décidé de combattre, une fois Bagration rallié. Ce sont donc bien les manœuvres de Napoléon, et non la stratégie préconisée avant guerre par Barclay, qui poussent les Russes à se retirer vers l'intérieur.

Cependant, Davout et Jérôme, lancés à la poursuite de Bagration, ont contraint celui-ci à reculer plus à l'est, jusqu'à Smolensk. Cette nouvelle contraint Barclay à quitter Vitebsk vers Smolensk le 27 juillet, la nuit précédant l'arrivée des Français. Si Bagration avait rejoint Barclay, la bataille décisive aurait bien eu lieu le 28 juillet… Après celle de Vilna, la manœuvre de Vitebsk s'avère aussi un échec.

L'immense logistique mise en place a, en un mois de campagne, épuisé ses capacités. Hommes et surtout chevaux, victimes de l'alternance entre orages glacés et canicules, sont tombés par milliers sur les routes poussiéreuses. À Vitebsk, la moitié seulement des soldats qui ont passé le Niémen sont encore dans les rangs. Les vingt-cinq jours de subsistance emportés dans les caissons sont épuisés. Les provisions débarquées à Kovno mettent deux semaines pour franchir les 500 kilomètres jusqu'à Vitebsk.

Napoléon veut, par conséquent, s'assurer une nouvelle ligne de ravitaillement fluvial : la Dvina. Il écrit le 28 juillet à Cambacérès, archichancelier de l'Empire : « Je suis arrivé à Vitebsk. […] Nous sommes ainsi maîtres de tout le cours de la Dvina. » Ce qui n'est pas tout à fait vrai, car les Russes tiennent encore l'embouchure à Riga, dont Napoléon avait, on l'a vu, ordonné le siège, et qu'il fait dès lors activer. Mais il faut attendre la chute de cette ville. Il écrit le 29 juillet à Berthier : « La principale intention de l'Empereur est de donner sept à huit jours de repos à l'armée, afin d'organiser les magasins. » Quitte à sacrifier la manœuvre à cet impératif logistique : « J'ai préféré cet avantage à celui d'arriver à Smolensk avant Bagration. »

Mais voilà que les Russes vont offrir d'eux-mêmes l'occasion de livrer bataille. Courtisans et généraux réclament l'offensive, arguant du fait que Barclay et Bagration ont enfin fait leur jonction le 3 août à Smolensk. Le 7 août, les colonnes russes quittent cette ville vers Vitebsk par la rive droite du Dniepr. Napoléon lance une manœuvre de flanc, passant sur la rive gauche du fleuve à Orcha pour aller prendre cette cité et attaquer l'ennemi à fronts renversés. C'est la « manœuvre de Smolensk ».

Barclay, prévenu à temps, envoie deux divisions prudemment laissées en arrière ralentir cette marche : l'une sur la rive gauche, l'autre sur les murailles de Smolensk. De quoi gagner le temps de rebrousser chemin. Le 17 août, les Français s'acharnent à s'emparer de la ville où défilent les Russes en retraite, tandis que Napoléon envoie le général Junot franchir le Dniepr en amont afin de couper la route de Moscou.

Barclay a aussi anticipé cette manœuvre. Il a détaché un corps en direction de Moscou, et ordonne d'évacuer Smolensk le soir du 17, malgré la fureur et les injures de ses généraux. Ses troupes s'égarent dans la nuit. Junot aurait été en mesure de lui couper la route le lendemain tandis que Napoléon l'attaquait en queue. Mais pour des raisons que les historiens n'ont toujours pas élucidées, le duc d'Abrantès ne bouge pas, et les Russes s'échappent au prix d'âpres combats. La manœuvre de Smolensk a elle aussi échoué…

Cet échec a, cette fois, modifié définitivement le rapport de force. La ville, incendiée par les Russes, n'offre pas de nouvelles ressources. Les combats, l'attrition, les garnisons laissées en arrière, ont fait perdre à la Grande Armée sa supériorité numérique. Alors que Koutouzov – le successeur de Barclay « puni » pour ses retraites qui conduiront pourtant à la victoire – reçoit recrues et approvisionnements.

C'est donc le 18 août 1812 que Napoléon perd la campagne de Russie, près de trois mois avant l'arrivée de l'hiver.

Du piège à la tragédie

Conscient de l'impossibilité de manœuvrer si ses lignes de ravitaillement ne sont pas sécurisées avant la mauvaise saison, Napoléon écrit le 24 août à Maret, son ministre des Relations extérieures : « Ils [les Lituaniens, dont il espérait la coopération] n'ont pas un seul homme, un seul bataillon à donner […] pour arrêter les Cosaques. Je suis obligé de laisser à Vilna et à Minsk des garnisons comme dans des villes ennemies […]. J'ai besoin de former enfin mes magasins pour nourrir mon armée pendant toute une année ; il faudrait 1 200 000 quintaux de farine et le reste en proportion […]. Pendant le temps de la récolte et tout le reste de la belle saison, l'armée peut se nourrir en fourrageant, au grand détriment de la discipline et aussi du pays ; mais, pendant la mauvaise saison et l'hiver, cela est impossible. ». Le 26 août, une longue lettre à Berthier organise la sécurité des arrières en plaçant magasins, garnisons et postes sur les routes les plus courtes entre la Pologne et Smolensk, *via* Minsk et Orcha[2].

Le changement à la tête de l'armée russe va pourtant lui donner une ultime occasion de livrer la bataille tant recherchée. Car Koutouzov a promis haut et fort qu'il ferait front pour défendre Moscou. La bataille de Borodino, le 7 septembre, ne peut pourtant pas être décisive : les effectifs, 100000 hommes de chaque côté, sont désormais égaux ; Napoléon ne peut pas manœuvrer pour tourner le flanc de l'armée russe ; il doit se contenter de la repousser devant lui.

La quête de ravitaillement pousse l'Empereur à prendre Moscou, où cet espoir se dissipe, comme à Smolensk, dans les fumées de l'incendie. Il imagine alors un nouveau système logistique pour acheminer ravitaillement et renforts, ordonnant à Berthier le 23 septembre : « La cavalerie, l'infanterie et l'artillerie qui composent chaque convoi doivent marcher ensemble, bivouaquer en bataillon carré autour du convoi, et ne se séparer sous quelque prétexte que ce soit [...]. Qu'aucun convoi ne parte s'il n'est commandé par un officier supérieur et escorté par 1500 hommes, infanterie et cavalerie. Il faudrait réimprimer ces dispositions pour les faire afficher

2. Aussi incroyable que cela puisse paraître, Napoléon pense encore, alors qu'il est à quelques étapes de Moscou, à construire la marine qui lui permettra d'abattre la puissance anglaise. Il écrit le 26 août en ce sens à Decrès, son ministre de la Marine : « Nous sommes maîtres de tous les pays et débouchés qui fournissent des mâts. J'espère que vous avez envoyé des maîtres et des ouvriers pour les reconnaître et faire des abattis, que j'aurai soin de me conserver dans les conditions de paix. »

chez tous les commandants de place, depuis Kovno jusqu'ici. »

Le 6 octobre, une nouvelle lettre à Berthier montre que l'Empereur est moins préoccupé par l'arrivée de l'hiver, qu'il a anticipée, que par le risque de voir les armées russes de Finlande (Wittgenstein) et du Danube (Tchitchagov) menacer ses communications. Et de fait, à la réception de la nouvelle de la bataille de Borodino, qu'il croit gagnée sur la foi des mensonges de Koutouzov, le tsar a envoyé de Saint-Pétersbourg son aide de camp Tchernitchev accomplir un long périple pour porter à Wittgenstein et Tchitchagov l'ordre de s'emparer respectivement de Vilna et de Minsk pour couper les lignes de ravitaillement et prendre à revers l'armée française pendant que Koutouzov l'attaquera de front.

Dès le 9 octobre, Napoléon prend la décision de quitter Moscou. Il écrit à Maret : « [...] Tout porte à penser que lorsque la dernière quinzaine de novembre arrivera, c'est-à-dire la véritable saison des quartiers d'hiver, je les prendrai entre la Dvina et le Borysthène afin d'être plus à portée de mes secours, de faire reposer l'armée et de vaquer à beaucoup d'autres affaires [...]. »

Le 16 octobre, bien conscient des aléas de la météo, il précise à son ministre des Relations extérieures : « Je suis dans l'intention de partir le 19 pour me rendre à Kalouga, battre l'armée ennemie si elle veut couvrir cette grande place, et selon le temps qu'il fera, aller vers Toula et Briansk ou retourner de suite sur Smolensk, si le temps devient mauvais. J'ai compté que mes quartiers d'hiver seront pris entre Smolensk, Minsk et Mohilev dans la première semaine de novembre [...]. [Moscou] n'étant plus une position militaire pour mes opérations futures, n'a plus aucune importance. [...] Me rapprocher d'un pays ami, dans une saison d'hiver et d'inaction, et être à même de préparer mes moyens pour la campagne de Pétersbourg : ce plan assure la paix et l'abaissement de l'ennemi par la soumission ou la destruction de sa seconde capitale, la campagne prochaine. »

Ce n'est qu'après que la correspondance vire au bulletin météo : « L'évacuation [de Moscou] est conforme a mes projets. Nous avons ici un très beau temps, même chaud ; les gens du pays le trouvent extraordinaire. Nous en profitons pour gagner nos quartiers d'hiver, car il est probable que dans une quinzaine de jours le temps sera rigoureux » (à Cambacérès, le 24 octobre). « J'ai jugé à propos de me rapprocher de 100 lieues, écrit-il, toujours à l'archichancelier, une semaine plus tard. L'hiver est trop long et trop rude pour rester à de si grandes distances ; mes communications, d'ailleurs, en seront plus faciles et je ne serai pas obligé d'employer trop de monde pour les garder. Du reste, nous avons un temps superbe, 3 degrés de froid, ce qui sèche les chemins, et le plus beau soleil possible. »

À la fin de la première semaine de novembre, le ton change pour de bon. « L'armée et l'Empereur seront demain à Smolensk, mais bien fatigués par une marche de 120 lieues sans s'arrêter. [...] La cavalerie de l'armée est à pied, le froid a fait mourir tous les chevaux » (Victor, 7 novembre). « Le froid s'est fait tout d'un coup sentir. Nous avons 8 à 9 degrés de froid. Je me rapproche tout à fait de la Pologne, afin d'y avoir des quartiers d'hiver tranquilles le plus possible » (Cambacérès, 14 novembre). « Notre position s'est gâtée. Des gelées et des froids rigoureux de 16 degrés ont fait périr presque tous nos chevaux, c'est-à-dire 30000. Nous avons été obligés de brûler plus de 300 pièces d'artillerie, et une immense quantité de caissons. Les froids ont beaucoup augmenté les hommes isolés. Les Cosaques ont profité de cette nullité absolue de notre cavalerie et de cette nullité de notre artillerie pour nous inquiéter et couper nos communications » (Maret, 18 novembre).

Et enfin, le 29 novembre, depuis les rives de la Bérézina dans une missive également adressée au duc de Bassano : « L'armée est nombreuse, mais débandée d'une manière affreuse. Il faut quinze jours pour les remettre aux drapeaux, et ces quinze jours, où pourra-t-on les avoir ? Le froid, les privations ont débandé cette armée. Nous serons sur Vilna : pourrons-nous y tenir ? [...] Des vivres, des vivres, des vivres ! Sans cela il n'est pas d'horreurs auxquelles cette masse indisciplinée et débandée ne se porte contre cette ville. Peut-être cette armée ne pourra-t-elle se rallier que derrière le Niémen. »

Plus que l'hiver, ce sont les manœuvres de Wittgenstein et Tchitchagov sur les flancs des lignes d'opérations françaises qui ont décidé de la retraite, puis de son issue fatale. D'autant que les maréchaux français et leurs alliés prussiens et autrichiens, chargés de garder les arrières, n'ont pas su les contrer.

Le 30 novembre, Napoléon écrit à Maret l'épitaphe de la campagne, où il contredit la légende du « général Hiver » qu'il a pourtant lui-même forgée : « L'opération de l'ennemi sur Minsk, qui nous a obligés à prolonger notre retraite de vingt-deux jours, et l'inaction du duc de Bellune (Victor), qui n'a pas attaqué Wittgenstein, nous ont fait un mal affreux. Sans ces accidents, je serais resté à Smolensk, Vitebsk, Orcha, Mohilev. Schwartzenberg m'a cruellement compromis ! »

Bibliographie sélective

Bonaparte Napoléon, *Correspondance générale*, volumes 10, 11 et 12, Paris, Fayard, 2012, 2014 et 2015.

Clausewitz Carl von, *La Campagne de 1812 en Russie*, Bruxelles, Éditions Complexe, 1987.

Curtis Cate, *La Campagne de Russie, 1812*, Paris, Tallandier, 2006.

Lieven Dominic, *La Russie contre Napoléon : la bataille pour l'Europe, 1807-1814*, Genève, Éditions des Syrtes, 2012.

Rey Marie-Pierre, *L'Effroyable Tragédie. Une nouvelle histoire de la campagne de Russie*, Paris, Flammarion, 2012.

Tarlé Eugène, *La Campagne de Russie, 1812*, Paris, Gallimard, 1950.

22

La campagne de 1814, un chef-d'œuvre ?

par Frédéric BEY

Alors que le 31 mars 1814, Paris tombe pour la première fois depuis quatre siècles aux mains de souverains étrangers, il ne semble ni naturel ni évident d'employer le terme de « chef-d'œuvre » à propos des opérations militaires de la campagne de France qui se concluent par la chute de la capitale de l'Empire, précédant de quelques jours celle de son chef. C'est même un paradoxe. Selon le mot de Thierry Lentz, ces quatre ou cinq mois de campagne ont pourtant « suscité l'étonnement et l'admiration de générations d'historiens ». Las Cases rapporte dans le *Mémorial de Sainte-Hélène* que pour Napoléon lui-même les « belles journées de Champaubert, Montmirail, Nangis et Montereau » font partie de ses plus grandes victoires. Les vétérans, comme le célèbre Jean-Roch Coignet, pensaient de même : « Si l'Empereur avait été secondé en France comme il le fut en Champagne, les alliés étaient perdus. » L'historien militaire Jean Tranié juge Napoléon supérieur à ses adversaires en écrivant que « le triomphe de l'intelligence a permis de retarder l'écrasement d'une nation seule en face de l'Europe ». L'Américain Gunther E. Rothenberg fait le même constat en expliquant qu'en

1814 « la campagne de France fut aussi brillante que n'importe laquelle des campagnes napoléoniennes, alors que les différends entre alliés continuaient d'affecter leurs opérations. Bien que tactiquement et stratégiquement supérieur, et malgré l'adoration que lui vouaient ses troupes, Napoléon était néanmoins vaincu d'avance ». Les analyses les plus récentes, comme celle de Gilles Haberey et Hugues Perot en 2016, reprennent la thèse dominante depuis deux siècles en affirmant qu'« en dépit d'un rapport de force très défavorable, Napoléon n'a rien perdu de son génie tactique et va conduire ce qui constitue sans doute une de ses plus belles campagnes ». Le ton est donné !

S'il y a eu génie et chef-d'œuvre, comment et par quoi se caractérisent-ils ? L'on se posera également la question de l'utilité de cette campagne dirigée par Napoléon en personne sur son théâtre principal : a-t-elle pesé sur le cours des événements diplomatiques et politiques qui ont débouché sur la première abdication ? A-t-elle retardé une chute inéluctable ou pouvait-elle inverser le cours de l'Histoire ?

L'équation

Repliée sur le Rhin après la défaite de Leipzig (16-19 octobre 1813), décimée par le typhus, l'armée impériale n'est plus en janvier 1814 que l'ombre de celle qui a jusqu'alors fait trembler l'Europe. Sur le théâtre principal d'opérations, Napoléon ne peut au départ compter que sur 30000 hommes ramenés d'Allemagne pour couvrir la Belgique et le Rhin jusqu'à la Suisse, et sur une petite armée en voie de concentration autour de

Langres, rassemblant pêle-mêle les vétérans de la Vieille Garde et des conscrits inexpérimentés, les célèbres Marie-Louise. Au total, l'Empereur ne dispose le 25 janvier 1814 que d'environ 70000 hommes au moral incertain. Face à lui, la coalition rassemblant Russie, Autriche, Prusse, Angleterre, Suède et tous les anciens alliés allemands de la France aligne 500000 hommes. Elle possède, en outre, une supériorité écrasante en termes d'artillerie et dispose de réserves matérielles et humaines considérables. Cette masse est répartie en trois grandes armées, du nord au sud : 170000 hommes à l'armée du Nord de Bernadotte, 130000 hommes dans celle de Silésie sous Blücher et 200000 hommes de l'armée de Bohême de Schwarzenberg, qui commande en chef l'ensemble des troupes alliées. À cela s'ajoutent des corps d'armée russes et prussiens disséminés au sein de ces trois armées, des Anglais et des Suédois uniquement dans l'armée du Nord; quant aux Autrichiens, ils sont tous rassemblés dans la formation commandée par leur généralissime.

Très vite obligé de rétrograder jusqu'en Champagne, Napoléon peut *a priori* s'appuyer sur trois avantages. Les deux premiers sont la concentration de ses maigres forces dans sa main et sa parfaite connaissance du terrain. L'atout le plus important, mais le plus volatil, tient à la divergence de vues des membres de la Sixième Coalition. Après Leipzig, alors que le tsar Alexandre voulait sans hiatus conduire la guerre en France, Autrichiens et Prussiens étaient prêts à émettre des propositions de paix afin d'éviter une campagne qu'ils jugeaient encore aventureuse. Les « propositions de Francfort » élaborées par l'Autrichien Metternich, adressées à Napoléon le 9 novembre 1813, envisageaient de laisser à la France la Savoie, la Belgique et la rive gauche du Rhin. Lorsque Napoléon se résout à les accepter, le 2 décembre 1813, la coalition a durci ses conditions sous la pression des Prussiens et des Anglais, ces derniers se refusant à envisager qu'Anvers demeure française. Il était désormais question de prendre les frontières de 1792 pour base d'une négociation. Quand Napoléon refuse catégoriquement cette proposition jugée déshonorante, la poursuite des opérations militaires devient inévitable. Deux autres questions divisant les coalisés demeurent sans réponse immédiate : faut-il détrôner l'Empereur ? Et, si oui, par qui le remplacer ? Les premières troupes coalisées franchissent le Rhin le 21 décembre 1813. La première bataille dirigée par Napoléon aura lieu un mois plus tard, le 29 janvier 1814, à Brienne, là même où, trente-cinq ans plus tôt, il avait fait connaissance de la France. C'est en effet à l'école royale militaire de cette petite ville que le futur empereur, boursier besogneux qui n'avait pas encore 10 ans, a débarqué le 15 mai 1779 pour apprendre le métier de soldat et abandonner son patois corse. Il y séjourne jusqu'en 1784, année d'un rude hiver qui n'est pas sans rappeler celui de 1814.

Un homme seul

Le mois de janvier voit la progression lente des coalisés jusqu'à 150 kilomètres de Paris. Les maréchaux Macdonald, Marmont et Victor, qui leur font face, ne disposent pas de troupes en nombre suffisant pour manœuvrer et encore moins contre-attaquer. Lorsqu'il quitte Paris, le 25 janvier, Napoléon a arrêté son plan.

Les forces de Davout, enfermées à Hambourg, celles de Maison maintenues en Belgique, celles de Soult et Suchet postées sur les Pyrénées, celles d'Augereau à Lyon et celles d'Eugène en Italie ne reçoivent pour consigne que de gagner du temps. « La stratégie est la science de l'emploi du temps et de l'espace. Je suis, pour mon compte, moins avare de l'espace que du temps. Pour l'espace, nous pouvons toujours le regagner. Le temps perdu, jamais[1] ! » C'est dans l'est de la France que l'Empereur, à la tête de son armée principale, compte jouer toutes ses cartes : protéger Paris, le cœur vital de son pouvoir, et vaincre l'une après l'autre les armées de Silésie et de Bohême qui, pour des raisons principalement logistiques, s'avancent vers la capitale en suivant des itinéraires distincts : vallée de la Marne pour la première, vallées de l'Aube et de la Seine pour la seconde. Pour l'Empereur, une grande victoire lui permettrait d'approfondir la division des coalisés et les contraindre à négocier. Il concentre donc toutes les unités disponibles en Champagne dans l'intention de provoquer et d'emporter le plus rapidement possible une bataille d'envergure.

Pendant les deux mois et demi qu'il passe à Paris après son retour d'Allemagne, Napoléon a par ailleurs tenté d'insuffler au pays l'« esprit de 1793 », celui d'une mobilisation patriotique face à l'envahisseur. Mais la France n'en peut plus, les nouvelles recrues sont moins nombreuses que prévu à rejoindre l'armée, et l'envoi de commissaires en province ne produit qu'un effet

1. Propos tenus par Napoléon à ses maréchaux et à son état-major en 1814.

médiocre[2]. À l'évidence, la population souhaite la paix, et les maréchaux, usés par dix ans de campagnes, ne croient plus aux combinaisons de leur chef. Napoléon est plus que jamais un homme seul. Si l'on a souvent dit qu'il était redevenu pour cette campagne un simple général qui avait tout à prouver, il n'avait plus 27 ans, comme en 1796, mais 45 ans. Empâté et dégarni, son état nerveux et physique n'était plus en adéquation avec le rythme de travail qu'il devait s'imposer pour élaborer et diriger ses manœuvres. Il avait atteint ses limites, même si, à la réouverture des hostilités, il semble bénéficier d'un regain d'énergie. Alors qu'il était déprimé en octobre 1813, après Leipzig, il aborde la phase décisive de la campagne de 1814 avec optimisme. Il croit à nouveau en son étoile, retrouvant un terrain familier à la tête d'une force compacte qu'il peut manœuvrer plus facilement que les armées pléthoriques de 1812 et 1813.

Surprendre ou subir ?

En quittant Vitry-le-François, l'Empereur espère trouver Blücher à Saint-Dizier. D'après ses renseignements, l'ennemi est encore dispersé et une victoire permettrait de semer le désordre au sein de l'armée de Silésie. Le 27 janvier, le maréchal Victor est envoyé à l'attaque. Il tombe sur 2000 hussards russes qui, sous l'effet de la surprise, évacuent Saint-Dizier sans même songer à détruire le pont sur la Marne. Cette victoire, même si elle marque le premier coup d'arrêt à l'avance

2. Le sénatus-consulte du 30 novembre 1813 prévoyait la levée de 300000 hommes supplémentaires sur les classes 1811 à 1814.

des coalisés, n'est que symbolique. La première grande affaire a lieu deux jours plus tard. Napoléon attaque avec 30000 hommes les troupes russes de Blücher qu'il surprend à Brienne. Ce dernier perd 4000 soldats et se replie. Désormais infiltré entre les armées de Silésie et de Bohême, l'Empereur va s'installer sur des positions défensives à La Rothière. Le 1er février, Blücher a fait sa jonction avec les premiers éléments de l'armée de Bohême : il passe à l'attaque avec un rapport de force de trois contre un. Les Français résistent toute la journée avec courage, mais perdent 6000 hommes, ce qui est considérable au regard de leurs effectifs totaux. Ébranlé par cet échec, Napoléon retraite. Les journées de Brienne et de La Rothière viennent de lui dresser le tableau de ce que sera la campagne à venir : s'il peut vaincre un corps isolé, il sera écrasé sous le nombre dès lors que ses adversaires auront eu le loisir de se concentrer et d'attaquer en force. Dès lors, l'Empereur n'a plus d'autre choix que de se replacer dans un « couloir de mobilité[3] », entre Marne et Seine, et de profiter de son excellent service de renseignement pour guetter les fautes de ses adversaires. Les armées de Silésie et de Bohême ne tardent pas d'ailleurs à se séparer, une nouvelle fois pour des raisons logistiques. Blücher prend Châlons-sur-Marne et s'engage le long de la Marne, alors que Schwarzenberg entre dans Troyes et descend la vallée de la Seine.

3. L'expression est de Haberey et Perot.

Les victoires et les illusions de février

Du 2 au 14 février, Napoléon prend d'abord pour cible l'armée de Silésie rendue moins méfiante après sa victoire de La Rothière, tout en confiant à ses maréchaux une mission défensive face à Schwarzenberg. Du 15 au 27 février, l'Empereur se retourne ensuite contre l'armée de Bohême en laissant cette fois un rideau défensif face à Blücher. Ces deux manœuvres sont couronnées par des victoires importantes, mais jamais décisives. Napoléon attaque par surprise, souvent de flanc, des corps d'armée ennemis plus ou moins isolés : Olsoufiev le 10 février à Champaubert, Sacken le 11 février à Montmirail, et York le 12 février à Château-Thierry, puis Wittgenstein le 17 février à Mormant et Wurtemberg le 18 février à Montereau. Ces cinq batailles sont livrées à effectif égal, mais n'impliquent à chaque fois que 15 000 à 20 000 hommes de chaque camp. Les deux offensives se terminent néanmoins de la même manière. Sévèrement battu à Vauchamps le 14 février, Blücher parvient à se replier sur Châlons-sur-Marne. Schwarzenberg, après Montereau, replie ses forces sur Troyes, puis autour de Bar-sur-Aube. L'armée de Silésie a été sèchement battue, elle compte 20 000 hommes hors de combat ; en revanche, l'armée de Bohême n'a été qu'entamée, avec des pertes moins significatives. Aucune des deux n'a été détruite. Au contraire de Napoléon qui peine de plus en plus à combler ses pertes, Blücher et Schwarzenberg disposent d'inépuisables réserves dès lors qu'ils reculent vers leurs bases opérationnelles de l'Est.

Les succès du mois de février 1814 demeurent donc incomplets. Par certains de leurs effets, ils apparaissent également paradoxaux : ils enhardissent Napoléon, qui durcit ses conditions dans les négociations diplomatiques toujours en cours ; ils le poussent à prendre plus de risques pour la suite des opérations ; mais ils permettent en retour aux coalisés de tirer les leçons de ces avertissements. Les victoires de Montmirail ou de Montereau auraient-elles ainsi eu indirectement « pour effet d'empêcher Napoléon de gagner la guerre[4] » ? Ses adversaires reconnaissent la qualité de l'exécution tactique de son plan d'opération. Clausewitz écrit, par exemple, à propos des manœuvres de février 1814 qu'« il y a dans tout cela une activité, une rapidité de mouvements que l'on ne saurait trop admirer, et qui est à peu près sans exemple dans l'histoire ». Les marches des troupes françaises sont en effet d'une célérité extraordinaire au regard de leur fatigue, des chemins défoncés et boueux et de l'épuisement du pays au cœur de l'hiver. Pour Francois Guy Hourtoulle, le mérite principal des victoires de février revient aux soldats français : « Il est difficile de qualifier la symphonie que joua Napoléon au cours de cet hiver 1814 pendant lequel il montra les limites du génie militaire, mais les conscrits ont, pour leur part, repoussé les limites du courage, du dévouement et du sacrifice devant l'invasion de leur pays. » Au terme de cette première phase de la campagne, la coalition que l'Empereur espérait voir voler en éclats tient bon, et c'est bien là l'essentiel qui lui échappe. Sous l'impulsion de l'Anglais Castlereagh, les souverains alliés font taire leur défiance mutuelle. Ils retrouvent d'autant

4. Selon l'expression de l'historien Aleksander Mikaberidze, *Les Guerres napoléoniennes, une histoire globale*, Paris, Flammarion, 2020.

plus aisément leur assurance que la situation stratégique de l'Empire français, désormais envahi sur toutes ses frontières, paraît désespérée. La 1er mars, les Alliés s'engagent par un traité signé à Chaumont à n'accepter aucune paix séparée. Les armées de Silésie et de Bohême ont payé le prix d'opérations jusqu'alors menées par leurs chefs à la va-comme-je-te-pousse. Mais elles sont décimées, alors que les bataillons et les escadrons français, faute de renforts, sont exsangues. Le cours des événements va dès lors prendre une autre tournure.

Obstination et enlisement

En mars 1814, la deuxième phase de la campagne se fait, du côté de l'Empereur, moins inspirée, plus « mécanique ». Napoléon réitère son mouvement de balancier entre les armées de Silésie et de Bohême, mais, cette fois, il dose moins bien le niveau d'engagement de ses troupes. Il s'entête dans ses schémas sans voir encore que l'adversaire a bien compris le bénéfice à tirer de l'usure croissante de l'armée française. L'Empereur se lance une deuxième fois contre Blücher, laissant à nouveau un détachement surveiller l'armée de Bohême. Il recherche à tout prix la bataille et ne bénéficie plus de l'effet de surprise, comme ce fut le cas en février. Il accroche les Russes à Craonne le 7 mars, puis choisit d'affronter avec 50 à 60000 hommes la totalité des forces de Blücher – soit 1000000 soldats – à Laon les 8 et 9 mars. La première bataille est un succès : mais ce mot est-il juste si l'on considère que les pertes françaises sont supérieures à celles des Russes ? À Laon, Napoléon échoue nettement : il ne parvient pas à déloger Blücher de ses positions. Ses pertes sont une fois de plus supérieures à celles de son adversaire. En trois jours, plus de 10 000 soldats français sont mis hors de combat, pertes que la prise de Reims, le 13 mars, ne compense pas, même si elle étonne les coalisés. Dans cette dernière affaire, Napoléon détruit les 5 000 hommes du corps russe commandé par le général émigré Saint-Priest, qui trouve la mort pendant les combats.

Obligé de diriger ses efforts contre l'armée de Bohême qui avance dangereusement vers Paris, il doit marcher à nouveau vers le sud pendant que Marmont et Mortier surveillent un Blücher de plus en plus entreprenant. L'Empereur livre contre Schwarzenberg à Arcis-sur-Aube, les 20 et 21 mars, une bataille aussi risquée que celle de Laon. Avec moins de 50 000 hommes contre 90 000, il s'entête une nouvelle fois et déplore la perte de 5 000 soldats sans en avoir infligé davantage à son adversaire. Après les hémorragies subies à Laon et à Arcis-sur-Aube, la Grande Armée, ou ce qu'il en reste, est plus que jamais dans l'impossibilité de vaincre ses ennemis dès lors qu'ils sont concentrés.

Une fuite en avant… vers l'arrière

Dès le lendemain de la bataille de Laon, les objectifs initiaux de Napoléon sont caducs. Il est désormais clair qu'il ne parviendra pas avec les 40 000 à 50 000 hommes qu'il peut encore réunir à obtenir une victoire sur l'une ou l'autre des deux armées adverses, en tout cas pas une victoire assez significative pour qu'un des Alliés se retire de la coalition ou pour qu'une négociation aboutisse. La bataille d'Arcis-sur-Aube apporte l'ultime confirmation de l'impasse dans laquelle se trouve désormais l'Empereur. Celui-ci décide finalement de changer le but immédiat de ses manœuvres pour opérer sur les arrières de l'ennemi. L'objectif est double : menacer les lignes de communication des armées de Silésie et de Bohême et rallier à lui les garnisons de l'Est, réservoir d'environ 30000 hommes. Comble de malchance : un courrier destiné à l'impératrice Marie-Louise, où il esquisse ses nouveaux plans, est intercepté par des cavaliers ennemis. Les coalisés, sûrs de leur force, décident alors sous l'impulsion du tsar de marcher sans tarder sur Paris pour y devancer Napoléon. Le 25 mars, Marmont et Mortier sont battus à La Fère-Champenoise. Les deux maréchaux retraitent dans la capitale, où la situation politique paraît incertaine.

Napoléon atteint Saint-Dizier le 26 mars, où il est informé de la gravité de la situation. Il comprend que sa nouvelle manœuvre a déjà échoué. Dans l'espoir de sauver Paris, il fait alors volte-face et se lance à marche forcée vers sa capitale. Las ! Après des combats acharnés mais sans espoir le 30 mars, Marmont et Mortier acceptent le 31 de négocier la reddition qui sonne le glas de l'Empire. Dans la foulée, Talleyrand opère un coup de force politique en persuadant le Sénat, le 2 avril, de déposer Napoléon et de rappeler les Bourbons. Parvenu avec ses troupes à Fontainebleau le 31 mars, l'Empereur ne peut que constater le désastre. Désavoué par ses maréchaux puis trahi par Marmont, il accepte finalement de signer son abdication le 6 avril. Cinq jours plus tard, le traité de Fontainebleau fait de lui le roitelet de l'île d'Elbe. Le traité de Paris, signé le 30 mai 1814, ramène la France à ses frontières de 1792, effaçant les conquêtes des vingt-deux années de guerre de la Révolution et de l'Empire.

Le bilan militaire et la valeur symbolique

Napoléon n'a certes pas subi sur le terrain de défaite décisive en 1814. Néanmoins, il semble acquis que la campagne était perdue d'avance. Sans remonter aux pertes essuyées auparavant en Espagne et en Russie, on ne peut manquer de relever que l'Empereur a compromis ses chances d'éviter une invasion de la France en n'acceptant pas l'arrangement diplomatique qu'on lui proposait après Leipzig. Pour répondre à l'une des deux questions posées en introduction, cette campagne de 1814, et surtout les cinq victoires de février, a eu pour résultat paradoxal de souder les Alliés et de les rendre moins enclins au compromis. Par ailleurs, sur un plan militaire, Napoléon ne s'est-il pas lui-même condamné à combattre en grande infériorité numérique en choisissant de laisser 58 000 hommes en garnison à l'est de ou sur l'Oder, 125 000 autres entre l'Elbe et l'Oder et 8 000 à l'ouest de l'Elbe ? Une fois les opérations engagées, rarement une campagne se sera déroulée dans une telle imbrication de composantes militaires, diplomatiques et politiques. Pendant que Napoléon livrait bataille sur bataille à l'est de Paris, le Congrès de Châtillon qui se tenait du 5 février au 19 mars 1814 entre les diplomates des puissances belligérantes constatait l'impasse diplomatique et en déduisait la chute nécessaire du principal protagoniste. À Paris, en l'absence de Napoléon, la régence confiée à Marie-Louise, épaulée par Joseph Bonaparte, montrait chaque jour un peu plus des signes de faiblesse. Entre un régime aux abois et une voie diplomatique vite refermée, l'Empire ne dépendait plus dès lors que du sort des armes… à quatre ou cinq contre un.

La campagne de France se caractérise par l'écart toujours plus grand entre les aspirations de Napoléon et les moyens à sa disposition, entre sa « grande idée » pour venir à bout de la Sixième Coalition, basée sur une stratégie d'économie de moyens, et les tristes réalités du théâtre d'opérations. Solidement établi entre la Seine et la Marne, comme il le fut dans le Quadrilatère[5] en Italie, Napoléon utilise des rocades orientées nord-sud pour attaquer à tour de rôle et de flanc des éléments isolés de l'armée de Silésie (au nord) et de Bohême (au sud). Il bénéficie alors d'un rapport de force moins défavorable que s'il avait attaqué sur un axe ouest-est le gros de ces deux armées. Avec des effectifs réduits, 24 000 hommes à Champaubert, Montmirail et Vauchamps, 40 000 à Montereau, il parvient à vaincre les forces qu'il cible avec justesse. Nous l'avons vu, le résultat de ces victoires n'a cependant rien de décisif.

L'effet simultané de ces victoires euphorisantes et de l'absence de résultat politique a pour conséquence de faire perdre de vue à l'Empereur ses capacités réelles, et ce très nettement à partir de la bataille de Craonne. Il n'agit plus de façon à aligner les buts sur les moyens. Il s'obstine, veut forcer sa main et recherche, à Laon comme à Arcis-sur-Aube, la victoire où il ne peut plus la trouver. La part du « rêve » grandit sans cesse dans sa prise de décision. Napoléon imagine ainsi Augereau

5. Zone stratégique située entre les places de Mantoue, Vérone, Peschiera et Legnano à partir de laquelle Bonaparte a lancé sa campagne sur position centrale en 1796.

débouchant depuis Lyon sur le flanc sud de l'armée de Bohême ; il ne songe pas un instant que le commandant de la garnison de Soissons puisse livrer sa ville prématurément à Blücher[6] ; pour opérer sur les arrières de l'ennemi, il compte dans ses effectifs les garnisons qu'il compte rallier à lui… mais dont il ne dispose pas. Cette perte de lucidité le pousse lentement vers la véritable erreur de sa campagne : en abandonnant la priorité donnée à la défense de Paris – et en laissant ainsi le champ à ses ennemis politiques – pour marcher vers l'est après la bataille d'Arcis-sur-Aube, l'Aigle scelle sa défaite.

Si l'on ne peut parler de chef-d'œuvre eu égard à l'ampleur de cette défaite, la valeur symbolique de la campagne de France ne va pas cesser de s'affirmer par la suite. Pour les soldats, « Marie-Louise » de 18 ans comme vieux grognards, Napoléon reste un chef adulé, comme en témoignent leur solidité au combat, puis les adieux de Fontainebleau le 20 avril 1814 ou, à peine un an plus tard, le ralliement sans un coup de feu du 5e de ligne au retour de l'île d'Elbe[7]. N'ayant pas été vaincu en 1814 dans une grande bataille rangée, sa défaite apparaît à ses partisans comme le résultat de défaillances qui ne sont pas les siennes ou, plus radicalement, comme le fruit de trahisons et de renoncements.

La mémoire collective va ensuite broder sur ce thème, forger autour de la campagne de France le mythe

6. Le 3 mars, en livrant sans combat la ville de Soissons à Woronzov, le général Jean-Claude Moreau offre à l'armée de Blücher en pleine retraite un pont sur l'Aisne qui lui permet d'échapper à la nasse dans laquelle Napoléon était en train de le piéger.

7. Le 7 mars 1815, les soldats envoyés pour stopper le « vol de l'Aigle » se rallient à sa cause, non loin du village de Laffrey, lieu désormais connu sous le nom de « Prairie de la rencontre ».

d'une série de manœuvres audacieuses et de victoires héroïques rendues possibles par le génie tactique et le coup d'œil – bien réels – de l'Empereur, mais gâchées par la trahison des maréchaux et des élites politiques. Le Second Empire sera à l'origine de la mise en valeur des sites des plus belles victoires de 1814, avec l'édification de monuments commémoratifs. La plupart des historiens militaires français mettent également en avant, plus que le résultat final, les derniers sursauts de la Grande Armée, les sacrifices des combattants, l'émergence de nouveaux héros comme le général Pajol, et les belles combinaisons tactiques qui ont permis de sauver l'honneur du pays à défaut du régime. La campagne de 1814 est ainsi devenue le symbole très français de la défaite dans l'honneur, de la lutte désespérée du faible contre le fort et de la résistance à l'envahisseur. Cent ans après les combats de 1814, l'armée française se battra encore sur le même terrain lors de la bataille de la Marne. Le vrai chef-d'œuvre de la campagne de France est là, dans la construction symbolique de la résilience d'un pays qui, quelles que soient les circonstances, parvient encore et toujours à relever la tête.

Bibliographie sélective

BERNARD Michel, *Hiver 1814 : campagne de France*, Paris, Perrin, 2019.

BOUDON Jacques-Olivier, *Napoléon et la campagne de France*, Paris, Dunod, 2021.

CLAUSEWITZ Carl von, *Campagne de 1814*, Bruxelles, Ivrea, 1993.

HABEREY Gilles, PEROT Hugues, *L'Art de conduire une bataille*, Paris, Pierre de Taillac, 2016.

HOURTOULLE François-Guy G., *La Campagne de France 1814*, Paris, Histoire & Collections, 2005.

LENTZ Thierry, *Napoléon. Dictionnaire historique*, Paris, Perrin, 2020.

—, *Les Vingt Jours de Fontainebleau. La première abdication de Napoléon, 31 mars-20 avril 1814*, Paris, Perrin, 2014.

REY Marie-Pierre, *Un tsar à Paris, 1814. Alexandre Ier et la chute de Napoléon*, Paris, Flammarion, coll. « Champs Histoire », 2015.

TRANIÉ Jean, CARMIGNIANI J.-C., *Napoléon, 1814 la campagne de France*, Paris, Pygmalion/Gérard Watelet,1989.

23

Napoléon pouvait gagner la bataille de Waterloo

par Thierry LENTZ

Le dimanche 18 juin 1815 est un des jours les plus sombres de l'histoire de la France et de son armée. En avant de la petite ville de Waterloo, à une dizaine de lieues de Bruxelles, les troupes napoléoniennes ne furent pas seulement battues mais disloquées puis mises en déroute, sauve-qui-peut stupéfiant pour qui avait vu ces chefs et ces soldats se battre depuis quinze ans. Ce fut la fin de l'épopée, avec l'abdication de l'Empereur quatre jours plus tard, suivie de l'invasion presque sans opposition du territoire. Après le retour de Louis XVIII dans les « fourgons de l'étranger » fut signé un traité de paix d'une sévérité peu commune (20 novembre), avec une colossale indemnité de guerre, trois ans d'occupation du territoire et trois décennies d'exclusion du concert européen.

Waterloo a pourtant pris une place particulière dans notre histoire. Très vite, on considéra que Napoléon aurait dû, aurait pu, avait « presque » remporté la victoire. L'imprudence, les retards, voire les « trahisons » de ses subordonnés, les coups du sort et du ciel (l'orage de la nuit ayant précédé la bataille) l'en empêchèrent. Mythe de la « défaite glorieuse », uchronies de « Et s'il avait gagné ? »

sur fond d'absolution des erreurs du chef fleurissent depuis… alors même que la défaite était inéluctable, justement en raison des fautes de commandement du dieu de la Guerre lui-même.

Dans les jours ayant suivi son retour de l'île d'Elbe (20 mars 1815), Napoléon avait compris que l'Europe n'accepterait jamais qu'il occupât durablement son trône, malgré ses déclarations d'intention pacifique. La stupeur passée, les puissances – encore réunies à Vienne pour le congrès qui réorganisait le Continent – avaient réagi avec détermination. L'« aventurier » de Paris (Metternich) avait été mis « hors la loi » dans une déclaration solennelle et un traité d'alliance militaire contre lui promptement signés. Du nord au sud, sur toutes ses frontières, plus d'un million d'hommes devaient marcher sur la France pour l'extirper de son palais. Dès ce moment, Napoléon n'eut plus qu'une idée en tête : préparer la guerre, non pour écraser les masses coalisées – c'était impossible –, mais pour obtenir une grande victoire qui contraindrait ses ennemis à s'asseoir autour d'un tapis vert diplomatique.

Délaissant quasiment les affaires courantes, il se lança dans la recréation de plusieurs armées, dont une mènerait l'offensive éclair contre ses adversaires les plus proches : les Anglo-Néerlandais de Wellington (100000 hommes) et les Prussiens de Blücher (116000 hommes), stationnés dans le sud de l'actuelle Belgique. Pour donner de l'air à la France assiégée, il voulait ainsi tenter une « sortie » sur le point faible du dispositif adverse, qui plus est en détruisant les forces terrestres anglaises, pour une fois venues en masse sur le Continent[1].

Fin mai, après avoir déployé des trésors d'énergie et d'imagination, Napoléon disposa d'un corps de bataille de 210000 soldats, aux trois quarts issus de la garde nationale. Cette armée était mal équipée et, pour les conscrits les plus récents, sans aucune formation militaire. On manquait d'armes et de chevaux, parfois même d'uniformes. L'Empereur divisa ces forces d'opérations en plusieurs masses. La plus importante était l'armée du Nord (122000 hommes), composée des meilleures unités, dont il se réservait le commandement. Les armées du Rhin (23000 hommes), des Alpes (24000), du Var (6000), du Jura (8000), des Pyrénées occidentales (7000), des Pyrénées orientales (8000), devaient garder les frontières tandis qu'une armée de l'Ouest (10000 hommes) devait réduire la rébellion vendéenne qui s'était rallumée à l'annonce de son retour. Le reste fut cantonné dans divers dépôts et places fortes. Le ministre de la Guerre Davout espérait, en outre, pouvoir mobiliser à terme 3 130 bataillons de la garde nationale, soit... 2255040 hommes, objectif proprement utopique. De toute façon, l'avenir de l'Empire et de son chef était

1. Les Britanniques avaient dépêché d'importants contingents autour de Bruxelles non pour prévenir une tentative française, mais pour soutenir Guillaume d'Orange dans la création du royaume des Pays-Bas, qui comprenait la Hollande, la Belgique et le Luxembourg, notamment contre les ambitions... prussiennes et la menace de l'armée de Blücher stationnée plus à l'est. L'armée de Wellington était essentiellement composée de contingents néerlandais et d'Allemands au service de l'Angleterre. Les « habits rouges » venus des îles Britanniques y étaient minoritaires. Ils ne furent que 24000 (sur 68000 hommes) lors de la bataille de Waterloo.

suspendu à la réussite de la « sortie » contre Wellington et Blücher.

Un début de manœuvre en apparence réussi

L'Empereur quitta Paris au matin du lundi 12 juin 1815. En milieu d'après-midi, il arriva à Laon et prit le commandement effectif de l'armée du Nord. Son intention était de reproduire la manœuvre qui lui avait réussi en Italie, dix-neuf ans plus tôt, et si souvent depuis : opérer par surprise une offensive sur « position centrale », pour s'insérer entre les Anglo-Néerlandais et les Prussiens, les séparer, puis les battre l'un après l'autre. Un tel mouvement reposait sur le postulat que chaque vaincu se retirerait sur ses lignes « naturelles » de communication : les Anglais vers Bruxelles puis la mer, les Prussiens vers l'est par une grande voie qui les ramènerait en Allemagne. L'idée était bonne, la seule praticable en vérité, mais les Alliés y avaient eux aussi pensé – ils avaient fini par bien connaître « leur Napoléon » – et pris les dispositions adéquates. Blücher et son état-major savaient – en particulier depuis la campagne de France de 1814 – que la division des forces profitait à leur adversaire. Ils firent promettre à Wellington que cela ne se reproduirait pas. Quelles que fussent les circonstances, les deux armées devraient s'entraider. L'histoire a prouvé que le Prussien allait tenir parole[2]. Cette décision

---

2. On n'est pas sûr que Wellington aurait fait de même : la Royal Navy se tenait prête à rembarquer ses troupes à Anvers et il avait disposé sur la route y menant des troupes fraîches pour couvrir la retraite dans cette direction.

de principe sauvera les coalisés. Ignorée jusqu'au début de la bataille de Waterloo par Napoléon, elle lui coûtera la victoire.

Dès le 15 juin, trois colonnes françaises – les généraux Reille et Drouet d'Erlon à gauche, Vandamme, Mouton et la Garde au centre, Gérard à droite – avancèrent sur leurs objectifs : le centre et la droite pour affronter franchement les Prussiens, la gauche, mise en marche la première, pour neutraliser provisoirement les Anglais. Un tel mouvement nécessitait une attaque brusque et convergente vers la ville de Charleroi. Ce plan nécessitait, d'une part, que chaque chef de corps joue son rôle avec ponctualité et, d'autre part, que le comportement de l'ennemi soit conforme au postulat de départ d'un retrait de chaque armée ennemie sur ses lignes de communication. Dès l'ouverture de la campagne, l'Empereur avait commis une première erreur en confiant à Ney le commandement de son aile gauche, alors même que l'intéressé[3] s'était quasiment présenté au quartier général sans prévenir et n'avait pas été associé aux préparatifs de la campagne.

Les trois colonnes pénétrèrent facilement en Belgique et convergèrent sur Charleroi. Plusieurs événements perturbèrent le déroulement des opérations : les orages détrempant le terrain, la mauvaise transmission des

---

3. On se rappelle que Ney avait rejoint Napoléon à la fin du « vol de l'Aigle » de mars 1815, en dépit de la promesse faite à Louis XVIII de le ramener à Paris « dans une cage de fer ». Il s'était ensuite retiré dans ses propriétés en attendant que l'on fasse appel à lui. Napoléon accepta ses services juste avant l'entrée en campagne, ce dont il allait se mordre les doigts. Arrivé quasiment seul et sans bagages au quartier général, le maréchal oscillait entre l'apathie et la fébrilité, ce qui se confirma par la suite.

ordres par l'état-major où Soult avait remplacé Berthier – resté fidèle aux Bourbons et mort le 1er juin – au poste de major général, l'hésitation de certains généraux à accrocher les troupes prussiennes qui se trouvaient en face d'eux, leur laissant le temps de se reprendre et d'organiser leur repli.

Quoi qu'il en soit, Charleroi fut atteinte à la mi-journée. Napoléon y apprit qu'après être revenus de leur surprise, les Prussiens faisaient face. Sûr de devoir les affronter en premier, il confia comme prévu à Ney le soin de contenir les Anglo-Néerlandais pour le cas où ils voudraient venir se joindre à leurs alliés. Avec 45 000 hommes, le maréchal devait marcher vers le carrefour stratégique des Quatre-Bras, à une quinzaine de kilomètres vers le nord-ouest. Tenir ce point achèverait la séparation de Wellington et de Blücher. Interprétant mal les ordres reçus, qui étaient au demeurant mal rédigés, Ney se contenta le lendemain de contenir ses adversaires, sans les attaquer, ce que l'Empereur lui reprochera plus tard. Il n'en remplira pas moins sa mission : empêcher la jonction des deux forces ennemies.

La journée du 16 juin 1815 se déroula sur deux points, aux environs des villages de Fleurus et de Ligny et devant les Quatre-Bras. Sur le premier point, Napoléon réussit à battre Blücher après des combats acharnés. Sur le second, Ney empêcha Wellington d'avancer. À l'issue des deux engagements, l'objectif poursuivi par l'Empereur pouvait être considéré comme atteint : ses deux adversaires avaient été séparés ; il avait battu le premier (Blücher) et pouvait se tourner vers le second (Wellington). Un corps de 33 000 hommes sous les ordres de Grouchy fut tardivement détaché pour surveiller les Prussiens. Il ignorait que, loin de marcher vers le Rhin, Blücher, battu mais pas détruit, s'ingéniait à rejoindre les Anglo-Néerlandais que Wellington faisait remonter de quelques kilomètres, en avant des villages de Mont-Saint-Jean et Waterloo. Ce lieu était le seul où l'on pouvait combattre avant Bruxelles. On s'y était souvent battu dans le passé. Il ne s'agissait pas d'une « plaine », comme l'a écrit Hugo, mais d'un terrain coupé de pentes et de bosses, suffisamment dégagé cependant pour permettre les manœuvres d'infanterie, les charges de cavalerie et les préparations d'artillerie, à l'orée de l'impénétrable forêt de Soignes qui s'étendait alors jusqu'aux portes de l'actuelle capitale de la Belgique. C'était là, et nulle part ailleurs, que Wellington devait se poster pour barrer le chemin à Napoléon. C'est ce qu'il fit, bien décidé à rejouer la tactique qui lui avait si bien réussi en Espagne : attendre et voir, avec l'espoir de profiter d'une brèche dans les mouvements français ou de voir arriver les Prussiens.

La « fuite des géants »

La bataille décisive allait opposer des forces égales en nombre, autour de 70 000 hommes de chaque côté, sur un terrain étroit. Dans la nuit ayant précédé l'affrontement, Wellington s'était franchement mis en position de défense. Il comptait s'appuyer sur plusieurs positions transformées en redoutes : le château d'Hougoumont sur sa droite, la ferme de La Haye-Sainte au centre et la ferme de la Papelotte sur sa gauche.

La situation de départ n'en était pas moins favorable aux Français. Rien pourtant ne se passa comme cela aurait dû se passer. Le temps commença par retarder les opérations : dans la nuit du 17 au 18 juin, un terrible orage détrempa les combattants et le terrain, si bien que, pour attendre la mise en place de son dispositif et rendre efficaces ses bombardements, Napoléon attendit onze heures du matin pour entamer la bataille, ignorant évidemment que ce délai permettrait aux Prussiens d'arriver à un moment où la bataille n'aurait pas encore basculé. Le grand capitaine n'était d'ailleurs pas au mieux de sa forme physique. Il souffrait soit d'hémorroïdes, soit de la dysurie qui le poursuivait depuis des années, en plus d'un gros rhume contracté les jours précédents. Il se plaça sur un petit tertre ne dominant que partiellement le champ de bataille. De ce point d'observation, il ne voyait pas correctement le dispositif et les positions anglaises, notamment aux alentours des points fortifiés et derrière la crête où Wellington avait placé des réserves. Le colonel Baudus devait noter dans ses mémoires : « Il resta là pendant presque tout le temps que dura l'action, dans une espèce d'apathie assez semblable à celle qu'on avait eu à lui reprocher le jour de la bataille de la Moskova. »

Pour l'emporter, Napoléon devait attaquer. Bien que le champ de bataille fût petit (à peine plus de trois kilomètres de large), il tenta de tourner Wellington sur son point faible (l'aile gauche) après avoir fixé son point fort (l'aile droite appuyée sur le château d'Hougoumont). Cette manœuvre devait obliger l'Anglais à incliner le champ de bataille vers le nord-ouest, sur ses lignes de communication, et à s'éloigner des Prussiens. C'est par cette attaque que commença la bataille. Mais on s'aperçut très vite que l'infanterie peinait à remplir sa mission. L'excellente conception des retranchements anglais (en une nuit, on avait conçu et creusé des créneaux et meurtrières dans les murs d'enceinte et des bâtiments, multiplié les obstacles artificiels, etc.), l'inefficacité de la préparation d'artillerie (les boulets s'enfonçaient dans le sol meuble) et parfois le manque d'imagination des chefs de corps se firent vite sentir. Nulle manœuvre n'était plus possible, si bien que le choc devint essentiellement frontal. Vers trois heures de l'après-midi, Napoléon lança ce qu'il pensait être l'attaque « décisive » sur le centre adverse. Elle échoua et tourna en une inextricable mêlée. C'est alors que deux coups du sort se produisirent.

Le premier fut l'arrivée de troupes prussiennes sur le champ de bataille. Lancé à leur poursuite près de douze heures après la victoire de Ligny, Grouchy avait logiquement échoué à les rejoindre et à les retenir ailleurs. La droite française risquait d'être tournée et Napoléon « dépensa » une partie de ses réserves à contenir ce danger. Dans le même temps, pour en finir plus vite avec les Anglais, il décida de mener une nouvelle attaque entre La Haye-Sainte et Hougoumont. Un peu de cavalerie devait être consacré à cette tâche. C'est alors, deuxième coup du sort, que la situation échappa totalement au commandant en chef. À la suite d'une cascade d'incompréhensions, c'est toute la cavalerie française qui chargea… et vint s'empaler sur l'infanterie anglaise, intacte et formée en carrés. Ces charges étaient magnifiques mais improductives. Comme le roseau, Wellington pliait sans rompre. À un moment, il fut pourtant dans une situation délicate : La Haye-Sainte et la Papelotte tombèrent. C'est alors que le général anglais aurait dit à son entourage : « Dieu fasse que la nuit ou Blücher arrive. » C'est le Prussien qui arriva le premier. Il avait mis ses forces en marche dans la nuit, poursuivi en vain par Grouchy. Ses avant-gardes étaient au contact des Français depuis le début de l'après-midi. Vers sept heures, la quasi-totalité de son armée put entrer en ligne et s'inséra dans le dos du dispositif français.

Au centre de la bataille, Napoléon avait compris qu'il lui fallait enfoncer définitivement Wellington pour avoir une chance de s'en sortir. Il envoya deux vagues d'assaut vers l'endroit où s'étaient brisées les charges de cavalerie, sur la gauche de La Haye-Sainte. Il engagea ses dernières réserves avec la montée en ligne de neuf bataillons de la Garde impériale. Ceux-ci furent « cueillis » par des centaines de tirailleurs anglais cachés dans les seigles, puis par le feu nourri des bataillons d'infanterie qui les attendaient. Pour la première fois, la Garde hésita, puis recula.

Il était huit heures du soir. Les premiers signes de panique apparurent au sein des troupes napoléoniennes. Quelques minutes plus tard, le front lâcha du côté des Prussiens. Cette fois, ce fut une incroyable déroute, un sauve-qui-peut général que rien ne put arrêter. Napoléon lui-même faillit être pris. Vers dix heures du soir, tout était consommé, et les généraux vainqueurs se serrèrent la main devant une ferme au nom prédestiné : « La Belle-Alliance »[4].

Le bilan humain du dimanche de Waterloo était terrible : 10800 morts, dont 6800 Français, environ 35000 blessés, dont les deux tiers français. L'armée du Nord était en déroute. Elle avait perdu presque toute

4. Le nom « bataille de Waterloo » fut imposé par Wellington dans ses dépêches. Aucun combat n'y avait eu lieu, mais son quartier général s'y trouvait. On pourra ajouter que la consonance du nom de cette ville était plus commode pour les Anglais que « Mont-Saint-Jean » (comme les Français appelèrent longtemps la bataille) ou « Belle-Alliance » (nom choisi par les Prussiens et que les historiens allemands utilisent encore parfois).

son artillerie et les trois quarts de ses chevaux. Dès ce moment, la guerre était perdue, ce dont Napoléon tira la conséquence avec « esprit de sacrifice » (Dominique de Villepin) en abdiquant dès son retour à Paris.

La bataille sans cesse rejouée

Si la bataille réelle était terminée, une autre, sur le papier, allait immédiatement commencer et n'est pas encore finie aujourd'hui. C'est, si l'on ose dire, Napoléon qui en a décidé ainsi. Dans la cabine du *Northumberland*, vaisseau britannique qui le conduisait à Sainte-Hélène, il jeta les bases d'un phénomène rarissime : l'écriture de l'Histoire par le vaincu. Il dicta, corrigea, reconstruisit et fit publier clandestinement, dès 1820, sa version de la bataille et fixa pour deux siècles les termes des débats l'entourant avec cette conclusion : sans quelques coups du sort, il l'aurait sans aucun doute remportée et… l'histoire du monde en aurait été changée[5]. Autour de cette affirmation, l'encre n'a pas fini de couler, opposant les arguments des critiques, en gros ceux qui pensent que l'Empereur a commis tant d'erreurs dans les deux jours précédents et pendant l'affrontement qu'il n'aurait pas pu en sortir vainqueur, aux thuriféraires. Pour ces

5. Depuis Sainte-Hélène, Napoléon mit en effet la main à deux études de la bataille. La première parut dès 1818, sous la signature de Gourgaud. Premier officier d'ordonnance de l'Empereur l'ayant suivi en exil, il prit sous la dictée une première version qu'il publia dès son retour en Europe. Elle fut complétée, en 1820, par un second ouvrage, cette fois signé par Napoléon lui-même, dont le texte avait été rapporté secrètement de l'île par le docteur O'Meara qui en avait été expulsé par le gouverneur Hudson Lowe.

derniers, ce combat de titans ne peut pas avoir été perdu par le « maître des batailles », le successeur de César et d'Alexandre. Il leur a donc fallu emboîter le pas à leur héros pour dénoncer les erreurs des autres et – pourquoi pas ? – leurs « trahisons ».

Ces plaidoyers *pro domo* rejettent la responsabilité de la défaite sur le mauvais temps, les hasards malheureux de la guerre et surtout les erreurs des subordonnés. Jamais sur les responsabilités d'un commandant en chef qui, le 18 juin, apparut de bout en bout dépassé par les événements, sa grave indisposition étant en la matière une circonstance atténuante. De la version « officielle » publiée par Napoléon et des discussions ressassées par des générations d'historiens, quatre questions principales monopolisent aujourd'hui encore le débat.

Premier point : les responsabilités du maréchal Ney. Napoléon et ses successeurs l'accusent de deux lourdes erreurs : ne pas avoir pris les Quatre-Bras le 16 juin et avoir sacrifié la cavalerie française le 18. Concernant les Quatre-Bras, nous avons dit plus haut que la mission de Ney était non pas de battre Wellington, mais de l'empêcher de faire sa jonction avec les Prussiens. En cela, le prince de la Moskova a rempli sa mission. On pourrait même ajouter que le retrait volontaire des Anglo-Néerlandais en direction de Mont-Saint-Jean avait été un excellent résultat qui n'avait pas coûté un seul homme et rempli parfaitement l'objectif stratégique de Napoléon. Reste les charges de Waterloo. Pendant la journée du 18 juin 1815, le maréchal tint un rôle unique dans les annales des guerres napoléoniennes. Il fut toujours au cœur de l'action, dirigeant des troupes à pied lors de l'attaque principale, les charges de cavalerie, l'attaque de La Haye-Sainte et la tentative de pousser cet avantage. Il fut une sorte de commandant *bis* de l'armée, profitant largement de l'apathie de l'Empereur qui, malade, resta presque toujours loin en arrière du champ de bataille. Le « brave des braves » entraîna, certes, mais décida aussi. Ainsi en fut-il des fameuses charges de cavalerie. La vérité est qu'on ne sait pas vraiment qui les a ordonnées. L'hypothèse la plus sérieuse est que Ney fit avancer une division de cuirassiers pour combler un vide formé dans le dispositif français. Au même moment, Wellington faisait reculer de quelques dizaines de mètres l'infanterie de son centre pour éviter les bombardements de l'artillerie impériale. Le maréchal crut à une retraite et se rua à l'attaque. Un malheureux concours de circonstances aboutit à une charge générale de toute sa cavalerie. S'il la jugea imprudente, l'Empereur ne la retint pas, envoyant même des renforts. Il savait que la victoire ne serait obtenue que si le centre adverse était enfoncé. Il paria en quelque sorte sur le succès de cette charge, comme il avait soutenu celle de Murat à la bataille d'Eylau, sept ans plus tôt[6]. Il commit toutefois une erreur, celle de ne pas l'appuyer par de l'infanterie, car il en avait encore en réserve à ce moment-là. Il joua le « tout pour le tout » et perdit sa mise. Mal à l'aise avec cet épisode, il en rejettera la faute sur un homme qu'il critiquera beaucoup dans ses dictées de Sainte-Hélène, en admettant de surcroît qu'il avait eu tort de l'employer.

6. Le 8 février 1807, à Eylau, alors que deux divisions russes passaient sur le corps des troupes d'Augereau, Napoléon avait lancé 10 à 12 000 cavaliers commandés par Murat sur ces masses d'infanterie afin de bloquer leur avance. Bien que peu soutenue par l'artillerie, la cavalerie française avait écrasé les Russes et mis fin à la bataille.

Deuxième élément incriminé par Napoléon : le comportement de Grouchy. Selon lui, qui dit action décisive des Prussiens dit faute de celui qui était chargé de les tenir à l'écart du champ de bataille. C'est évidemment « la » grande question de Waterloo que, dans ses dictées, l'Empereur a tranchée en accusant le maréchal d'avoir failli. Ce débat-là n'est pas près d'être clos.

Lorsque le 17 juin, l'Empereur envoya Grouchy à la poursuite des vaincus de Ligny, il pensait que ceux-ci se repliaient vers l'Allemagne ou, tout au moins, s'éloignaient des Anglo-Néerlandais. Il se trompait. Il perdit en outre de précieuses heures avant d'ordonner cette poursuite qui lui fut arrachée par Grouchy lui-même au petit matin du 17 juin. Dès ce moment, le maréchal était dans l'impossibilité de rattraper Blücher. Pis, il ne savait pas exactement où se trouvait l'armée prussienne. Le jour de la bataille, il se trouva ainsi à quinze ou vingt kilomètres de Waterloo, et il lui aurait fallu entre quatre et six heures pour y parvenir, du moins s'il avait voulu conserver de la cohérence dans son corps d'armée obligé de franchir la Dyle dont le pont s'avérait qui plus est solidement occupé par l'ennemi. S'il refusa alors de se diriger vers le bruit de la canonnade malgré les supplications de certains de ses subordonnés, seuls une trop grande prudence et le respect aveugle des instructions reçues peuvent lui être reprochés. Dans ses *Mémoires*, Napoléon a prétendu lui en avoir envoyé pour qu'il le rejoigne au plus vite sur le champ de bataille. Grouchy l'a contesté, peut-être à raison : ces instructions n'ont jamais été retrouvées. L'ordre le moins obscur sur ce point aurait été envoyé par le major général Soult vers onze heures. Or il ne serait parvenu à Grouchy qu'entre quatre et sept heures de l'après-midi : « Ne perdez pas un instant pour vous rapprocher de nous, et nous joindre, et pour écraser Bülow [il n'est question ici que du corps arrivé en début d'après-midi et non de l'ensemble de l'armée prussienne] que vous prendrez en flagrant délit. » Le problème est que l'ordre ne figure pas dans le registre de Soult, comme il se devrait. Mais quand bien même Grouchy aurait décidé de « marcher au canon », que ce soit à quatre, cinq ou six heures, il serait arrivé sur le terrain bien après neuf heures, au moment où la défaite était consommée. On ne peut certes l'absoudre totalement. Son rôle était d'empêcher la réunion des Prussiens et des Anglais, et c'est en cela qu'il a échoué. Mais on ne peut pas soutenir non plus que Napoléon fut aussi clair dans ses instructions qu'il l'a dit plus tard.

La troisième accusation de Napoléon concerne son major général : le maréchal Soult. Après lui, nombreux sont ceux qui ont voulu lui attribuer une grande part de responsabilité dans le désastre. Il aurait été un mauvais chef d'état-major, notamment en ce qu'il n'envoya pas « vingt-cinq messagers » pour chaque ordre, ainsi que le lui aurait reproché l'Empereur en pleine bataille. Il aurait ainsi montré ses limites et mal interprété les pensées de son maître, jurant avec l'efficacité de son illustre prédécesseur Berthier. Là aussi, il faut raison garder et pointer les vraies responsabilités. Si Napoléon nomma Soult, c'est qu'il devait le juger apte à tenir des fonctions aussi importantes. Malgré ses défaites en Espagne, le duc de Dalmatie avait fait la preuve de ses compétences dans la conduite des armées. L'Empereur lui adjoignit en outre le général Bailly de Monthyon, ancien collaborateur de Berthier qui connaissait le métier, ainsi que toute l'ancienne équipe du major général. L'état-major ne fut donc pas anéanti par le changement de chef. On n'oubliera pas non plus qu'à plusieurs reprises, Soult tenta d'intervenir lorsqu'il jugea risquées certaines décisions de son chef. Ce fut le cas lorsque 33 000 hommes furent détachés et confiés à Grouchy pour poursuivre les vaincus de Ligny. Le retour de cette force importante vers le gros de l'armée fut son obsession. Il le réclama encore au matin même de la bataille, se faisant rabrouer par un Empereur irrité que l'on contestât ses ordres.

Mais ces débats ne sont peut-être pas aussi décisifs qu'on l'a cru. La vraie question est en réalité de savoir si Napoléon avait « gagné la bataille » au moment où les Prussiens firent irruption en masse derrière son flanc droit. La ligne de Wellington commençait certes à fléchir, mais les réserves françaises étaient insuffisantes pour terminer le travail. Contre les Anglo-Néerlandais seuls, Napoléon aurait au mieux remporté une victoire à la Pyrrhus, sans anéantir les forces adverses qui, elles, avaient été seulement entamées. Le choix défensif de Wellington n'était pas celui d'un peureux : il savait que Blücher arrivait, ce dont il avait reçu confirmation par un message arrivé vers quatre heures du matin. Il était donc normal qu'il s'arc-boute sur ses points fortifiés, cache ses réserves derrière les plis du terrain et n'engage des troupes fraîches qu'au compte-gouttes. C'est ainsi que, lorsque Blücher arriva, il lui restait suffisamment de forces pour passer à l'offensive et refermer la tenaille sur des Français désorientés qui lâchèrent pied rapidement, à un contre deux.

Maigre consolation, on peut considérer que les Prussiens sont au moins autant vainqueurs de Waterloo que les Anglais. Blücher fit mieux que tenir sa parole de venir appuyer Wellington, y compris après sa défaite de Ligny. Ce fut son seul objectif, et sa marche tournante vers le champ de bataille fut un modèle du genre, aidée par le retard pris par Napoléon pour lancer Grouchy à sa poursuite.

Waterloo est célébrée par l'Angleterre comme une des plus grandes victoires de ses armées. Wellington y a gagné d'être considéré comme le héros légendaire qui a vaincu Napoléon. Cette version ne paraît pas moins forgée à usage national que celle d'une « défaite glorieuse » par les Français. Il ne s'agit évidemment pas de contester les mérites d'un général et de troupes qui combattirent avec un professionnalisme et un courage remarquables : l'organisation et la résistance d'Hougoumont puis celles des carrés pour faire face aux charges de cavalerie suffiraient à effacer les contestations sur ce point. Mais la gloire pourrait être mieux partagée. Celle de Wellington réside dans le choix tactique de tenir coûte que coûte en attendant les Prussiens. Il déclara d'ailleurs honnêtement qu'il avait livré une bataille « sans manœuvre ». Cela n'a pas empêché l'historiographie anglo-saxonne de traiter comme un événement presque accessoire l'arrivée de l'armée de Blücher sur le champ de bataille. Elle fut pourtant salutaire, en obligeant Napoléon à envoyer des forces à la rencontre des premières unités, celles de Bülow. Plus tard, l'irruption de toute l'armée prussienne (moins un corps laissé face à Grouchy) fut encore plus décisive, puisqu'elle provoqua la panique générale dans les lignes françaises. Et ce furent encore les Prussiens qui se chargèrent de la poursuite impitoyable des vaincus. On ne saurait donc dénier son caractère décisif à l'arrivée de Blücher. D'ailleurs, le 19 juin, Wellington écrivit de sa main au ministre de la Guerre, Henry

Bathurst : « Je dois rendre justice au maréchal Blücher et à l'armée prussienne, en attribuant l'heureux résultat de cette terrible journée aux secours qu'ils m'ont donnés à propos. » Waterloo fut donc au moins une victoire anglo-prussienne… ce qui déplaît aux « napoléoniens » autant qu'aux Britanniques, compte tenu du mépris dans lequel ils tenaient l'armée prussienne depuis 1806.

Quant à Napoléon, il ne pouvait tout simplement pas gagner cette bataille, compte tenu des dispositions prises par ses adversaires. Et quand bien même les Anglo-Néerlandais auraient battu en retraite, que serait-il advenu de l'armée du Nord à l'arrivée des Prussiens dans son dos ? Elle ne pouvait plus livrer deux batailles en un seul jour avec les mêmes hommes, harassés par sept à huit heures de combat. Qu'on le veuille ou non, Napoléon n'avait plus les moyens militaires de sa politique depuis l'été 1813, et sa chute était inéluctable.

Bibliographie sélective

Cyr Pascal, *Waterloo. Grouchy est-il responsable de la défaite ?*, Chamalières, Lemme, 2015.

Largeaud Jean-Marc, *Napoléon et Waterloo : la défaite glorieuse de 1815 à nos jours*, Paris, Les Indes savantes, coll. « La Boutique de l'Histoire », 2006.

Lentz Thierry, *Waterloo. 1815*, Paris, Perrin, 2015.

Logie Jacques, *Napoléon. La dernière bataille*, Bruxelles, Racine, 1998.

Mémoires de Napoléon. L'île d'Elbe et les Cent-Jours, réédition par T. Lentz, Paris, Tallandier, 2011.

Notices biographiques des auteurs

Spécialiste de l'histoire militaire napoléonienne, **Stéphane Béraud** a publié une étude stratégique sur la première campagne d'Italie (*Bonaparte en Italie, naissance d'un stratège*). Il a entamé une tétralogie sur la révolution militaire napoléonienne (2 volumes parus chez Tempus) qui ambitionne de dresser un panorama complet de tous les compartiments de l'art de la guerre durant l'Empire.

Frédéric Bey est un concepteur de jeux d'histoire consacrés aux grandes batailles de l'Antiquité, du Moyen Âge et du Premier Empire, publiés notamment par Casus Belli et VaeVictis, en France, et par C3i et Turning Point Simulations, aux États-Unis. Il est également l'auteur de très nombreux articles sur la stratégie militaire dans le monde antique et sur les guerres napoléoniennes, parus dans les magazines *Guerres & Histoire*, *Histoires de France*, *La Revue Napoléon*, *Prétorien*, *Traditions* ou *Against The Odds*. Il est enfin l'auteur de plusieurs livres sur Austerlitz, Iéna et Friedland aux éditions Quatuor.

Adjoint au chef de la division « Stratégie » de l'état-major de l'armée de l'air et de l'espace, **Patrick Bouhet**, historien de formation, poursuit des travaux historiques et théoriques dans les domaines de la pensée stratégique, de l'histoire du Premier

Empire et de l'emploi de la puissance aérienne. Il fait partie des comités de rédaction de la revue *Vortex* de l'armée de l'air et de l'espace et de la revue *Défense* de l'Union-IHEDN (Institut des hautes études de Défense nationale). Il collabore aussi régulièrement aux magazines *Guerres & Histoire* et *DSI*, et a participé à diverses publications à caractère académique.

Responsable du patrimoine et des finances à la Fondation Napoléon, **Pierre Branda** s'est fait connaître par plusieurs ouvrages de référence relatifs au Premier Empire. Il a publié, chez Perrin, *Joséphine*, *La Saga des Bonaparte* et un *Napoléon à Sainte-Hélène*, particulièrement remarqué.

Stéphane Calvet est professeur d'histoire contemporaine, chargé de conférences à Sciences-Po Paris (campus de Poitiers). Membre de l'Institut Napoléon et du Centre d'histoire du XIXe siècle, il a publié *Leipzig. La guerre des peuples* (Vendémiaire, 2013) et *Cambronne, la légende de Waterloo* (Vendémiaire, 2016). Sa thèse porte sur les officiers charentais de la Grande Armée. Spécialiste des guerres napoléoniennes, il a publié de nombreux articles sur le sujet et s'apprête à sortir un ouvrage sur la Garde impériale de Napoléon.

Chargé pendant quinze ans de l'édition de la *Correspondance générale* de Napoléon au sein de la Fondation Napoléon, **François Houdecek** en a dirigé les volumes 4 et 14. Il est spécialiste des questions militaires et sociales sous l'Empire. Auteur de plusieurs articles sur ces sujets, il collabore avec le musée de l'Armée et le Service historique de la Défense. Il a participé à la publication du *Mémorial de Sainte-Hélène. Le manuscrit retrouvé* (2017), publié *Moscou occupé. Lettres des soldats de Napoléon interceptées par les cosaques* (2018), *L'Esprit public sous le Consulat. Rapports du ministre de la Guerre au Premier Consul* (2018) et, plus récemment, les nouveaux *Cahiers* du général Bertrand (2021). Il prépare un ouvrage sur l'anthropologie de la guerre.

Directeur général de la Fondation Napoléon et professeur à l'Institut catholique d'études supérieures, **Thierry Lentz** s'est imposé comme un des maîtres de l'histoire napoléonienne. Auteur d'une quarantaine d'ouvrages (*Nouvelle histoire du Premier Empire*, *Waterloo*, *Joseph Bonaparte*...), récompensés par de nombreux prix, il a été distingué en 2019 par l'Institut de France pour l'ensemble de son œuvre. Dernièrement parus chez Perrin, son *Napoléon. Dictionnaire historique* et son *Pour Napoléon* ont rencontré les faveurs de la critique et du public.

Directeur de la rédaction de *Guerres & Histoire* et du mook *De la guerre*, **Jean Lopez** est un des meilleurs spécialistes de la Seconde Guerre mondiale. Il est l'auteur de nombreux ouvrages, notamment, chez Perrin, d'une biographie de référence de Joukov (avec Lasha Otkhmezuri), et des ouvrages *Les Cent Derniers Jours d'Hitler*, *Les Mythes de la Seconde Guerre mondiale*, *Les Grandes Erreurs de la Seconde Guerre mondiale* (avec Olivier Wieviorka), enfin *Les Maréchaux de Staline* (avec Lasha Otkhmezuri). Il a en outre dirigé l'*Infographie de la Seconde Guerre mondiale*, ainsi que les albums *La Wehrmacht. La fin d'un mythe* et *La Guerre antique* (Perrin-Guerres & Histoire), et est le directeur de la collection « Champs de bataille » chez Perrin.

Antoine Reverchon est journaliste au *Monde*. Historien de formation, il participe régulièrement aux hors-séries historiques édités par *Le Monde* (*Napoléon. L'héritage*; l'atlas *Histoire de l'Occident*; *1940*; *Empires*; *1914-2014. Un siècle de guerres*; *1945*...) et aux séries d'été historiques (*C'eût été une autre histoire. Uchronies*). Il collabore par ailleurs au magazine *Guerres & Histoire* et a publié deux livres aux éditions Economica : *La France pouvait-elle gagner la guerre en 1870 ?* (2014) ; *Et si Napoléon avait gagné à Waterloo ?* (2015).

Docteur en histoire de l'université Paris I-Sorbonne, **Michel Roucaud** est chargé d'études documentaires principal au Service historique de la Défense. Spécialiste de l'histoire du renseignement et d'histoire militaire, il a notamment codirigé *Guerres et armées napoléoniennes : nouveaux regards* (Nouveaux Mondes éditions, 2012), a collaboré à l'édition de la *Correspondance Napoléon, 1810-1811* (Fayard-Fondation Napoléon, 2014) et a présenté la réédition des *Mémoires* de Vidocq (2017), ainsi que *L'Esprit public sous le Consulat. Édition critique des Rapports du ministre de la Guerre au Premier consul* (Cerf, 2019). Il est également auteur de *Du Niémen à la Bérézina. Témoignages et lettres de soldats français sur la campagne de Russie conservés au SHD* (SHD, Paris, 2012) et de *Les Forteresses de l'Empereur* (Silvana Editoriale/SHD, 2022). Il est, par ailleurs, lieutenant-colonel de la réserve opérationnelle de la Gendarmerie nationale.

Pour en savoir plus
sur les Éditions Perrin
vous pouvez consulter notre site Internet

www.editions-perrin.fr
lisez!

et nous suivre sur les réseaux sociaux

Editions Perrin

@EditionsPerrin

@editionsperrin

MIXTE
Papier issu de sources responsables
FSC® C003309
FSC www.fsc.org

L'éditeur de cet ouvrage s'engage dans une démarche
de certification FSC® qui contribue à la préservation
des forêts pour les générations futures.

Pour en savoir plus :
www.editis.com/engagement-rse/

Imprimé en France par CPI
en novembre 2022

pour le compte des Éditions Perrin
92, avenue de France 75013 Paris

N° d'impression : 2068257
K10074/02